Kronik

AVRUPA VE BİZ

—

İLBER ORTAYLI

KRONİK KİTAP: 536
Avrupa Tarihi Dizisi: 23

YAYIN YÖNETMENİ
Adem Koçal

EDİTÖR
Can Uyar

KAPAK TASARIMI
Kutan Ural

MİZANPAJ
Kronik Kitap

1. Baskı, Ağustos 2024, İstanbul

ISBN
978-625-6774-95-7

KRONİK KİTAP
Şakayıklı Sk. N°8, Levent
İstanbul - 34330 - Türkiye
Telefon: (0212) 243 13 23
Faks: (0212) 243 13 28
kronik@kronikkitap.com

Kültür Bakanlığı Yayıncılık Sertifika No: 49639

www.kronikkitap.com
kronikkitap

BASKI VE CİLT
Optimum Basım
Tevfikbey Mah. Dr. Ali Demir Cad. No: 51/1
34295 K. Çekmece / İstanbul
Telefon: (0212) 463 71 25
Matbaa Sertifika No: 41707

AVRUPA VE BİZ

İLBER ORTAYLI

Kronik

İlber Ortaylı

1947 yılında doğdu. İlk ve orta öğrenimini İstanbul ve Ankara'da tamamladı. 1965'te Ankara Atatürk Lisesi'nden mezun oldu. Ankara Üniversitesi Siyasal Bilgiler Fakültesi (1969) ile Ankara Üniversitesi Dil ve Tarih-Coğrafya Fakültesi Tarih Bölümü'nü bitirdi. Viyana Üniversitesi'nde Slavistik ve Orientalistik okudu. Chicago Üniversitesi'nde yüksek lisans çalışmasını Prof. Dr. Halil İnalcık ile yaptı. *Tanzimat Sonrası Mahalli İdareler* ile doktora derecesi, 1979'da *Osmanlı İmparatorluğu'nda Alman Nüfuzu* çalışmasıyla da doçent unvanı aldı. 1983'te istifa etti. Viyana, Cambridge, Kudüs, Oxford, Berlin ve Moskova üniversitelerinde misafir öğretim üyeliğiyle birlikte seminerler ve konferanslar verdi. Yerli ve yabancı bilimsel dergilerde Osmanlı tarihinin 16.-19. yüzyılı ve Rusya tarihiyle ilgili makaleler yayımladı. 1989'da Ankara Üniversitesi Siyasal Bilgiler Fakültesi İdare Tarihi bilim dalı başkanı olarak göreve başladı. Bilkent Üniversitesi'nde öğretim üyeliği yaptı. Ortaylı, 2005-2012 yılları arasında Topkapı Sarayı Müzesi Başkanlığı görevini sürdürmüştür. 2002-2014 yılları arasında Galatasaray Üniversitesi Hukuk Fakültesi'nde Hukuk Tarihi bilim dalı başkanlığı yapan Ortaylı, hâlen bu üniversite ve MEF Üniversitesi'nde öğretim üyesi olarak ders vermeye devam etmektedir. Kendisiyle Almanca, İngilizce, Fransızca, Rusça ve Fars dillerinde yazışmak mümkündür. Ortaylı ayrıca Uluslararası Osmanlı Etüdleri ve Avrupa İranoloji Cemiyeti üyesi, Rusya Federasyonu Bilimler Akademisi Şarkiyat Şubesi onursal profesörü ve Bosna Hersek, Makedonya ve Karadağ bilim ve sanat akademileri üyesidir.

Yayınevimizdeki diğer kitapları:

Osmanlı Devleti'nde Kadı
İlber Ortaylı Seyahatnamesi
Cumhuriyet'in İlk Yüzyılı
Türklerin Altın Çağı
Türkiye Teşkilat ve İdare Tarihi
İmparatorluğun En Uzun Yüzyılı
Osmanlı İmparatorluğu'nda Alman Nüfuzu
Osmanlı Toplumunda Aile
Gazi Mustafa Kemal Atatürk
Defterimden Portreler
Bir Ömür Nasıl Yaşanır?
Ottoman Studies
İstanbul'dan Sayfalar
Discovering the Ottomans
Eski Dünya Seyahatnamesi
Yakın Tarihin Gerçekleri
The Empire's Longest Century
İnsan Geleceğini Nasıl Kurar?
Zaman Kaybolmaz
Dakikalar İçinde Atatürk ve Dünyası
Türklerin Tarihi
Türklerin Tarihi 2
Zaman Kaybolmaz
Osmanlı'yı Yeniden Keşfetmek
Cumhuriyet'in Doğuşu
Gel Dünyayı Keşfedelim

Suna Kıraç'a

İçindekiler

Yeni Baskıya Önsöz

Kronik Kitap artık Türkiye'de telif ve tercüme eserleriyle önde giden bir rol edindi. Bunu bir ticaret övünç vasıtası olarak vurgulamıyorum. Ortağı da olmadığım bu yayınevinin ticari başarısından evvel bir tarih öğretmeni olarak kültürel hayatımıza katkısını değerlendirmek vazifemdir. 7 yılda basılan 550'den fazla eserin 350 tanesi telif, 200'ü de değerli tercümelerdir. İlk ve orta çağ üzerindeki büyük eserlerin üstatça çevirisi dışında genç Türklerin ilk çağ ve arkeolojisi, orta çağın vekayinameleri çalışarak oluşturduğu eserler de bu külliyata dahildir. Tarih literatürümüze dünyadan eserler katılmaktadır. Bu bir açılımdır.

Avrupa ve Biz benim 1990'lı yıllarda Merkez Bankası ve diğer kuruluşlardaki konferanslarım ve diğer yerlerde kaleme aldığım müstakil makalelerin derlenmesinden oluşuyor. Kuşkusuz ki Batı Avrupa ve Türkiye üzerine herkes gibi ben de epey düşündüm. Düşünenler sadece biz değiliz; İtalyan'ın müstesna bir sosyalist entelektüeli olan müteveffa Dr. Tullia Romagnoli Carettoni klasik arkeoloji ve filoloji ile meşgul bir aileden gelen ve yine böyle bir aile içinde hayatına devam eden bir politikacıydı. İtalyan Sosyalist Partisi içinde tek vekilli bir partinin lideriydi. Bu nedenle koalisyon kabinelerine de girmişti. Kendisi ile 1990'ların başında bir grup içinde Venedik'ten başlayıp Umman'a kadar giden muhtelif sohbetlerin yapıldığı "İpek Yolu" projesinde (Umman sultanını bu projeyi gemisiyle desteklemişti) yer aldık. Dr. Romagnoli ilginç fikirleri olan biriydi ve bize verdiği en önemli mesajında; "Fransa manasız bir memleket oldu, Kuzey Avrupa'nın peşine takılacağına İspanya, biz (İtalya) ve sizi (Türkiye) yanına alarak bir Kuzey Akdeniz birliğine adım atsa eski dünya için daha önemli ve istikbal vaat eden bir birlik ortaya çıkar" demişti.

Çoğumuz bu düşüncenin bizde birkaç radikal aydına mahsus olduğunu zannederdik. Aileden gelen kültürel mirasıyla seçkin bir hümanist ve Afrika uzmanı olan Dr. Romagnoli'nin bu izahı bizi çok düşündürür. Avrupa'nın içinde başka Avrupalar da var ve o bölge Avrupa'yı kuran Doğu Akdeniz'i de içeriyor. Akdeniz çevresinde batıdan doğuya ve doğudan bir parça güneye uzanan gelecekteki coğrafyayı düşününüz. Mutlaka barışa ve iktisadî kalkınmaya çok büyük hizmetleri olur. Türkiye bu dünyanın bin yıldır ayrılmaz bir parçasıdır. Kim ne derse ve ne yaparsa yapsın Türkiye'nin bu dünyadan silinmesi, itilmesi mümkün değil. Zira bu ülkenin arkasında bir dünya var. Bununla saldırganlık değil, barış, temeddün (uygarlaşma) ve kalkınmaya hizmet bu halkın ve ülkenin şiarıdır.

Avrupa ve kendi vatanını ele alarak ilişkileri ve tarihî yapıyı düşünmek ne sırf Türk münevverlerine mahsus olmalıdır (ki Dr. Ramagnoli bunun güzel bir örneğini vermiştir) ne de Türkiye'de sadece birkaç kişinin elinde olmalıdır. Bu konuları tartışmak ne iş insanları çevresinin ne onlarla işbirliği hâlindeki uzman akademisyenlerin görevidir. Ama çemberin genişlemesi gerekiyor. Bir bölgenin medeniyeti siyasi, ekonomik, kültürel üstünlüğünün korunması devam ettirilmesi sadece istatistik cetvellerine, girdi çıktılara dayanmamalıdır. Onun için özellikle bu konuların geniş çevrelerce ele alınmasını bekleriz.

Bu mütevazı çalışmamı daha önce de belirttiğim gibi Suna Kıraç'a ithaf ettim. Çünkü Suna Hanım ciddi tetkik eden, fikritakip sahibi duayen girişimcilerin başında gelip yetiştiği ailenin aile kardeşlerinin ve yeğenlerinin çalışma tarzı da böyledir. Bu memleketin hatta Doğu Akdeniz'in beklediği girişimci tipi iktisadî ve malî girişimlerin, düzenlemelerin ustası kadar hatta ondan daha fazla bu dünyayı seven, tarihi, coğrafyası ve kültürel katmanları ile tanımaya çalışan insanların dünyası olmasıdır. Bu mütevazı çalışmamı genç kuşaklar için bir tartışma aracı olarak sunabilmişsem mutlu olurum.

İlber Ortaylı
Levent, 2024

Önsöz

Türkiye'de hemen bütün partilerin üstünde uzlaştıkları kalıcı politika Avrupa Birliği'ne giriştir; hatta siyasî hayatımızda Avrupa Birliği'ne karşı olmak kuvvetle telâffuz edilemez, Avrupa Birliği'ne karşı olarak siyaset yoluna çıkanlar bile bugünkü hükümet çevrelerinde görüldüğü üzere, AB yolunda önemli tavizler vererek uzlaşmayı tercih etmişlerdir. Gerçekte de bu konuda ne ciddi bir siyaset izlenmiş, ne de ciddi sloganlar atılmıştır.

Medyada Avrupa karşıtlığı ancak ihtiyatlı bir üslûpla ele alınıyor. Genelde AB karşıtlığı ciddi bir içerikle yürütülemiyor. Aslında AB taraftarlığı içinde aynı şeyi söylemek gerekir. Esaslı tahliller yapılmamaktadır. Kaldı ki AB artık sadece bir iktisadî birlik, bir siyasî ortak hareket olmaktan öteye kültürel bir yapılanma olduğu halde; Türkiye, Avrupa ile müşterek kültürel tarihini incelemeye almamıştır. Bu kitapta bir başlangıç denemesi söz konusudur.

1990'lı yılların başında, o zamanki TC Merkez Bankası Eğitim İşleri Genel Müdür Yardımcısı olan okul arkadaşım ve dostum Dr. Mehmet Özdemir'in teşvikiyle malî bürokrasimizin mensuplarına bu konuda konferanslar vermeye başlamıştım. Bu seminerler bilahare basıldı. Üzerlerinde çalışmak, onları derlerken yeniden ele almak ise zamana bırakıldı. Doğrusu bu zaman uzun sürdü. Bazı konuların uzun bir süreç içinde derlenip sunulması gerekir.

1960'ların başında Ortak Pazar'a yanaşan Türkiye, moda deyimle kalkınan ülkelerdendi. İnsanlarımız ve gençliğimiz Türkiye'nin kalkınması konusunda umutsuzdu. Unutmayalım, elektriksiz bir Türki ye'den bahsediyoruz. 40 yıl içinde Türkiye yapısal bir değişiklik geçirdi. Ne var ki kültürel değişim, sanayi ve ticaret kadar dengeli değildir. AB ülkelerinin ise, bu alanda bizden çok daha uzak bir yerde durduğu anlaşılıyor. Geçen süre için de Türkiye kamuoyu, kamusal ve özel kurumlar aradaki farklılıkları, değişimin yarattığı sorunları tartışmayı hep ihmal ediyorlar.

Bu mütevazı çalışmayı Sayın Suna Kıraç'a ithaf ediyorum. Bunun dostluğun ötesinde bir nedeni var; çalışma disipliniyle, dosyasına hâkim olmasıyla Türkiye sanayiinin içinde düşünen, olayları izleyen ve ciddiyetle kaydeden bir endüstri duayenidir. Koç grubunun kültürel hayattaki kurumlaşması da büyük ölçüde onun kararları ve ısrarlı takibiyle ve kardeşlerini yanına almasıyla yürümüştür.

Ümid edelim, bu çalışma tartışma yaratacak bir deneme olur.

İlber Ortaylı
Mart, 2007

Giriş

Batı Kültürü ve Türkiye

Genel Görüş

Bugün, Türkiye'de Avrupa Birliği denen iktisadî ve siyasî oluşumun kültürel boyutu çok az tartışılmaktadır. Kültür bir hayat tarzını ve geçmiş kuşakların mirasını ifade ettiğine göre, Avrupa ve Türkiye bir uyum içinde midir? Tarihsel geçmiş, hal ve gelecek açısından bu uyum sorununun tartışılması icab eder. Oysa toplumumuzda hem idare edenler, hem de idare edilenler, Avrupa Birliği'ni sadece iktisadî refah, serbest işgücü dolaşımı konuları etrafında ve bir kısım çevreler de insan hakları gibi kurumlar açısından düşünmekte olup; asıl önemli sorunun tartışılmasından herkes kaçınmakta, belki de hoşlanmamaktadır. Avrupa Birliği'nin Hıristiyan birliği olduğu keyfiyeti, bir dinî inanç veya içimizdeki dinî azınlıkla uyum sorunu olarak ele alınıyor. "Bunu bazı reform kanunları çıkararak çözümleriz" deniyor. Oysa laik Türkiye'nin dinî ideolojiden çok, dinlerin getirdiği kültürel miras ve kültürel tortu ile sorunu vardır. Dinî miras bir hayat biçiminin kültürel sonucudur. Avrupalılar tarafından bazen belli belirsiz ihsas ettirildiği, bu dünyada "bizimkinden" başka ethik değerlerin var olduğu yine aynı çevreler tarafından sık sık tekrarlandığı halde; bizim düşünce dünyamızın bu söylemin üzerine eğilmemesi, bu konuyu tabu haline getirmesi bir deve kuşu tutumudur. Kuşkusuz böyle bir tartışmaya girildiği takdirde, Avrupalıların kendileri için koydukları ve var olduğunu ileri sürdükleri ayırımcı kıstasların da eleştiriye tâbi tutulacağı ve muhtemelen gerçekliğini yitireceğini söylemek mümkündür.

Avrupa Birliği'ne pragmatik bir yaklaşımımız var:

Türkiye muhtaç olduğu iktisadî hamleyi gerçekleştirmek için birtakım engellerin kalkmasını istiyor. Bu nedenle de Avrupa Birliği ile iktisadî bütünlüğünün sağlanması, bu safhada Türk idarî makamları kadar akademik dünyayı da çok meşgul etmektedir. Meseleye bu açıdan bakıldığında Türkiye'nin Avrupa Birliği ile sorunları bir ölçüde çözümlenmiştir denebilir. Meselâ hukukî mevzuatın, kanunlarımızın bu dünyaya uyumu açısından bu iddia ileri sürülebilir. Şurası bir gerçektir ki Türk hukuk mevzuatı Avrupa Birliği ile, sadece Birliğin yeni adayları olan eski sosyalist Doğu Avrupa halk cumhuriyetlerinin durumu açısından değil, hatta bir ölçüde kıdemli üye Yunanistan'dan daha fazla uyum içindedir. Türkiye İmparatorluğu aslında 19. asırdan beri hukuk sistemini Romanize ederek Batı Avrupa ile hukukî bütünleşmeye gitmiş ve 1926'da Medenî Kanun'un kabulü ile bu süreç tamamlanmıştır. Daha Tanzimat'la, Ticaret Kanunu (1850 yılı Fransız kaynaklı) Ticaret-i Bahriye Kanunu (1863 yılı); Ceza Kanunu (Mayıs 1840 tarihli kanun 1858'de Fransızların 1810 tarihli metnine göre yeniden düzenlendi); ceza usulü ve idarî sahada Avrupa benzeri kararname ve nizamnamelerle bir hayli yol alınmıştır ve hatta 1293 tarihli Kanun-ı Esasî de (1876) bu sürecin bir sonucudur.

Türkiye tarihinde sanayi medeniyetinin temelleri eskiye uzanır, çarpık ve yavaş gelişen bir sınaî yapı, her şeye rağmen teknolojik bilgi birikimi ve usta bir mühendislik temelleri üzerinde gelişmiştir. Dolayısıyla Türkiye ile Avrupa bütünleşmesinde temel sorun sınaî ve teknolojik bilgi ve uyum yeteneği de değildir. Türkiye'nin Avrupa ile bütünleşmesi, bütünüyle kültürel yapı, kültürel tercihler gibi sorunlar etrafında biçimlenmektedir. Kültürel yapı ve kültürel biçimlenme birçok yerde teknolojiden ve sanayi medeniyetinin icabı olan alt yapısal unsurlardan ayrılamaz. Yani Ziya Gökalp'in kendi zamanında dahi tenkit edilen hars ve medeniyet ayırımı sun'îdir ve kolaylıkla uygulanabilecek bir ayırım değildir. Bununla birlikte sanayi medeniyetinin kendisi de sanıldığı kadar üniversal ana hatlara sahip değildir. Sanayinin renkleri, yapısı, kuruluşu, işçi-işveren ilişkileri, işçi sınıfının bilinci de her ülkenin tarihî mirası, coğrafyası ve tarihî kültürel yapılanmasından bağımsız değildir. Kaldı ki sanayinin karakteri, bünyesinde büyük ölçüde üniversal hatları barındırsa da kültürel yapı toplumun bilincinin eseridir.

Kültürel yapının objektif (*en soi*) varlığını coğrafî ve tarihî oluşum tayin etse de, onun algılanması ve toplumun bilincinin yerleşmesi ile kültürel yapı somut anlamıyla var olur. Kültürel çevre ve yapıyı algılayamayan bir toplumun yaratacağı kültür (*pour soi*) yoktur; çünkü onun tarifini yapıp, görünümünü saptayamayan bir toplum kültürel bilince de ulaşamamıştır ve dolayısıyla ortada o topluma has bir kültür yoktur. Tabii böyle bir ideal durum mutlak anlamda var olamaz. Ancak bir ölçüde gerçekleşir. Dolayısıyla bu kültürel bilinç o kültürü saptamak, öğrenmek ve öğretmekle mümkün olur. Bu unsurları öğrenip benimseyemeyen bir toplumun, maalesef kimliği de aslında her toplumda bulunan lisan ve din gibi iki temel ayırıcı unsurun varlığına rağmen yeterince sağlam temellere oturamaz. Zira lisan ve din bir toplumu diğer toplumlardan ayıran iki önemli kimlik tayin edici unsur olsa da, asıl o lisan ve dinin, toplumun tarihî oluşumundaki rolü, bunların etrafında gelişen toplumsal kurumlar ve renkler toplum üyeleri tarafından algılanmadıkça, toplum dış dünyaya karşı yeterli direnç kazanamaz. Her zaman her toplumun yabancı kültürlerle karşılaşması kaçınılmazdır; ama belirttiğimiz durumda bu halin olumlu alışveriş ve sentezlerle sonuçlanması yerine, yerli kurumların zedelenmesi, yıkılması ve yenisi ile ikame edilememesi gibi sarsıntılar olur. Toplumlar dinamizmlerini yitirebilir ve kendilerini yeniden üretecek doğru ve isabetli kültürel değişimlere ulaşamayabilirler.

Tarih bilgisi ve bilinci olmadan bir toplumun kültürel kimliğini saptaması son derecede zordur. Dolayısıyla ön planda bugünkü Türk toplumunun mensup olduğu Akdeniz-Ortadoğu bölgesinde İslâm medeniyetinin ne olduğunu bilmek gerekir. Hemen belirtelim ki tarihin gelişimine vakıf olduğumuz zaman, Akdeniz'in doğusu ve batısı arasındaki fark, temel bir medeniyet farkı değildir. Batı'nın rasyonel, Doğu'nun irrasyonel olması gibi temel ayırımlara dayandırılan farklılaşmalar ve kutuplaşmalar sun'îdir. Bundan başka, Doğu-Batı farkı veya Batı dışı coğrafya parçasının geri kalmış, gelişmeye yeteneksiz olması gibi tasnifler de çok ilginçtir. Zira bu gibi tasnifler, bugünkü Batı Avrupa'dan önce, Doğu Akdeniz'in İslâm dünyasının eseridir. Bir örnek verelim: M.S. 11. asırda (1055-1056 yıllarında) demek ki Haçlı Seferleri'nden aşağı yukarı 40 sene evvel, önemli gördüğümüz (ama türünün tek örneği olmayan) bir kitap, *Kitâbü't-Tabakat ve'l Umem* Endülüslü Kadı Said bin Ahmed el-Andulusî tarafından kaleme alınmış ve 1930'larda ünlü Fransız oryantalist Régis Blachère tarafından *Livre des Catégories des Nations* başlığıyla Fransızcaya çevrilmiştir.[1] Burada Kadı el-Andulusî diyor ki; "Medeniyete hizmet eden kavimler Ebraniyyun (İbraniler), İraniyyun (İranlılar), Hintliler, Romalılar ve tabii Araplardır." Yunanlılar ve Arapları temel olarak ayrımlaması ilginç, iki kesim arasındaki tercüme ve kültürel kosmos veya akkültürasyonun bilincinde. Bunların dışında es-Siniyyun ve el-Etrak var; çünkü Çinliler ve Türkler aslında pratik zekâlı, yaratıcı milletlerdir. Ticaret de yaparlar-yapıyorlar; çünkü Çin'den bir sürü şey geliyor. Türkler de at getiriyor, bir sürü silâh satıyorlar; fakat bunların medeniyete katkıları yoktur, "zeki iki millet" diyor. Bunun dışında, şimal halkları ve cenuptaki zenciler ele alınmış, daha doğrusu alınmıyor. Şimaldeki bugünkü Avrupalıların ecdadı için "medenî değildir, coğrafyaları nedeniyle manevî nokta ve zekâları gelişmemiştir, esprileri yoktur, faydasız topluluklardır" diyor. Bu tabii basit bir önyargı değil, pekâlâ coğrafî determinist bilimsel bir tasniftir; vakıalara dikkat edilmektedir. Montesquieu ve Vico 7-8 asır sonra daha iyisini söylemiyorlar.

Bu tasnif ve tasvirde dikkatimizi çeken ilk husus, ne Müslüman ne de Arap şovenizminin olmasıdır; çünkü medeniyeti kuran kavimler diye saydığının yarısından çoğu, Mecusî, putperest, Hıristiyan, Yahudi vs. dir. Demek ki burada bir adam bir medeniyet kıstası kullanmıştır. O "Medine"nin, şehrin, şehir medeniyetinin etrafında kurulan örgüyü, tarihî olarak tespit etmiştir, İbni Haldun (1332-1406)

1 Said bin Ahmed el-Andulusî, *Kitâbü't-Tabakat ve'l Umem,* Kahire (tarihsiz); R. Blachère, *Livre des catégories des nations,* Paris, 1935; B. Lewis, *The Muslim discovery of Europe,* New York, 1982, s. 68.

bir müddet sonra muhteşem bir tarih yazmıştır.[2] Ondan önce Reşidüddin, *Câmiü't-Tevârih*[3] adlı bir dünya tarihi yazmıştır. (Etrafında tarih yazan bir kadro, içlerinde Çinli ve Avrupalı yardımcıları bile vardı.) İbni Haldun ve Reşidüddin'in bahisleri arasında, Yahudi hahamların bilmediği Yahudi tarihine ait olaylar dahi vardır. Zira haham geleneği, Flavius Josephus gibi laik Yahudi tarihçilerin değindiği birçok vakıaya değinmez. Sonra Müslüman yazar Şehrestanî gibi bir dâhinin *Kitâbü'l-milel ve'n nahal* adlı dinleri gayet objektif ve şaşılacak zenginlikte anlatan bir eseri vardır. Demek ki Said el-Andulusî gibileri için, bu gibi eserlerden elde edilecek bilgi de vardır. Burada bilimsel bir kategorizasyon vardır ve hükümler de buna göredir.

Akdeniz bölgesinde bugün bizim şikâyet ettiğimiz *Eurocentrisme* benzeri görüşler, Doğu dünyasında da vardır. Birtakım uygarlıklar, kendi kıstasları, kendi referans noktalarıyla insanı, medeniyetleri tasnif etme eğilimindedirler. Bunu Avrupa da yapmıştır; ama başka türlü yapmıştır. Nasıl yapmıştır? Würzburg Sarayı'nın tavanında ünlü İtalyan ressam Tiepolo'nun alegorik bir tavan resmi var. 17. asra ait bu resimde dört kıtayı resmetmiştir. Avrupa bütün şaşaası, bütün renkliliği, bütün üstünlüğüyle kubbenin tam ortasında yer alıyor; yani, dünya Avrupa merkezlidir ve ışık Avrupa'dan yayılır. Yine 18. yüzyılın ünlü filozofu Voltaire, tarihi dört safhaya ayırmaktadır ve dört safhanın birincisi Yunan; ikincisi Roma –bunlar yüksek safhalardır– üçüncüsü Rönesans'tır. Rönesans doğrudan doğruya İstanbul'un fethi ile meydana çıkıyor ve gayet gülünç bir izah var ki, bu tip filozofların her zaman açık kalan noktalarına bir örnektir. Dâhilerin bazen okuyucuyu hayrete düşüren saflıkları da oluyor. Sanki Fatih'in askerleri bir kapıdan giriyor, öbür kapıdan âlimler kitaplarla İtalya'ya gidiyorlar ve Rönesans böyle başlıyor. Bu garip tasvir Voltaire'indir; fakat daha garibi, bizim okul kitapları da bunu almışlardır. Hatırlarsanız, "İstanbul'un fethiyle Rönesans başlar" diye uzun zaman okutulmuştur.

2 İbni Haldun, *Mukaddime,* Türkçe trc. Şeyhülislâm Pîrîzâde Mehmed Sahib Efendi, İstanbul, 1275 (1859), c. l-2.

3 Reşidüddin, *Câmiü't-Tevârih,* Histoire Générale du Monde, c. I, ed. Quatremère, Paris, 1836; c. II, ed. Blochet, Paris, 1911.

Tiepolo, Apollo ve kıtalar, 1752/53, Würzburg Dukalık Sarayı'ndan tavan freski, 19 x 30,5 m.

Rönesans daha henüz sınırları ve mahiyeti tartışılan bir husustur ve tartışılagelecektir (fakat 18. yüzyılda tarih felsefesi budur). Dördüncü safha ise, Rönesans'tan sonra gelir ve Voltaire, *XIV. Louis Asrı*'nda [*Le Siècle de Louis XIV*] ele alıp açıklıyor: "Ülkede artık ilimler, sanatlar, hukuk o dereceye ulaşmıştır ki beşeriyet bundan sonra Fransa'dan kâm alacaktır, onun ışıklarından esinlenecektir" der. Tarih felsefesi deyimini kullandığı bu eserde teleolojik (gaî) yorumla, tarih çizgisi yani beşeriyetin tarihî macerası âdeta XIV. Louis Fransası'nda kilitleniyor. Bu *ethnocentrisme* (milliyet merkezli bakış) aslında bir *Eurocentrisme*'in (Avrupa merkezli bakışın) ve dünya görüşünün eseridir. Voltaire tipi "tarih felsefesi" Avrupacı ve ulusalcı bencilik, 19. yüzyılda Hegelci tarih felsefesi ile doruğa ulaşır. Hegel'in tarihî kademelendirmesinin son safhası Prusya devletidir. Bundan sonra Prusya'dan daha üstün bir kuruluş olmayacaktır. Beşeriyet tarihinin doruk noktası odur, insanlar âdeta onun için yaşamıştır. Demek ki bir zamanlar, çok masum, çok tarafsız tarih ve toplum gözlemleriyle Doğu dünyasında, yani bizim mensup olduğumuz medeniyette başlayan bölgeci tutum, zamanla Avrupa'ya da, ama bir siyasî ve medeniyetçi misyonla (!) beraber kaymıştır ve Avrupa'da bu görüş her zaman vardır. 18. yüzyıl Avrupası'nın bu görüşü, çocukluğumuzdan beri bize de telkin edilen, "Âlem aya gidiyor, biz yerimizde sayıyoruz" sloganıyla da etkisini gösterir. 1972'de Paris İlimler Akademisi adına Mousnier şöyle bir beyanname ortaya koyar: "Avrupa kıtası her zaman değişmiş ve her an değişmektedir. Bu değişimi ise, bizim ilerleyen ve gelişen bilincimiz sağlıyor." Şöyle devam eder: "Akademiye göre dünyanın bütün diğer bölümleri bir atalet, hareketsizlik içindedir." Yani Avrupalı, "Biz çalışırız, gelişiriz, bizim kafamız çalışır, o kafa yaratır, geliştirir; bütün diğer dünyalılar gaflet içindedir, uyku içindedir, yatarlar" diyor. Barbar lâfını çok kullanmıyorlar, buna dikkatinizi çekerim; çünkü Avrupalının gidebildiği eski Mısır'a, İran'a; ara sıra tanıdığı Çin'e bakıp da bu eski uygarlıklara "barbar" diyecek hali olamaz, o mümkün değil; fakat şöyle bir düşünce gelişiyor: uyuyan, ilerlemeyen âtıl eski Asya medeniyetlerinin durgun insanları ve toplumlar... Seyyah Chardin: "Avrupa hareketlilik, Asya ise atalettir" diyordu.[4] Evvelâ bir *progress* (ilerleme) fikri ortaya atıldı, yanlış değil, ancak bu ilerleme bölümü tarihte sadece Batı Avrupa'ya mal edildi.

Nitekim, 1842'de Tennyson adlı bir İngiliz şairi "Locksley Hall" adlı şiirinde Asya tarihinin ve Asyalılığın durgunluğunu şöyle ifade eder: "*Better fifty years of Europe, than a cycle of Cathay.*" [Avrupa'nın elli senesi, bir Hıtay çevrimine, yani Çin'in bütün uzun tarihine bedeldir.] Ona göre muasır medeniyetin oluşumuna Hıtay, yani Çin'in katkısı yoktur. Beşeriyet Avrupa'da hareket ve ilerleme halindedir, diyor.[5] Oldukça küstahça görünen, fakat kıtanın dışında zaman zaman Asyalı halkların bazı batıcı seçkin çevrelerinde bile taraftar bulan bir yorumdur bu. Mamafih dünyanın bazı merkezleri artık Avrupa'nın önüne geçen dinamik bölgeler olduğu için, bu zihniyet de sorgulanmaya başlanmıştır. Tennyson kendini tekrarlayan monoton Çin tarihi ile devamlı değişme, ilerleme gösteren renkli Avrupa'yı mukayese ediyor ve tabii ikinciyi tercih ediyordu. Tennyson'u bilmeyen bazı *progressist*, yani ilerlemeci üçüncü dünya aydınlarının aynı fikri tekrarlaması bir tesadüf değildir; bu fikir ön planda belirli bir eğitimin ama sadece okul eğitiminin değil; modern kahvehane, kulüp ve edebî mahfil kültürünün etkisi ile oluşmuştur.

Avrupa'nın Rönesans'tan beri hem vazgeçemediği, hem dışladığı iki ülke Rusya ve Türkiye'dir. Batılılaşma ve modernleşme olgusu ile sancılı biçimde ilk defa yüz yüze gelen iki ülkeden biri Türkiye ve onun yanında dikkat ederseniz "Rusya" diyorum. Avrupa'yı sadece bir Hıristiyan kulübü olarak görme sloganı bir noktayı kaçırıyor: Rusya Hıristiyandır; fakat, her şeye rağmen dışlanmaktadır. Haydi, 18. yüzyılda Rusya'nın dışlanması anlaşılabilir; ama 19. ve 20. yüzyılda insan "Niye?" diye soruyor; çünkü siz Mendeleyev'siz bir kimya düşünebilir misiniz? Loboçevski olmadan bir matematik, acaba Tolstoy, Dostoyevski olmadan bir edebiyat düşünebilir misiniz? Rus romanı Fransız edebiyatını geçen bir romandır. Pek öbürleri düzeylerinde olmasa da Çaykovski, hatta "Güçlü Beşler" denen Rimsky-Korsakov, Borodin, Glinka, Mussorgsky, Glozunov

4 Michel Devèze, *l'Europe et le monde à la fin du XVIIIème siècle,* Paris, 1970, s. 3.
5 B. Lewis, "Other People's History", *American Scholar,* c. 59/3, 1990, s. 397 vd.

vs olmadan bir musiki düşünebilir misiniz? 19. yüzyıl boyunca belki Rus resmi olmadan resim düşünebilirsiniz; ama, işte 20. yüzyılın başında Chagall ve diğer Rus avangardları olmadan dünya resmini düşünebilir misiniz? Oysa Avrupa medeniyetinin, kültürünün sütunlarından biri olan bir kültür ve halk dahi, pekâlâ Avrupa'nın dışında düşünülmektedir.

18. yüzyılda ulaşılan bu üstünlük duygusu Avrupa'ya gerek iktisadî; fakat –ön planda– sulh ve savunma bakımından, bir şekilde birleşme fikrini de getirmiştir. Söze, "Savunmamızı nasıl sağlarız?", "Nasıl birleşiriz?" diye başlıyorlar.

Meselâ daha 1683'te William Penn, "Avrupa'nın Şimdiki ve Gelecekteki Barışı Üzerine Bir Deneme"de bunu açıkça söylüyor: "Bir Avrupa Parlamentosu kuracağız ve Osmanlı İmparatorluğu ve Rusya da bunun içinde olacak" diyor. Yani İngiliz daha realist ve Protestan mantıkla baktığı zaman bunu bu şekilde düşünüyor; fakat aynı yıllarda Fransa'da Abbé de Saint-Pierre'in, yani bir rahibin yazdığı bir başka deneme var, 1713 tarihli, "Avrupa'da Kalıcı Sulhun Sağlanması İçin Bir Proje" başlıklı. Bu projeye göre bir senato kurulacak ve bunun emrinde bir ordu olacak, tıpkı NATO gibi bir şey düşünülüyor. 24 adet Hıristiyan devlet üyedir, Türkiye'nin alınması söz konusu bile değil.

Yine 1735'te, İtalyan asıllı fakat sonra Bourbonlar devrinde İspanya Başbakanı olan Kardinal Alberoni siyasî vasiyetini Türklerin tamamen Avrupa'dan atılması üzerine kuruyor; fakat ondan çok daha evvel Emeric Cruce adlı Hollandalı, 1623'te yayımladığı *le Nouveau Cynée* adlı projesinde, Venedik'te bir Avrupa meclisi toplanması, Türklerin de buraya katılmakla kalmayıp, aynı zamanda Papa'dan sonra ikinci yere sahip olması gerektiğini ileri sürer. Yani Türkleri araya, hatta başköşeye alacak bu tip bir düşünce Avrupa'da var. Tabiatıyla Hıristiyanları temsilen Papa'nın birinciliği söz konusudur; fakat öbürü de ne de olsa büyük bir kuvvettir. Böylece Müslümanlar ve kuvvetler arasında bir uzlaşma kurulması teklif ediliyor, bunun için onlara, Fransa Kralı'ndan ve Alman İmparatoru'ndan önce yer veriliyor. Bu bir uzlaşmadır. Demek ki Avrupa'da daimî şekilde iki görüş vardır; ama yine aynı yıllarda IV. Henri'nin Başbakanı Duc de Sully de on beş devletten müteşekkil bir Avrupa devleti projesini ileri sürüyor ve Rusya ile Türkler yok içinde.[6]

Görüldüğü gibi, bu tip Avrupa Birliği projeleri pek eskidir ve bunların hemen hepsi Osmanlı İmparatorluğu ile birlikte Rusya'yı da dışlar. Bazıları da aksine Türkiye'yi içine alır. Avrupalı için, Osmanlı İmparatorluğu hakkındaki düşünceler, şüphesiz ki 17. asır ve 18. asır boyunca çok ilginç gelişmeler gösterir. Meselâ bir örneği ele alalım: Bu örnek bir halk resmidir. Avusturya, Viyana Etnografya Müzesi'nde milliyetleri gösteren 18. yüzyıl başına ait bir tablodan söz edeceğiz. Bir köylü resmi, gördüğünüz gibi. Tabloda milliyetler resmedilmiş: İspanyol var, Fransız var, Galli var, Alman, İngiliz, İsveçli, Polonyalı, Macar, Rus (Moskoviç) var.[7] Yanında ilginç sarıklı ve cübbeli bir tip duruyor; "Türk yahut Yunanlı" denmiş, fark yok, bu bilgisizlik o çağda hatta yakın zamanlara kadar çok yaygındı. Bugün bile bir Türke Avrupa köylüleri veya halk tabakası, hatta yarı cahil, bizim diyarı tanımayan insanların arasında: "Sizin de Noel'iniz Ocak ayındaymış" diye sorulabilir.

Avusturya İslâmiyetle Ortodoksluğu birbirine karıştırıyor; çünkü Ortodoksluğu kendinden saymıyordu. Meselâ bu tabloda resmedilen karakterleri ele alalım: İspanyolu çok beğeniyorlar, akıllı, vs. deniyor. Fransız hafif meşrep, geveze, kısa görüşlü; İngiliz, Alman, meselâ: çok açık yürekli, akıllı, şakacı, ahmak yerine göre; İngiliz için "iyi giyinir, iyi arkadaştır; ama biraz karakteri kadınsıdır, güvenilmez" deniyor. İsveçliye gelince, "kuvvetli, iri yarı; fakat gaddar, ahmak, kaba" diye gidiyor; İsveçli hoş görülen bir tip değil; Polonyalı için daha hoş şeyler söylenmiyor, "vahşidir, köylüdür" gibi; Macar için de benzer şeyler var. Macar için daha az akıllıdır diyor, Rus için hiç akıl yok diyor. Meselâ burada bir basamaklanma vardır. Akıl dediği zaman; Türk ya da Yunanlı çok akıllıdır, memleketi çok güzeldir, şefkatli görünür, tam bir şeytandır. Moskof'un aksine aptal

6 Seha Meray, *Devletler Hukukuna Giriş*, c. I, A.Ü. SBF Yay., Ankara, 1968, s. 25-30.

7 Zamanımız tarihçilerinden Omelijan Pritsak "Rus" deyiminin Avrupa ve Türkler arasında Ukraynalıyı, "Moskoviç"in de bugünkü Büyük Rusu karşıladığını söyler, ki bu halk resminde de aynı tabir geçer.

Kurze Beschreibung der In Europa Befintlichen Völckern Und Ihren Eigenschafften.

Namen.	Spanier.	Frantzoß.	Wälisch.	Teutscher.	Engerländer
Sitten	Hochmüttig.	Leicht sinig.	Hinderhaltig.	Offenherzig.	Wohl Gesta
Natur Und Eigenschafft	Wunderbarlich	Boshaftig Und gesprächig	Eifersichtig.	Ganz Gut.	Lieb reich.
Verstand	Klug un. Weiß.	Firsichtig.	scharffsinig.	Wizig.	Ammuthig.
Anzeigung deren Eigenschaften	Mänlich.	Kindisch.	Wie iederwill.	Uber Allmit	Weiblich.
Wissen schaft	schrifftgelehrt	In Kriegssachen	In Geistlichen Rechte	In Weltlichen Rechte	Welt Weis
Tracht Der Klaidung.	Ehrbaar.	Unbeständig	Ehr sam.	Macht alles Nach	auf Französischea
Untugent.	Hoffärtig.	Betrügerisch	Geillichtig.	Verschwenderisch	Unruhig.
Lieben.	Ehrlob und Rüm	Den Krieg.	Das Gold.	Den Trunck.	Die Wohllu
Krankheiten.	Verstopfung.	An Eigner	An bösser seüch.	An bodogrä.	An Der schwindsuc
Ihr Land.	Ist fruchtbaar	Wohlgearbeith	[illegible] Und Wohllistig	Gut.	Fruchtbaar
Krigs Tugenie	Groß Müthig.	Arg listig.	Firsichtig.	Uniberwindlich	Ein See Held
Gottesdienst	Der aller beste.	Gut.	Etwas besser.	Noch Andächtiger	Verenderlich Wie der Mon
Verehren Für Ihren herrn	Einen Monarchen	Eine König	Einen Bäterarch	Einen Käiser.	bald den bald je
Haben Überfluß	An Früchten.	An Waren	An Wein.	An Getraid.	An sich Weid
Die Zeit Vertreiben.	Mit Spillen.	Mit betrügen	Mit schwätzen.	Mit Trincken.	Mit Arbeiten
Vergleichung Mit denen Thiren	Ein Elefanthen	Ein Fuchsen.	Einen Luchsen.	Einen Löben.	Einen Pferd.
Ihr Leben Ende	In Böth.	In Krieg.	In Kloster.	In Wein.	In Wasser.

18. yüzyıl başlarına ait bir Avusturya halk resmi: "Avrupa'da Bulunan Milletlerin ve Özelliklerinin Kısa Tasviri"

İsimler	İSPANYOL	FRANSIZ	GALLİ	ALMAN	İNGİLİZ
Hali Tavrı	Gururlu	Hoppa	Hilekâr	Açıkkalpli	Kalıbı yerinde
Karakteri ve Özellikleri	Harika	Sevimli ve Konuşkan	Kıskanç	Çok iyi	Sevgi dolu
Zekâsı	Akıllı ve zekî	Dikkatli	Keskin zekâlı	Şakacı	Neşesiz
Özelliklerin kazanılması	Erkekçe	Çocukça	Herkes istediği gibi	Her yerde	Kadınsı
Bilimi	Dinî bilimler	Savaş	Din hukuku	Lâik hukuk	Dünyevî bilgi
Giyimi	Edepli	Sürekli değişir	Edeplice	Taklitçi	Fransız tarzı
Kötü özellikleri	Asil	Dalavereci	Cimri	Müsrif	Huzursuz
Sevdiği şey	İtibar ve iktidar	Savaş	Altın	İçki	Eğlence
Hastalıkları	Kabızlık	Kendi hastalığı	Kötü hastalık	Secere	Sara
Ülkesi	Bereketli	İyi işlenmiş	Sevimli ve eğlenceli	İyi	Bereketli
Savaş yeteneği	Muhteşem	Kurnazlık	Dikkatli	Yenilmez	Deniz kahramanı
Allah inancı ve ibadeti	Herkesten iyi	İyi	Biraz: daha iyi	İmanı yerinde	Ay gibi değişir
Yöneticilerini nasıl tanırlar	Bir hükümdar	Bir kral	Pederşahilik	İmparator	Bir bunu, bir onu
Fazlasıyla mevcut olan	Meyveler	Eşyalar	Şarap	Tahıl	Çayır
Vakit geçirme biçimleri	Oyunla	Dalaverayla	Gevezelikle	İçkiyle	Çalışmakla
Hangi hayvana benzediği	Fil	Tilki	Vaşak	Arslan	At
Hayatı nasıl biter	Banyoda	Savaşta	Manastırda	Şarap içerken	Denizde

İSVEÇLİ	POLONYALI	MACAR	RUS (MOSKOF)	TÜRK VEYA YUNANLI
Uzun boylu kuvvetli	Köylü gibi	Sadakatsiz	Hiddetli havası gibi	Değişken, Nisan
Zâlim	Daha da beter	Adamakıllı zalim	Tam Macar gibi	Genç bir şeytan
İnatçı	Değer vermeyen	Daha da az	Hiç yok	Üstün zekâlı
Tanınmayacak şekilde	Orta	Kan içici	Son derece kaba	Şefkatli ve yumuşak
Güzel sanatlarda	Çeşitli dillerde	Latince bilir	Yunanca bilir	Ucuz politikacı
Deriden	Uzun etekli	Bol renkli	Kürklü	Kadın gibi
Bâtıla inanır	Farfara	Hain	Büsbütün hain	Daha da hain
Lezzetli yiyecekler	Asalet	Kargaşalık	Dayak	Kendini sever
Nikris (Gut)	Çiçek hastalığı	Ispazmos	Öksürük	Zafiyet güçsüzlük
Dağlık	Ormanlık	Meyve ve altın dolu	Buz dolu	Dünya güzeli
Yılmaz	Kararsız	Kışkırtıcı	Yorucu (zahmetli)	İşe yaramaz (tembel)
Gayretli bir mümindir	Her şeye inanır	Mutabık	Dinden çıkmış biri	Onun gibi bir şey
Özgür yöneticilik	Seçilmiş birini	Sevilmeyen birini	Bir gönüllü	Bir müstebit
Maden	Kürk	Her şey	Arılar	Yumuşak ve zarif şeyler
Yemekle	Hırgürle	İşsiz güçsüz dolaşmakla	Uykuyla	Hastalanmakla
Öküz	Ayı	Kurt	Eşek	Kedi
Toprak üstünde	Ahırda	Kılıçla	Karda	Dolandırıcılıkla

falan değil, ölümü dahi dolandırıcılıkla olacaktır deniyor. Moskof ahmak, Türk şeytanî zekâlı diye gösteriliyor.

Bu ulusal tiplerin, kıyafetlerine gelince; meselâ, İspanyol vakur, rabıtalı bir kıyafet. Fransızınki biraz hafif tertip. İngiliz, Fransız gibi giyinir –ki doğru şeyler de var– İsveçli deriden giyinirmiş, Moskof tamamen kürkler içindeymiş, Türk yahut Yunanlı karı (!) gibiymiş. Demek ki Türkler Batılıların kıyafetini, onlar bizimkini, garip biçimde nitelendiriyoruz.

Bu tiplerin dinine baktığınız zaman; çok ilginçtir ki Türk'ün dini çok kötü bir inanıştır, şeytanî bir dindir! Rus'unki de ona yakın bir şeydir! Ortodoksların Batı kilisesi tarafından tarifi için bu tipik bir kalıptır. Şu halk resminde bile, görüyorsunuz ki; bilhassa Doğu Avrupalılar, Ruslar, Türkler, Yunanlılar, Ortodoks ve İslâm âlemi; Batı Avrupa'nın dışında bırakılan, hoşlanılmayan, beğenilmeyen halklardır ve ne garip, aydınlanmanın *Philhellenisme* (Yunan severlik) çağında dahi Avrupa'da, eğitimli aydınların dışında bütün halk Yunanlıyı tanımaz ve kendinden saymaz.

Yunanlı yerine göre Rus, hatta Türk'ten de çok daha hakir görülen bir tiptir. 18. yüzyılda ve bu tablonun yapıldığı sıralarda, artık Rusya hepimizin malûmudur. Büyük Petro asrıdır, batılılaşma dönemi başlamıştır, bu tabii hiçbir zaman kolay olmamıştır. Rusya'yı Batı hâlâ tanımıyordu, hiç tanımadı; demek ki yanlış tanınan (!) sadece biz Türkler değiliz. Mamafih 19. yüzyıl Rus kültürü Batı'daki bu tabloyu bir ölçüde değiştirmiştir.

Batılılaşma her şeyden önce şiddetli olan bir eylemdir. Hiçbir toplum, yaşayışının, kültürel kalıplarının, sınıf ilişkilerinin, otorite ilişkilerinin bu gibi devrimlerle değiştirilmesini kolay kolay kabul edemez, itiraf etmek gerekir ki bu işin en kansız ve kolay olduğu ülkelerden biri –batılılaşmayı uzun bir zamanda gerçekleştiriyor olsa da– Türk toplumu olmuştur. Ünlü 19. yüzyıl Rus ressamı Surikov'un "Strelitzlerin İdamı Sabahı" adlı tablosu dahi göstermektedir vaziyeti; bir sabah "Strelitziy" dediğimiz "Tüfekçiler", Rus kapıkulu sınıfı, tıpkı bizim Yeniçeriler gibi, Büyük Petro'ya (Büyük Petro Avrupa'dayken, gemicilik vs. öğrenirken) isyan ederler. Çar döner dönmez, derhal müthiş bir idamla, Kremlin Meydanı'nda hepsini asar. Modern kıyafeti içinde kendisi ve maiyyeti orada, Strelitzler ve aileleri öbür tarafta görülüyor; Çar, veliahdı Aleksey'i bile reformları için idam ettirmek zorunda kalmıştır.

Millî dâhimiz Ahmed Cevdet Paşa, *Tarih*'inde Strelitzlerin yok edilmesini 1826 ile karşılaştırıyor: "Strelitzler Rusya'nın sırtında ur idiler, kesildiler alındılar, Rusya rahatladı" diyor. Kremlin Meydanı'ndaki sabahla bu iş bitmiş gerçekten. Paşa devamla; "Oysa yeniçerilik devlet-i aliyye'nin kalbinde seretan [kanser] idi. Kaldırılmaları ile bütün idare sarsıldı ve art arda düzenlemeler icab etti" diyor.[8] Doğrudur. Askerî ıslahat idare, maliye, eğitim, hukuk alanında art arda yenilikleri zorladı. Osmanlı tarihi, seçimi olmayan uygulama ve gelişmelerin tarihidir.

18. yüzyılın başında eski Rusya ile yeni Rusya ne kadar gaddar bir çatışmanın ve çarpışmanın içindedir. Şimdi, burada şüphesiz ki bu kanlı değişimi yaratan neden söz konusudur. Avrupa, 18. yüzyılda üstünlüğünü hissettirmektedir. Aslında daha önceden de hissettiriyor. Nereden hissettiriyor? Muhtelif vasıtalarla. Meselâ Bernard Lewis'in tasviridir: III. Murad'a, I. Elizabeth'in yolladığı ilk İngiliz Elçisi E. Barton'ın elçilik tahsisatı tamamıyla Levant Company tarafından karşılandı. Onun şahsının İstanbul'a gelişi kimseyi fazla ilgilendirmiyor. Onu getiren ve limanda demirli duran gemi ise, İstanbul'u altüst ediyor. Gemi üzerine tasvirler var. 16. yüzyılın sonunda, Osmanlı Devleti'nin insanları görüyor ki birileri bir yerden geliyor ve gemileri değişik. 16. yüzyılda okyanus aşırı iş gören gemiler arasında bir İngiliz kalyonları vardır, bir de Hollanda'nın koca karınlı kalyonları. Onun için Venedik kalyonuna, Osmanlı kadırgasına, kalyonuna benzemez bu gemiler ve Osmanlı yazarlarının çok ilgisini çekmişlerdir. Elçi E. Barton'ı İstanbul'a getiren gemi, tarihçi Mustafa Selanikî Efendi'nin dikkatini çekmiş. Gemi, sefirden de, Levant Company'den de daha çok ilgi çekiyor.[9] Bernard Lewis'in

8 A. Cevdet Paşa, *Tezâkir,* (yay. C. Baysun) T.T.K., Ankara, 1967. s. 217-219, A. Cevdet, *Tarih-i Cevdet,* c. l, İstanbul, 1309, s. 291.

9 B. Lewis, "The West and the Middle East", *Foreign Affairs,* 76/I, Ocak-Şubat, s. 114-116.

bu görüşü doğrudur. Osmanlı, askerî teknoloji ile başından beri ilgilenir aslında. Osmanlı batılılaşmasının tarihini tespit bunun için zordur. Askerî ihtiyaçlar Batı ile teması her zaman diri tutmuştur. Selanikî Efendi geminin güvertesi ve top sayısından dehşetle söz ediyor (83 adet küçük top).[10]

Top ve tüfekleri önceden görüp öğrenmeyen adamlar, muharebe meydanında görürler, yenilirler. Onun için fen ve sanatları öğrenmek gerekir. Osmanlı, 17. yüzyılda Batı'nın teknik üstünlüğünü göremedi. 17. yüzyılda gelişen Avrupa teknolojisi silâha yansısa bile, henüz Avrupa askerî nizamına yansımamıştır; çünkü 17. yüzyılda bilhassa Orta Avrupa'da (Rusya henüz hiç söz konusu değil) orduların nizamı, harp düzeni, asker toplanması, bizimki ile mukayese edilir durumda değildi. Yani Osmanlı ordusu her an düzenliydi, savaş gücü yüksekti; ama İkinci Viyana Kuşatması'ndan sonra ve bilhassa 18. yüzyıl Barok Avrupası'nın savaş düzeni içinde görüldü ki, Osmanlı askerî düzeninin değişmesi gereklidir. Rusya bu değişimi idamla, cezalandırmayla, bütün devlet teşkilâtını değiştirerek, pek işe yaramasa da donanma kurarak, büyük gürültüyle yaptı. Gerçekten de Rus donanması hiçbir zaman fazla işe yaramadı.

18. yüzyılda Osmanlı'da reform Rusya'nın aksine gürültüsüzce başladı, gürültülü reform 19. yüzyıla tehir edildi. Bir kere asker yetiştirmek için, iyi zabit yetiştirmek için okul kuruldu. Orada matematik, trigonometri, modern bilimler öğretilmeye başlandı. Sonra bakıyorsunuz, bu daimî orduyu beslemek için maliyeyi düzenlemek zorunluydu. Bütün bu değişmeler kademe kademe oluyor ve ilerledikçe, Batı dünyası ile daha çok temasa geçiliyor ve görüyorlar ki orada başka bir üstünlük var, bu üstünlüğe karşı durmak zorundasınız. Nasıl duracaksınız? Reddederek mümkün değil, o halde kabul ederek karşı duracaksınız; çünkü bu iş sonunda 19. yüzyılda hukukî ve idarî yapıyı değiştirmeye kadar gidiyor.

Son üç asırda batılılaşma Türklere has bir olay değil; üniversal bir olay ve bu yüzden mukayeseli bir tarih yapmak zorundayız. Büyük Petro'nun Rusya'sında görülen batılılaşma, Türkiye'de ve İran'da

10 Mustafa Selanikî, *Tarih-i Selanikî,* İstanbul, 1281/1864.

bazen kendine özgü benzer olaylarla gelişiyor. Japonya ve Çin'de batılılaşma sürüyor. Çin, çok vaktinde ve başarılı bir modernleşme geçiremiyor. 20. yüzyıla kalıyor. Japonya beceriyor. Çünkü temelleri daha eski. Batı'nın tahakkümüne bazı reformlar yapılabildiği ölçüde direniliyor. Batı'nın tekniği alınmakla kalmıyor; "tarz-ı hayat"ı da giriyor; çünkü hayatın akışına gümrük konamaz, ayrım yapılamaz. Rusya değişiyor ve bizim 19. yüzyılımızı bir bakıma 18. yüzyılda yaşıyor; aynen bizdeki batıcı veya karşı-batıcı arazların hepsi var. Birisi Fransız şiirinin veznini reddediyor, "Rusça değildir" diye. Öbürü oturuyor, Rusça yanında Fransızca çok fakirdir diyor. Bu çok budalaca görünüyor; çünkü o devirde Fransızca klasik devrini tamamlamış bildiğiniz gibi. 17. yüzyılda Fransız Akademisi kurulmuş, daha Rusya'da öyle bir şey yok. 18. yüzyılda kurulan Rus Akademisi henüz aynı etkinlikte değil. Bir garbzede gülünç bir tip; meselâ yüksek sosyetenin koketlerinden "Prenses Kurakin" diye bir kadın, doğru dürüst Avrupa dili bilmediği halde, İtalyanca, Fransızca sözcükleri mebzulen Rusçaya karıştırarak konuşuyor. Kimse pek bir şey anlamıyor.[11] Bizde şimdi yaşanan süreç... Aslında bu bir düzen değil, beşeriyetin içinde heyecanla devam ediyor. "Çok eğlenceli" demez de, "Çok *amusant*" veya "çok heyecanlıyım" demez de, "çok *anxiété*'m yüksek" der veya İngilizce karışımlı cümleler kurulur. Lüks terzide Fransızca, bankacılar arasında İngilizceli bir dil yaşar ve gülünç örneklerle halkın her kesimi bu dili taklit eder; ama kepaze bir taklitçilik yanında, bir direnç de söz konusudur.

18. yüzyıl Rusya'sında meselâ, Prens Çerkaskiy gelen ecnebilerle Rusçadan başka dil konuşmuyormuş. "Çünkü Batı Avrupa'da kendi dillerinde konuşuyorlar. Biz de burada böyle yaparız" diyor. Benzer tepkileri Osmanlı'da da görmek mümkündür. Milliyetçiliğin geniş ölçüde tarih ve dile yüklenme sürecine, meselâ bizim cemiyetimizde 100 sene evvel Ahmed Vefik Paşa ve Şemseddin Sami'de rastlarız. İkisi de Yunanca, Batı dilleri ve Farsça bilirler. Demek ki bir direniş söz konusudur ve büyük karışıklıklar söz konusudur. O kadar söz konusudur ki şimdi verdiğim trajik misal bunu ifade eder sanırım.

---

11 Hans Rogger, *National Consciousness in Eighteenth Century Russia*, Harvard Univ. Press, 1960, s. 50-51.

Büyük Petro, sadece Tüfekçileri (Strelitziy) idam etmekle kalmadı biliyorsunuz, kendi veliahdını da idam etmek zorunda kaldı. Aleksey Petroviç kendisine karşı çıktığı için, eski Rusya taraftarlarıyla bir olduğu için, babası tarafından ortadan kaldırıldı.

Rusya'da bu değişim olurken, Osmanlı nasıl bakıyor Rusya'ya? Rusya'yı nasıl değerlendiriyor? Vakanüvis Raşid, devletimizin resmî tarihçisi, Büyük Petro 1724'te öldüğü zaman; "Moskofların Çarı öldü." diyor. "Naaşını bir yere gömdüler, tebaasına ve devlete birtakım saçmalıkları ve çılgınlıkları getirdi" diyor *Tarih-i Naima.* Bir kere herkesin "Büyük Petro" dediği adamın adı bizim memlekette "Deli Petro"dur. Hükümdara aklı başında hareket etmeyen bir çar gibi bakılıyor. Çok ilginç ki bu tabiri bugün birtakım Rusya tarihçileri ve Alexandre Benningsen gibi Ruslar dahi çok doğru buluyorlar. Profesör Benningsen bir Rus asilzadesidir, Türk-Rus tarihçisidir. Ünlü bir uzmandır. O açıkça yazmıştır makalelerinde: "Petro'nun yaptıklarını en iyi değerlendirenler Türklerdir, ona deli derlerdi" diyor. Tarihçi Raşid dışında meselâ, Mehmed Ağa, bizim Büyük Petro devrinde yolladığımız büyükelçi, Büyük Petro'nun yaptığı o büyük törenler, askerî geçitler, balolar, falan hepsini tek cümleyle tarif ediyor: "Çarın maskaralıkları..." 1757 yılında kızı Çariçe Yelizaveta zamanında Rusya'ya giden Elçi Şehdi Efendi ise, başka bir bakış sahibi; aynı Yirmi Sekiz Çelebi Mehmed Efendi gibi opera olayını şöyle tarif ediyor: "Hanende ve sazendeler usul-i garibe ile lisanlarınca velvele perdaz" olduklarını anlatıyor; fakat bir otuz sene sonra Mustafa Rasih Paşa, ki büyük Katerina'ya elçi olarak gitmiştir; Rusya'nın müesseselerini bayağı ciddi bir şekilde tarif ediyor.[12] Rusya'nın tarihinin o dönemiyle uğraşanlar, onu çok enteresan bir kaynak olarak değerlendiriyorlar: "İmparatorluk ayrı bir boyuttan gözlenip tarif ediliyor" diyorlar.

Aynı dönemde Viyana'ya giden sefirimiz ve Berlin'e giden sefirimiz Ahmed Resmi Efendi, o ülkeleri artık çok farklı şekilde tarif ediyorlar. Batı medeniyetinin üstünlüğü bu sefaretnamelerde ortaya konuyor. Demek ki toplumların değişmeleri sırasında; direniş, tasvip, çeşitli fikirler, çatışmalar süregitmektedir.

---

12 İ. Ortaylı. "Reforms of Petrine Russia and the Ottoman Mind", *Journal of Turkish Studies,* Harvard University, 1987, s. 45 vd.

Sultan Abdülhamid'in Grandük Nikola'nın ziyaretini iade etmek üzere Beylerbeyi Sarayı'na gelişi, Kaynak: The Illustrated London News, *13 Nisan 1878. (Ayşe Yetişkin Kubilay arşivi).*

I

Batılılaşma Süreci ve Tepki

Değişme fikri, tavrı ve girişimi; tepkiyi ve tartışmayı da birlikte getirir. Bu üniversal bir olaydır. Her toplumda bu kaos kendine göre yaşanır, ama inanılmaz benzerlikler de vardır. Dolayısıyla Avrupalılık ve Avrupalılaşma 18. ve bilhassa 19. yüzyılda bu toplumların ortak problemi haline gelmektedir. Şüphesiz ki tarz-ı hayatımızın değişmesi, bilhassa yönetici sınıfların, yani toplumun seçkinlerinin uygarlık anlayışının, tavırlarının değişmesi, insanları rahatsız etmektedir. Burada çok ilginç direnişler vardır ve bu direniş biçimlerinin ne Müslümanlıkla ne Ortodoks Hıristiyanlıkla alâkası bulunur, onlar herkes için geçerlidir. Meselâ, Rusya'da Slavyanofillerden, yani Slav birliğini ve Rusya'nın kendi dini ve ananeleriyle bu birliğin başında olmasını savunan Panslavistlerden Konstantin Aksakov'un "Dönelim, Dönelim Şanlı Mazimize" diye bir şiiri vardır. Aksakov, Rusları Büyük Petro reformları öncesi Rusya'ya döndürmeyi amaçlamaktadır. Nedeni de Büyük Petro'dan sonra Rusya'nın kişiliğini, ahlâkını kaybettiği, ruhunu kaybettiği düşüncesidir.

Tabii batılılaşma başlayınca hemen her şey çok düzgün, güllük gülistanlık olmuyor. Toplumsal müesseseler yıkıldığı gibi, yerine getirilenler de hiç iç açıcı olmuyor. Toplum mühendisliği, inşaat mühendisliğine benzemez; istediğinizden çok, öngörmediğiniz sonuçlarla karşılaşırsınız. Herkes bilir ki 18.-19. yüzyılın Rusya'sı bir yandan Batı tipi ilmin, sanatların geliştiği, orduda birtakım reformların yapıldığı, öte taraftan çok fakir şehirlerin, son derece kötü bir ulaşım sisteminin ve her şeyden evvel de adaletsiz bir ziraî nizamın yaşadığı geniş bir ülkedir. Rusya'da köylülüğün yanında serflik, serfliğin yanında hiçbir iş yapmadan, bazen Knez Vorontzov'un olduğu gibi, sayıları 80.000'i, 100.000'i bulan toprak kölelerini tasarruf eden zadegânın bulunduğu, son derece geri bazen ortaçağı aratacak bir toplum vardır. Böyle bir toplumda o zamanki duruma, sorunlara deva arayan insanlar iki kategori oluşturmaktadırlar. Birinci zümre: "Az batılılaştık, Avrupa'yı taklit edemedik, oranın hukuk nizamını, adalet nizamını, anlayışını, malî anlayışını, iktisadî nizamını taklit edemiyoruz" derken; diğerleri de, "Efendim, böyle rezaletlere girdik, olacağı budur" demektedir. Bunların arasında Mihaylovski ve Aksakov gibi ciddi bilgili adamlar da göze çarpıyor. Tıpkı 19. yüzyılın Türkiye'si, hatta bugünün Türkiye'si gibi... Unutmayın ki bu kavgalar, bizden 100 sene evvel yola çıkmalarına rağmen Rusya'da da sürüyor. Aslında biz de değiştik; yani bugünün Türkiye'sini, 19. yüzyılın bir Türkü veya herhangi bir Doğulusu, mezarından kalkıp görse, şaşıracağına, kendisini kaybedeceğine, "Hayret, bizim Şark milletlerinden birinin dilini konuşuyorlar; ama kim bunlar?" diyeceğine hiç şüphe yok.

Türkiye çok değişti; ama buna rağmen hâlâ burada bile bu tartışma çıkıyor ve Rusya'da bile bugün belirli akımlar, Rusya'nın "batılılaşma" denen olaylarla bu girdaba düştüğüne, komünizm denen canavarın da bunun bir sonucu olduğuna ve memleketin bu hale geldiğine işaret ediyorlar; çünkü hepiniz biliyorsunuz, duyuyorsunuz, şu anda Ruslar hiç iç açıcı bir cemiyet değil! Birtakım insanların aç kaldığı, birtakım ihtiyarların evinden atılıp öldürüldüğü, öbür taraftan birtakım ahlâksızların nasıl para harcayacağını şaşırdıkları, adaletsiz yapısı olan bir toplum var Rusya'da. "Bu adaletsizliğin nedeni nedir?" dediğin zaman birtakım zümreler rahatlıkla; "Slav ruhunu, Hıristiyanlığın ruhunu, itidalini yani ılımlılığını kaybetmiş ahlâksız bir toplum" diyor. Onun için bu kavga hiçbir zaman bitecek gibi değildir.

Çok ilginç bir şekilde bütün Doğu Avrupa ve Ortadoğu'da Batılılara ortak bir isim takılır, "Frenk" yahut "Frank". Hiçbir şey değişmez. Eski Rusya metinlerine bakın, Franklardan, yani Batılılardan söz eder. Bunların adı Rusçada "Alman" karşılığı "Nemze"dir.

Toplumda batıcılar vardır, Batı karşıtları vardır. İran'a bakın, bu yeni batıcı gruba "felâketzede" der gibi, "garpzedegi" derler. "Garpzedegi", yani garblılaşmanın felâketine uğramış şaşkınlar kalabalığının hali ve düşünmesi... Bu terim literatürde, sözde ve siyasette çok yaşayan bir kelimedir ve her zaman için de batılılaşma bizdeki bazı ezbercilerin tekrarladığı gibi: "Efendim Japonlara bakın, kimonosunu çıkarmıyor, kendi âdetleriyle yaşıyor; ama lokomotifi alıyor" üslubuyla yürümüyor. Hiç öyle değil. Hiç kimse lokomotifi yalnız başına almamıştır. Lokomotifi alıp da kimonosunu üzerinde tutmamıştır. O bir efsanedir.

19. ve 20. yüzyıllarda Japon dediğiniz, önce gözünü ameliyat ettirerek işe başlamıştır. Avrupalıya benzemek için kısık gözünü ameliyat ettirmek bugün kolay olabilir; ama 50-60 yıl evvel bunun tam bir çılgınlık olduğunu söylemeye lüzum yoktur. Bu ameliyatlar halen devam ediyor. İranlı hanımlar arasında da burun ameliyatı yaygın, bizde de sarışınlık... Sevseler de, sevmeseler de Japonlar Garb müziğini dinlemeye başlamışlardır. Japonlar halen operayı iyi yapamıyor; fakat öbürünü taklit etmeye çalışıyor, âdetlerini değiştirmeye uğraşıyorlar, kısmen etki-tepki dönemleri vardır. Meselâ, İkinci Harbi yürütenlere "faşist" diyorlar, böyledir ama, gelenekçi samuray zümresidir bunlar. İkinci Harbi yürüten Başbakan Hideki Tojo ve takımını kastediyoruz.

Garblılaşmayı benimseyen gruplar ve kişiler kadar benimsemeyenler ve karşı çıkanlarda da aynı hastalık arazları görülüyor. Tezatlar bizim tarihimizde de çarpıcı biçimde görülür. Bizim tarihimizin ilk mûkim elçilerinden Mustafa Sami Efendi vardır. Bunun kaleme aldığı bir de *Avrupa Risalesi* var. Efendi, Paris'te başkâtiplik, Viyana'da müsteşarlık ve en son Tahran'da sefirlik yapmıştır. Hep görevlerinden azledilip geri gelirdi. Devrin vakanüvisi Ahmed Lütfi Efendi, onun azlini kendi örf ve âdetlerimizi önüne gelene kötüleyip, Avrupa'yı cânı gönülden övmesine, bu mealdeki ölçüsüz sözlerine bağlar.[13] İşin garibi, bu ateşli Garb taraftarının elçiliklerdeki ikameti de dahil, ne burada ne de Avrupa'da hiçbir Garb dilini öğrenemeyişidir.

13 Mustafa Sami Efendi, *Avrupa Risalesi,* İstanbul 1256/1840.

Bu farazi Garb taraftarları ve farazi Garb düşmanları yanında, bulundukları Garb ülkelerini ateşli biçimde benimseyen veya dışlayanlar da vardır. Aynı şekilde Mustafa Fazıl Paşa'nın yanında harice kaçarak Yeni Osmanlılar dediğimiz muhalif siyasî grubu oluşturanlar ve sarıklı ihtilâlci Ali Suavi ise, medrese eğitimli olmasına rağmen Garb hukuku, Latin alfabesi, Avrupa tarz-ı hayatı ve kadın eşitliği konularında radikal garbcı görüşlere sahiptir. Hangisinin Batı dillerini daha iyi bildiğini bilmiyoruz. Batı ve Doğu dillerinin dördünü, beşini iyi ve pekiyi derecelerde bilen Şemseddin Sami, Ahmed Vefik Paşa, Maarif Nazırı Münif Paşa gibi zevat ise, ne Garb ne de Şark propagandasına girmeden çeviri yapmak ve ansiklopedi ve lûgat hazırlamakla ömürlerini geçirmişlerdir ve saltanata sadık kalmışlardır.

Garb dillerini ve dünyasını tanımadan radikal batıcılık yapan Doğulu okumuş tipini en acımasızca hicvedenlerden biri, ilerde imparatorluğumuzun Arap eyaletlerini parçalayan antlaşmaya adını verecek Mark Sykes'dır. Sykes, muhtemelen İttihatçılara mensup pozitivist ve ateşli batıcı bir kaymakamla konuştuktan sonra, "Yarım yamalak Fransız eğitiminin yıkıcı etkilerinden" söz ediyor. Sir Mark Sykes "hür basın, özgürlük" gibi kavramları bilmeden kullanan bu radikal memur için böyle diyor. Öbür taraftan aynı bölgede (Palu) zavallı Ermenileri ifsad eden, dış dünya hakkında yanlış bilgiler verip kışkırtan yabancılardan (misyonerlerden) şikâyet ediyor. Müteakib olaylar, bu olayları yaratanlar, katılanlar ve cereyan tarzına baktığımızda Sykes pek haksız da sayılmaz. Batı kültürü ve dünyası Doğu'da dar bir çevrenin dışında farklı bir görünümle illüzyon halinde yayılıyordu.[14] Batılılar, bazı Batı kurumlarını Doğulular için lüks olarak görüyordu. Nitekim Mark Sykes'a benzer bir tutum içinde olan ünlü hukukçu A. Batbie, Napolyon döneminin sansür mevzuatını (yayın öncesi sansür) Fransa için olumsuz; fakat bunu iktibas eden Rusya ve Osmanlı İmparatorluğu için uygun bulur.[15]

Öte yandan Batı tarzı hayatı refahla, Doğulu kültür ve günlük hayatı ise sefaletle aynîleştirip mukayese etmek moda olmuştu.

---

14 Sir Mark Sykes, *The Caliphs' Last Heritage,* Londra, 1915, s. 365-366.

15 A. Batbie, *Traité de Droit public et administratif,* Paris, 1885, s. 187.

Genelde iki cemiyetin hayatını ve kültürünü yakından tanımayan Osmanlılar, sefaletten nefret ettikleri ölçüde batıcı olmuşlardır. Zamanında çokça okunan bir risale Tüccarzade İbrahim Hilmi'nin *Avrupalılaşmak* başlıklı eseriydi. Yayın hayatımızın bu ünlü kişisi kendini yetiştiren bir aydındır. Avrupa'da bulunmamıştır, daha doğrusu ömrünün belirli bir safhasından sonra bazı yerlere geziler yapmıştır ve müşahedelerine göre, Garb-Şark ayrımı ve garblılaşma modelleri önermektedir. Dikkati çeken husus, gözlemlerinin yaygın, kabul gören veya bolca tekrarlanan gözlem ve öneriler olmasıdır. Bu gibi gözlem ve fikirleri başkaları da öne sürmüştür. İbrahim Hilmi'nin "Avrupalılaşmış aile" dediği, her şeyden önce İstanbul'un belirli semtlerinde ortaya çıkan zengin bürokrat veya tababet ve tüccarlık gibi serbest meslekle geçinen aile tipidir. Eski tip aile ise, şehrin büyük kesiminde yaşayan fakir İstanbul ailesidir. Fakir olduğu için imkânları kısıtlı, eğitimi kıt aile fertlerinden oluşmaktadır. Batılılaşan, zenginleşen ailenin, nasıl bir kültürel seyir izlediği zamanımız sosyolojisinin mevzuudur; ama herhalde İbrahim Hilmi'nin çizdiği portre ve kompozisyon ile bu gibi ailelerin büyük ölçüde bir alâkası yoktur.[16]

Garbı bilmeden sevenler olduğu gibi, hiç görmeden ve bilmeden nefret eden; Garblı birey ve aile için tasvirlerde bulunanlar da vardır. Her iki grubun ihsaslarında doğruluk payı olabilir; ama Doğulular, Batı hakkında kaleme aldıkları bazı seyahatnamelerden de anlaşıldığı üzere, bu dünyayı yüzeyden tanımışlardır.

Batılılaşma uzun karmaşık bir süreç. Temelleri uzun zamanda atılıyor. Batılılaşma kısa zamanda olup bitmiyor. Japonya için tekrarlanan şudur: 1854'te Commodore Perry gelmiş; gemiler topları limana tehditkâr biçimde çevirmişler, Japonlar da korkmuş, "Haydi batılılaşalım" deyip işe başlamışlar. Bu bir efsane. Japonya, 16. yüzyılda Batılıları sokmadı limanlarından içeri; çünkü ticarî kapasitesi, dengesi müsait değildi buna, ama ithal edilen fakir hamulenin içinde her zaman kitap vardı. Bu konuya ehliyetle değinen

16 Tüccarzade İbrahim Hilmi (Çığıraçan), *Avrupalılaşmak. Felâketlerimizin Esbabı*, İstanbul, 1332/1916.

meslektaşımız Selçuk Esenbel'in çalışmalarına bakalım: Japonya'da 16. asırdan beri babadan oğula ırsî olarak geçen bir mütercimlik var, böyle bir dal, meslek var.[17] Bunlar kitap çeviriyor. Her kitabı çeviriyor. Botanik, kimya, tıp bilhassa. O tıp kitapları çevriliyor, ona göre kadavra da kesiliyor ve anatomi yapılıyor. Meselâ Rusya'da o sırada kadavra teşrihi yapılmıyor, Türkiye'de ise hiç yapılmıyor.

Çok meşhur olaydır bilirsiniz; Büyük Petro 17. asrın sonunda Hollanda'ya gittiğinde (bu, bir çarın, bir devlet reisinin normal gezisi değil, çok uzun bir ikametti) orada birtakım müesseseleri tetkik etti. Hatta Büyük Petro, kendisi gemi yapım çıraklığı öğrenmiş, çırak ve kalfa olmuş, berat almıştır. O sırada kadavra bugünkü gibi kesilmezdi; yani mikrop mefhumu henüz bugünkü gibi bilinmiyordu. Fenol kullanılmıyor ve cesedi açıkta teşrih ediyordu cerrahlar. Bilhassa Hollanda, tıp tarihinde Bologna'dan sonra anatominin en geliştiği bölgelerden biriydi. Ameliyatların da en fennîsini yaparlardı (o çağ için bu fen dediğin, afyonla veya fakirleri ucuz olsun diye düpedüz şarap içirip uyuşturarak ameliyat yapmaktı). Çar ve maiyyeti açıkta çalışan cerrahın yanından geçerken ceset kokuyor; çarın maiyyetindeki Rus soyluları, boyarlar, burunlarını tutuyorlar. Petro onlara bağırıyor; "O âlim ceset üzerinde çalışıyor, siz burnunuzu tutuyorsunuz, yaklaşıp öğrenmezseniz, cesedi dişlerinizle parçalattırırım size." Meselâ, 18. yüzyılda Rusya'da başlayan kadavra üzerindeki anatomi çalışması Türkiye'ye 19. yüzyılda, Mekteb-i Tıbbiye sayesinde geldi. Japonya ise, bunu 16. asırdan beri yapıyor, tıpkı Hollandalılar gibi. Tıp ilminin adı Japonya'da "Hollanda bilimi"ydi. Onlar Kant'ı tanıyorlardı. Biz Kant'ı ne zaman tanıdık? 19. yüzyılda ve yanlış olarak tanıdık. Bütün kavramları yanlış çevirmişiz. Japon, Kant'ı ve diğerlerini zamanında tanıyor.

Demek bu batılılaşma akşamdan sabaha olacak bir şey değil; çünkü bir kere insanların tarz-ı hayatının, dünya görüşünün zedelenmesi söz konusu, direnme söz konusu ve o direnç dolayısıyla da değişmenin yavaş yavaş saparak oluşması söz konusu. Meselâ hukuk

---

17 Selçuk Esenbel, "Japon Eğitim Modeli ve Doğu Batı Sorunsalı", *Toplum ve Bilim,* 25/26, s. 25 vd.

reformuna çok önceden 19. asırda başlamışız. Buna karşılık, Romanizasyon sürecini ancak 1926'da tamamlayabilmişiz. Türkiye'de hukukun Romanizasyonu tamam bir asırlık süreç. Bir toplum, ticaret hukukunu, iç ticaretini, denizcilik hukukunu, deniz ticaret hukukunu alabilir, hatta ceza hukukunu alabilir. Osmanlı Devleti Fransız ceza kanunlarını aldı; ama İslâm ceza hukuku olan "ukubat" ile Avrupa ceza prensipleri, ikisi bir arada yürüdü; bu bir düalizmdi. Cevdet Paşa, Avrupa (Fransız) Medenî Kanunu'nun kabulü gündeme gelince, bunu önlemek için İslâm hukukunun paralel mevzuatını *Mecelle* başlığıyla kodifiye etti, ama aile hukukuna hiç elini süremedi; çünkü hassas konudur. Japonya ise, Osmanlı'ya ve Rusya'ya göre bu konuda daha çabuk davrandı. 1894'te, hem de bizim gibi İsviçre Medenî Kanunu'nu değil; çok daha soyut, karmaşık, daha doğrusu iyi hukuk bilmeyi gerektiren bir ifadeye sahip olan Alman Medenî Kanunu'nu iktibas etmiştir. Biz 1926'da Alman Medenî Kanunu'nu tercüme ve adapte etseydik epey güçlük çekerdik. Bizim o zamanki camianın hukuk bilgileri buna müsait değildi.

1926'da bize Prof. Hirsch veya Prof. Schwarz gibilerinin gelmesi de söz konusu değildi. Henüz Almanya'daki Hitler felâketi ufukta görünmediği için biz o profesörlerin oradan kaçıp gelip bize hukuk öğreteceğini bilemezdik. Hukuk eğitimi denen dal bayağı zordur. Oysa Japonya bu eğitimi daha evvel becermiş, 19.yüzyılın sonunda bu Romanizasyon sürecini tamamlamıştır. Demek ki batılılaşma konusunda, "Biz ananemizi koruruz, ananemizi koruyarak tekniği alırız" gibi yorum ve projeler maalesef yürümüyor. Batılılaşmanın reçetesi o kadar basit değil; hayatın bütün kompartımanlarındaki değişmeyi birlikte yapmanız gerekiyor. Bunun için topluma nasıl bir yönlendirme ve hareket vereceksiniz, eğitimi nasıl ayarlayacaksınız, bütün bunlar sancılı sorunlardır. Bu sorunlar yumağı Türkiye'nin gündeminde, o günden bugüne hep var olduğu gibi, bundan sonra da var olacaktır.

Aslında bizim için var olan mesele Avrupa için yok mudur? Vardır. Yani İskandinavlarla Almanlar, onlarla birlikte Britanyalılar, derken İtalyanlar, İspanyollar bir araya gelecekler, bir tarz-ı hayatı yaşayacaklar. Bu nasıl mümkün olacak? Görünüşte bütün Avrupa laikleşmiş, kilise ile devleti ayırmış; ama "kilise ile devleti ayırdınız" diye Katoliklik, İspanya'nın ve İrlanda'nın hele Polonya'nın hatta İtalya'nın hayatından çıkmış mı tamamen? Bunlar nasıl olacak da Protestan tarzın ve kültürün içine girmiş İskandinavla, Almanla yaşayacaklar veya Macaristan için Katoliklik nedir? Fransa için nedir? Fransa için mevcut olan Katoliklik, Macarlar ve Polonyalılar için aynı şey değildir; çünkü Polonya ve Macaristan Katolisizmsiz düşünülemez. Demek ki benzer problemler dünün Avrupa'sında olduğu gibi, bizim zamanımızda da mevcuttur. Kuşkusuz Hıristiyan mezheblerin birbirine karşı konumu ile İslâm aynı şey değildir. Bu farklılıklar bir arada gerçekten güzellik mi, yoksa tatsızlık mı yaratacak?

"Batı Türkiye'yi dışlamıştır" sloganı çok telaffuz edilir. Batı Türkiye'yi kendi içinde görmüyor; biz de Avrupa'yı kendimizle birlikte görmüyoruz. Geçmiş asırlarda bunu çok açık bir şekilde söyleyip ifade ediyorduk; bugün daha kapalı bir şekilde ifade ediyoruz. Bugün bizim için hâlâ Batı Batı'dır, gerçi birtakım kurumları benimsemişiz; ama birtakım konuları ve zıtlıkları tartışmayı da tabu addediyoruz. Kısacası, bunlar artık tartışılmaz, bu yola girdik, "Avrupa ile birleşeceğiz" diyoruz. Bu, garip inatçı bir tutumdur. Türkiye şu sıralar bu konudaki ayrılıkları tartışmayı, abartmayı, vurgulamayı –Türkçe tabiriyle yarayı sancımayı– hoş görmemektedir. Yani itici bir tutum içindedir, bu bir deve kuşu politikası ve ilginç bir yaklaşımdır. Türkiye'nin batılılaşma tarihinde resmen 70 yıllık bir hazırlık devresi söz konusudur; fakat batılılaşma sorunu, batılılaşma olayı, hiç şüphe yok ki çok daha eskidir. Bu eski meselenin ortaya çıkışı önemlidir.

"Frenk" dediğimiz dünya, bizimle birlikte Doğulu Hıristiyanların da "Frank" dediği dünya, nasıl giriyor bizim içimize bunun üzerinde durmamız gerekmektedir. Evvelâ ordularıyla gelmek istedi, yani direnemediğiniz takdirde, ordularıyla ülkeyi istilâ edecekti. O takdirde, askerliğin ıslahı son derece önemli bir meseledir. Meselâ III. Ahmed devrinde yaşanan bir olay var: Barutu patlatıp gülleyi attıktan sonra top birdenbire çok kirleniyor. Barut artığı dolduruyor içini ve böyle birkaç atıştan sonra âdeta tıkanıyor namlu, onu temizlemeniz lâzım yoksa ters patlama olabilir. Bunu fırçalarla temizleyeceksiniz! Nasıl temizleyeceksiniz o tunç dökmenin üzerindeki barut artığını? Öyle her fırça temizleyemiyor; bir tek fırça var dayanabilen, domuz kılından fırça. Bu, büyük bir mesele oluyor. "İslâm Ordusu'nun toplarını domuz kılıyla mı temizleriz?" diye mesele çıkartıyor birtakım gruplar. Bu, yecuzu, layecuzu –caizdir, caiz değildir– münakaşasını kesmek için o sırada caizdir diye fetva çıkarmak isteyen adam: "Camilerin hangi fırçayla badanasını yapıyorsunuz?" diye soruyor. Onlar da domuz kılıymış. Burada mesele sadece domuz kılı değil, bir rahatsızlık var. Yani 15. yüzyılda zamanın büyük tophanelerinden birini meydana getiren, zamanın tersanelerinden birini kuran devletin, artık nizamını değiştirmesi söz konusu. Rahatsızlık yaratan domuz kılından çok, bu nizam değişikliği.

Cerrah yetiştireceksiniz, asker telef olmasın diye. Eskiden cerrah yok muydu, vardı; ama, o cerrah artık işe yaramıyor. Ordu için yeni tip cerrah yetiştireceksiniz; onu imtihan edeceksiniz, ona göre diploma vereceksiniz, bu işlem birtakım insanları gayrimemnun hale getiriyor. Yobazlar matbaaya karşıymış. Peki ama, yeterince okuyan olsa, kitaplar Venedik'te basılır gelir (Viyana ve Venedik'te o zaman Arap harfli matbaalar var ve Türkçe kitap basılıyor). Nitekim Ermeni Mehitaristleri Arapça İncil basıyorlar, Türkçe İncil basıyorlar eski harflerle, getirilip buraya dağıtılıyor. O gelir de başka kitap gelmez mi? Mesele o değil. Mesele, kitap okunmuyor zaten; el yazması yetiyor, bir eserden 50 kopya olsa –en yüksek talep de odur– oradan oraya dolaşıp bir kişi okuyup, 50 kişi dinliyor ve maksat hasıl oluyor. O toplumda her eve kütüphane kurup, kitap doldurmak diye bir hastalık yok bugünkü gibi. Yahudiler, Ermeniler matbaa kurmuş da bir şey mi olmuş; parlak bir netice mi hasıl olmuş? 200-300 senede birkaç dua kitabı ve edebî kitapla yetinmişler. Bastıkları kitabın kaç kalem ve kaç adet olduğuna bakmalı... Nitekim Rusya'ya matbaa 16. asırda girdi; ama ne basıldı? Asıl kitap basıp okuma 18. yüzyılın işidir. Demek ki kitaba karşı talep yoktu. Bu gerçekçi bir batılılaşma kıstası değildir.

Batı'nın hayatına girerken, insanların psikolojik direniş noktaları vardı. Bazı diyaloglar vardır ki kitaplara kadar geçmiştir. Hatta çok ilginç diyaloglar ecnebî dil kitaplarına kadar geçmiştir. Meselâ, 17. asırda Jacob Nagy Harsabany diye bir Macar geliyor ve Türkçe Öğretim El Kitabı yazıyor; Türkçe öğretmek için kaleme alınmış –Latince/Türkçe– ve Türkçenin Latin harfleriyle yazıldığı ilk kitaplardan biri bu... Meselâ şöyle başlıyor: Yanındaki, "Ört başınu, ayuptur" diyor.[18] Burada kullanılan diyalogun Türkçesinin pek hoş ve bugünküne yakın olduğunu görüyoruz. Demek ki şapka çıkarıp-şapka giymekten başlayan bir kültür çatışması herkesin dikkatini çekmiş.

Buradaki terslikten başlayarak, veya "Siz böyle temizlenirsiniz, biz böyle abdest alırız"; "Sen bunu yersin, ben bunu yerim"den başlayarak Batı ile bir kültür çekişmesi var ve bu soğukluk, çok üniversal bir şeydir. Batı insanına bakış tarzı, Alman'a bakış tarzı, Rus edebiyatında nasılsa bizde de öyledir. Çok ilginç bir şeydir, 20. yüzyılın başına gelmiş olan Rusya, artık zannedersiniz ki batılılaşmıştır. Hayır! Hâlâ Batılılara karşı nefret duyuyorlar, şüphe duyuyorlar, uzaklık duyuyorlar. Meselâ, 20. yüzyıl başının ünlü Rus yazarı Kuprin'in *Yama* adlı tiyatro eseri bir genelevde geçer. Genelevin patronu bir Alman kadındır. Rusya'ya gelmiş yerleşmişlerden biridir. O kötü Alman aksanı ve bozuk Rusçasıyla genelev sakinlerine günlük direktifi verir: "Ben size disiplini öğretirim, Ruslar aptal ve tembel bir millettir, disiplin yoktur, size disiplini öğretmek lâzım, böyle çok iş çıkar." der. Kuprin onun aksanıyla ilginç bir biçimde; Batılının Rusya'yı hâlâ Şarklı olarak gördüğünü belirtir; ama bir yandan da Batı'ya kinini kusar. Rusya hâlâ kendini Şarklı olarak görmektedir. Öyledir. Hâlâ iki dünya birbirine zıttır ve bu zıtlıklar bazen komediye, hicve varacak şekilde ifade edilmektedir.

Onun için Tanzimat edebiyatına baktığınız zaman, bilhassa Ahmed Midhat Efendi'de "Batılı böyledir, Şarklı böyledir, Beyoğlu böyledir, İstanbul tarafı böyledir" edebiyatını bütünüyle görürsünüz ve Felâtun Bey'le Rakım Efendi'nin kişiliğinde bu iki zıt tip

---

18 György Hazai, J. Nagy-Harsabany, *Das Osmanisch Turkische im XVII Jahrhundert*, Budapeşte, 1973.

çizilir. Birisi işini yapan, terbiyeli bir Osmanlı, dinine ve ananesine bağlı; öbürü zıpır, batılılaşma meraklısı, alay konusudur. Meselâ, Tanzimat devrinin meşhur bürokratlarından biri, "Mahşer Midillisi" denen Kâmil Bey, Fuad Paşa'nın kayınbiraderidir, "Altıncı Daire Belediye Reisi" olmuştur (Beyoğlu Belediye Başkanı). Onun Fransızcası ile çok alay edilir. "*Les affaires sont devenues fourchette*: İşler çatallaştı", veya "Ol bâbda irade efendimindir; *à cette porte irade à mon seigneur*" gibi çevirileri alay konusudur. Bu Kâmil Bey, sahte, kötü batılılaşma örneği olarak gösterilen tiplerdendir. Demek ki 18. yüzyıldan 19. yüzyıla geçişte bile Batı karşısında bu tür ikirciklenmeler; bu tip dökülmeler vardır.

Türk'ün Gözünde Avrupalı

Bazı vesikalar üzerinde duralım: Kırım Savaşı, biliyorsunuz Osmanlı Devleti'nin Rusya karşısındaki ölüm kalım savaşlarından birisidir. Bu, Türk cemiyetinde Batı'ya karşı ister istemez bir yumuşama meydana getirmiştir. Birtakım tarih literatürümüzde umumî nokta şudur: Mustafa Reşid Paşa batıcıydı; fakat ondan daha beteri Fuad Paşa'ydı. Bunlar sefaret ajanıydı, Batılılara her şeyi verdiler. Tabii ki bunlar mesnetsiz değerlendirmeler. 1853'te savaşa giriyorsunuz Rusya ile ve o savaşta Batılılar sizi destekliyorlar. Gerçi çıkar için desteklediler; fakat şunu görüyor İstanbul ahalisi: Gencecik çocuklar gemilere biniyor, oraya sevk ediliyor, gelmiyor ya da sakat geliyor. Yani "o gâvur", ilk defa bizim için ölen, bizim çocuklarımızla birlikte çarpışan, onlarla birlikte ölen, onlarla birlikte sakat kalıp dönen adam. Dolayısıyla Türk kamuoyunda "gâvur" diye bakılan ve "Frenk" denen bu insana karşı bir yumuşama meydana geldiği açıktır. Bu çok ilginç bir gelişme; çünkü ondan sonra yan yana yaşarken bazı tavizlerin verilmesi söz konusu oluyor. Bu taviz sadece devlet düzeyinde değil, âdeta kapalı bir kontrat sistemiyle, sosyolojik bir kontrat sistemiyle bütün kavim, bütün bir millet tarafından veriliyor.

Batılı bizi çok önceden beri incelemeye başlamış. Biz ise Batı'yı tanımıyoruz. Nadir istisna Evliya Çelebi'dir. Bu çok gerçektir, yani

Evliya Çelebi'yi okuduğunuz zaman muhteşem sayfalar görürsünüz.[19] Bir kere her birinin lisanı konusunda örnekler veriyor. Örneklerle Bavyera lehçesini kaydediyor. Evliya Çelebi'nin kulağı o kadar iyi ki, bize bir sürü Kafkas dillerini, lehçelerini kaydetmiştir. Bugün bazı Kafkas lehçeleri kaybolmuş neredeyse. Filologlar dört elle sarılıyor yazdıklarına. Keşke Arap harfleriyle yazmasa; çünkü sesliler olmadığı için her zaman veremiyor fonetik karşılığını kaydettiği kelimelerin... Bavyera lehçesiyle cümleler yazmış. Evliya'da Batılıyı tanıma var. Batı devlet sisteminin tarifi var. Meselâ, çok ilginç bir şey, birlikte Viyana'ya gittiği Elçi Karamanlı Mehmed Paşa (Beylerbeyidir) şehre atla mı girilecek, arabayla mı girilecek tartışması yapıyor. Kayzer'in adamları, "Araba yollayacağız, ona bineceksiniz" diyorlar. Beylerbeyi diyor ki: "Bizde arabaya kadınlar biner, biz atla gelelim"; öbürleri, "atla sırf Kayzer geçer şehirlerden" diyorlar. Cevap: "Bizi alâkadar etmez". Sonra sefaret heyetleri doyuruluyordu, biliyorsunuz. Bilhassa bizde İran ve Avusturya'dan gelen kalabalık elçilikleri beslemek, geçtikleri şehirler için bir yüktü. Tabii karşılığı da veriliyordu. Avusturyalı yetkililer: "İşte bu kadar yemek gelecek" deyince, "Yok bu yetmez" deniyor. Avusturyalılar, "O zaman bu miktarı vermek için merkezden izin alacağız" diyorlar. Paşa: "İki kap yemek için İmparatora mı soruyorsunuz? Ne nâkis bir şey, biz önce kaleyi fetheder, sonra padişahımıza haber veririz" diyor. Bu ilginç bir karşılaştırma.

Osmanlı belirli çağlarda Batı'yı merak ötesinde ciddiyetle incelemedi. Müslüman için Müslüman dünyasının dışındaki bölge *dârü'l-harb*'dir ve orada yaşayanlar harbîdir. Onlar içeride yaşayan gayrimüslimden de farklıdır, içerideki gayrimüslim zımmîdir. Belirli vergilerle, mükellefiyetleri karşılığında himaye edilir. Halbuki teorik olarak bir harbî öldürülmelidir, malı da yağmalanmalıdır. Bunun istisnası ancak "aman" (garanti izin) alarak gelen harbî için söz konusudur. Dikkat edin gelen ister sefir, ister hacı, ister tüccar olsun statü fark etmez.

Bu kuralın nasıl yumuşatılacağı söz konusudur; arada bir ahitname olacaktır, aman verilecektir dedik. Bu şartlar tahtında harbî

19 Evliya Çelebi, *Seyâhatnâme,* I-X, İstanbul, 1896-1938.

bir memlekette bir Müslüman tüccarın bulunması veya elçinin bulunması da mümkündür; fakat yerleşip yaşaması söz konusu değildir. İslâmiyet bunun hukukî vechesini düzenlememiştir. Tam aksine Endülüslü hukukçulardan Vanşarisî'ye bakarsanız, "En iyi ve adil idare edilen bir harbî ülkede (kefere ülkesi; diyar-ı küfr de denir) yaşamaktansa, en zalim ve kötü idare edilen İslâm ülkesinde yaşamak evlâdır."[20] İlginç bir kural ve ictihad bu; çünkü iyi muamele gördüğü yerde azınlıklar erirler (asimile edilirler). İslâm Hukuku'nun, Endülüs'ün düşmesinden sonra va'zettiği kural, Müslümanın harbî ülkede yaşamamasıdır. "Göç edin" diyor ve Müslümanlar elden çıkan ülkeden daima göç eder. Ne zaman bu ülkelerde kalıp, yaşamaya başlamışlar? Çünkü Osmanlı devrinde artık kolonilerdeki Müslüman sayısı bağımsız hükümran İslâm ülkelerindekini neredeyse kat be kat geçmiş, 19. asırda dünyada 300 milyon Müslüman yaşıyorsa, İran ve Osmanlı İmparatorluğu'nda oturanlar bunun dörtte biri bile değil... Dolayısıyla 200 küsur milyon insan, Hindistan, Endonezya, Doğu Afrika, Rusya gibi harbî ülkelerde, kolonilerde yaşıyor. Ancak bu zamanda biz Batı'yı tanımaya, Batı üzerinde düşünmeye başlamışız ve bu tabii soğukkanlı bir düşünme olmamış. Son derece fevrî, hamasî dediğimiz bir siyasî söylemle ortaya çıkmış bir Batı dünyası tasviri söz konusu. Ama Türkiye, yani 19. yüzyılda Osmanlı İmparatorluğu –sadece Batı'yı değil– İran'ı da tanımamaktadır.

Batılılaşmada ikinci kategori ülkelerden Japonya ve Rusya'dan farkımız budur; çünkü onlar yaşadıkları veya karşı karşıya kaldıkları dünyayı bizden daha iyi inceleyip öğrenmek durumundaydılar ve bütün dünyayı çok iyi öğreniyorlardı. Bizde ise, bu hastalığın, bu ihmalin, bu nakîsenin, bugün de devam ettiğini söylemek mümkündür.

Batılılaşma Olayının Nedeni ve Nasıl Karşılandığı

Türk batılılaşması adı konmadan ve üzerinde tartışılmadan zarurî sebeplerden ötürü başlamıştır. Bu süreçle karşılaşınca ve içine girilince Batı (yani Avrupa'nın batısı) tartışılmaya başlamıştır. Bu

20 B. Lewis, *The Muslim Discovery of Europe*, New York, 1982, s. 67.

olayın etrafında da ideolojik tutum alan gruplaşmalar ortaya çıkmıştır. Dolayısıyla Türkiye'de sağ ve sol, sermayenin, işgücünün ve bölüşüm kavgasının etrafında oluşmaktan çok bir kültürel seçimin, bir tarz-ı hayat seçiminin ve bunların mümâsili olan farklı dünya görüşlerinin adı olmuştur. Batılılaşma ise askerî bir imparatorlukta, askerî nedenlerle başlayan bir değişimdir ve karşı değişim hareketi de buna göre değerlendirilmelidir.

Hiç şüphe yok ki –okul kitaplarından da hatırlıyoruz– İkinci Viyana Kuşatması dediğimiz olay, bizim tarihimizde çok önemli görülmüştür, bu doğrudur. Birincisi, ilk defa toprak kaybıyla neticelenen en uzun harpti. Sonra, üzerinde durulmayan diğer bir husus, bizim ordularımız ricat etmeyi pek bilmezlerdi. Ricat, Machiavelli'de de vardır. Eski Roma ordusundan farkımız budur. Machiavelli, disiplinli ordu mefhumu üzerinde dururken, Roma ordularına işaret eder, ki doğrudur; çünkü Romalılar ricat etmeyi bilirlerdi. Burada parantez açarak konuşayım. Romalılar bir yerde savaşa gittiği zaman, meselâ, Barbarlar dedikleri o zamanki Germanya'daki, Galya'daki topluluklarla savaşa gidiyorlar; durum, konum ne kadar müsait olursa olsun, düşman güçlerine aniden saldırmazlar. Saldırmadan evvel, "castra" dedikleri ordugâhı kurarlar, etrafına hendekler kazarlar, ordugâhı tahta perde ile hemen çevirirler, etrafına kazılan hendekler ricat anında sığınmak içindir. Sırtını sağlam yere vermek içindir. Bunun çok örnekleri vardır. Meselâ, Galya'da Julius Caesar'a müşavirleri: "Saldırınız" dediler, "Hayır! Önce castra kurulsun" dedi; "Öncelikle ordugâhı inşa edeceksiniz." Hakikaten görüldü ki Galyalıların saldırıda gizlenen art kuvvetleri varmış. Onlar Roma lejyonlarını imha edebilirlermiş. Bu tedbiri göstermeyen bir komutan, meselâ Quintius Varus, Kuzey Almanya'da Heruskler'in başbuğu Hermann'ın [Arminius] hücumuyla feci bir yenilgiye uğradı.

Bizim ordularımızın ise savaş gücü yüksekti, çarpışmayı bilirdi, bunları Machiavelli de belirliyor; ama ricat bilmezlerdi. Hakikaten hatırlayacaksınız, 15. yüzyılda Balkan geçitlerinde bizim İzladi Derbendi Muharebeleri'nde bir ricatımız vardır, ricat değil, bozgundur o. Ta ki Varna Savaşı'nda, II. Murad orduyu toparlayıp Hunyadi

Yanoş komutasındaki Haçlıları yenene kadar etkileri süren bir bozgundur. İkincisi de, Viyana Muhasarası'dır. Bozgun oluyor; çünkü ricat etmeyi bilmiyor ordu. Bu eksiklik Balkan Savaşı'na kadar sürer. Ordu ricat etmeyi bilmez. İlk defa ricat etmeyi İstiklâl Savaşı'nda öğrenmiştir. Gazi Mustafa Kemal Paşa'nın harp tarihimizdeki büyük katkısı düzenli çekilmeyi öğretmesidir.

Ricat etmeyi bilmeyen ordu, İkinci Viyana Muhasarası sırasında Avusturya-Alman orduları karşısında üstün bir durumdayken çok büyük bir bozguna uğradı; elimizden koca koca eyaletler çıktı. Bunların bir kısmını sonradan alabildik; ama biliyorsunuz, Mukaddes Liga'nın karşısında yenildik ve Türk İmparatorluğu'nun eski imajı bitti ondan sonra. Bunun ardından bizim imzaladığımız antlaşmalar var: 1699 Karlovitz-Karlofça, 1718 Pasarovitz-Pasarofça gibi barışlar... Bunlar, Avusturya ve Rusya karşısındaki ricatın, 1699'da genellikle Avrupa Ligası karşısındaki ricatın sonuçlarıdır.

Şimdi bu iki antlaşmanın sonuçları üzerinde durmamız gerekir. O güne kadar yaptığımız antlaşmalar, milletler arası muahedeler, aslında muahede değil, ahitnamedir; yani tek taraflıdır, muahedede ise karşılıklı sözleşme, ahitleşme söz konusudur. Bu, İslâm'da görülmez, yani böyle bir mefhum söz konusu değildir bizim açımızdan, devletler hukuku açısından. Biz ahitnameler veririz, yani birisi ile anlaşsak bile âdeta tek taraflı bir atiyede bulunuruz veya tek taraflı bir söz veririz. Karşılıklı bir anlaşma, muahede müessesesi işte bu antlaşma ile başlar. Bu 1699'un ruhu için de söz konusudur. Bu antlaşma ile Osmanlı İmparatorluğu Hıristiyan devletlerle, gayrimüslim devletlerle beynelmilel hukuk normları içinde antlaşma yapıyor ve yeni bir dünyaya adım atıyor. Bu, bizim için olduğu gibi, onlar için de böyledir. Artık burada tarafların haklarını bilirken, müeyyideleri, yaptırımları tarif eden, ona uyumu tarif eden, doğrudan doğruya ne Hıristiyan'ın, ne Müslüman'ın hukuku; fakat Hugo Grotius'un başını çektiği milletlerarası yeni laik hukuk, Romanist hukuk söz konusudur: *de iure Belli ac Pacis*'in yazarı Hugo Grotius'un ve bütün o dönemin yetiştirdiği laik zihniyetli Roma hukukçularının geliştirdiği hukuk anlayışı içinde ortaya çıkan devletler hukukunun prensipleri söz konusudur. Bu neye istinat ediyor? Bu hepinizin bildiği gibi, 1648 Westphalia Barışı'na dayanmaktadır. Hepinizin malûmudur ki Westphalia Barışı uzun süren Otuz Yıl Savaşları sonunda imzalanmıştır.

Almanya, Avusturya ve Bohemya'da o zaman Protestanlar ve Katolikler arasında müthiş bir savaş yaşanmıştır. Bu korkunç savaşta, ordulara sivil halktan taraftar yoktur. Şehirlere hangi taraf gelse milletin ödü kopar. Yani Katolikler dahi Katolik ordulardan çekinir; çünkü gelirler, şehri yağmalarlar, ne mal kalır, ne ırz kalır, ne can kalır ortada. Protestanlar da herkesin çekindiği ordular. Bir tek, harbin ikinci ve son safhasında İsveç orduları kendi düzeniyle hepsinin üstünde bir yer edinmiştir.

Harpte bütün Avrupa karışmıştır; safhaları çok karışık bir harptir. Otuz Yıl Savaşları'nın her safhasını ezbere bilen tarihçi var mı, sanmıyorum. Kim nerede, ne için savaşmış, belli değildir. Düşünün ki Fransa ve İsveç bile karışmıştır bu savaşlara ve bunun sonucunda 1648'de beynelmilel bir barış, Westphalia Barışı imzalanmıştır. Buna göre bazı prensipler ortaya konmuştur; bu sadece iki tarafın barışı değildir, aynı zamanda diplomatik kuralların tespitidir. Yani bir memleket nasıl diplomat yollayacak, nasıl diplomat kabul edecek, elçilerin muafiyeti ne olacak, bu konular dahi ilk defa burada açıklığa kavuşturulup tespit edilmiştir. Bundan sonraki safha 1815 Viyana Kongresi'dir. Orada da yine diplomatik temsilin, diplomatik muafiyetlerin ana hatları ve teferruatı tespit edilmiştir. Bugün diplomatik sistem ona istinaden yaşıyor ve birbirimizi temsil ediyoruz. Sonraki bazı gelişmeler de vardır; ama temel iki tespit bunlardır.

İlk defadır ki 1699 Karlofça Muahedesi'nde Osmanlı İmparatorluğu bir antlaşmanın, Westphalia'nın getirdiği beynelmilel diplomasi ve temsilin esaslarını kabul etmiş oldu. Bu çok önemli. Biz bu arada dışarı devamlı büyükelçi yolladık mı? Hayır, bunun için bir asır daha bekleyeceğiz. Bizim o devirlerde ikamet elçisi yolladığımız vâki değil.

Ama ikamet elçisi göndermesek de, artık gelen elçilere ona göre muamele ediyorduk. Bundan böyle klasik Osmanlı devrindeki elçi kabulü ve protokolü sona eriyor, hemen sona ermiyor tabii; ama süreç başlamış. Elçiye bir ölçüde diplomatik muafiyet tanıyorsun, birtakım vergilerden muaf tutuyorsun. Yedikule'ye elçi kapatmak daha bir süre devam etti. Bunu biz yapardık, bizden evvel Bizans İmparatorluğu yapardı. Bu iki imparatorluğun elçiye ve gelene eşitlik esası üzerinde saygı duyma yükümlülüğü hiçbir şekilde yoktu. Şimdi o yükümlülük başlıyor. Bu çok önemli bir şey. Gerçi bundan sonra da böyle bir vak'a olmuştur. 1711 Prut Savaşı sırasında Rusya'nın bizdeki ilk mukîm elçisi Pyotr Tolstoy'u, yani büyük yazar Tolstoy'un dedesini hapsettik; ama değişme ve zorunlu bir uyum başlamıştı. Bilhassa Pasarofça Antlaşması ile (1718) büyük ölçüde Westphalia diplomatik ilişkiler sistemi içine girdik.

Burada dikkatinizi çekecek bir olay var. Osmanlı İmparatorluğu bundan böyle belirgin ölçüde hem tüccarların, hem misyonerlerin, hem diplomatların yerleşmesine ve yaşamasına açılmaktadır. Bu bizim tarihimizdeki en ilginç olaylardan birisidir. Diplomatlar geliyorlar, sadece başkentte değil, konsolosluklar vasıtasıyla her yerde faaliyet gösteriyorlar. Bunların en mühim özelliği, geniş bir tercüman kadrosu bulundurmalarıdır; bu tercümanlar genellikle yerli Rumlardan, Ermenilerden ve Yahudilerden himaye edilen bir sınıf oluyor. Yoksa herkesin tercümanlık yaptığı yok. Nihayet bir konsolos yılda kaç tane evrak çevirtecek? Bir kişi yapar onu; ama bakıyorsun konsolosun 19 kişilik tercüman kadrosu var. Demek ki konsolos yerlilerden 10 imtiyazlı adam yaratmış. Bazı tür vergiden muaf tutulan, her yere girip çıkan bir grup. Bunların içinden yükselenler var, gerçek dragoman olan meselâ, bir Ermeni Mouradgea D'Ohhson var, (Murat Tosunyan) sonradan D'Ohhson ismini alarak İsveç'in Türkiye'deki elçisi bile oldu ve ünlü bir Osmanlı tarihi yazdı.[21] Çok önemli bir tarihtir bu. Bunun içindeki doğrular bugüne kadar kaldığı gibi, yanlışlar da kalmıştır. Meselâ, o kitapta ileri sürülen yanlışlardan biri, Osmanlıların hilâfeti Mısır'ın fethinden sonra, "Emanet-i Mukaddese ile birlikte aldıkları" efsanesidir. Bu uydurulmuştur. D'Ohhson'un kendi uydurması değildir;

21 İgnatius Mouradgea D'Ohhson, *Tableau général de L'Empire Othoman,* 2 cilt, Paris, 1787.

beynelmilel durum icabı bu miti uydurup onun kafasına sokanlar, bizim Osmanlı bürokrasisidir; çünkü öyle icab ediyordu. Biliyorsunuz, Kaynarca Antlaşması sıralarıydı. Bütün dünyada papalığın muadili bir halife yaratmak, bizim devletin işine geliyordu. Böyle bir Avrupalı inancı vardı, onu beslemek yolunu seçtiler; çünkü Kafkasya'nın belirli kısımlarını, Kırım Hanlığı'nın belirli kısımlarını kaybetmiştik; buralar Rusya'nın eline geçmişti. Oradaki Müslümanlar üzerinde ruhânî otorite ile bir nevi protektorayı devam ettirebilmek için bu çareyi bulmuşlardı. Bu parantezi açarak şunu söylemek istiyoruz: İster istemez yeni bir dünyada, yeni bir sistemin parçası olarak yaşamak durumundasınız. Eskisi gibi "Göğün İmparatorluğu" değilsiniz.

18. yüzyıl Avrupa tarihinde sıçrama asrıdır. Modern ve merkezî ordular kurulmuş, bunların karşısında devamlı yenilenmek zorundayız. Avusturya'da Prens Eugen'in (Von Savoyen) yönettiği ordular; Rusya'nın bu zamanda en iyi generalleri var. Bunlardan biri Suvorov; Tuna mansabında Ruslarla muharebe ettiğimiz yerlerde İsmail Kalesi'ni kaybettik. Kafkasya'da gerilemeler var. Oralardaki hâmi, protektor olduğumuz kabileleri, halkları koruyamıyoruz; bölge yavaş yavaş elden çıkmaya başlıyor. Avusturya karşısında yenilgilerimiz oluyor. Osmanlı orduları büyük bir şecaatle savaşa devam ediyor, zaman zaman Şehit Ali Paşa gibi hakikaten büyük komutanlar ortaya çıkıyor; fakat ordunun komuta heyetinin teknik bakımdan, donanım bakımından, talim bakımından ve asıl önemlisi talim, teknik bilgileri bakımından asrın gerisinde kaldığı artık ayan beyan görülüyor.

Asker bir toplum olduğumuz ve tarihteki rolümüzün askerlikteki başarılarda yattığı bir gerçektir ve tarihî toplumsal bir özelliktir. Bazı insanların karakter özelliği gibi, toplumların da kendilerine göre hassaları vardır. Bu toplumun tarihî oluşumu ve toplumsal özelliklerinden biri de budur. Onu kabul ederseniz, toplum bilimci olarak da idareci olarak da daha rahat edersiniz. Demilitarizasyon gibi eğilimler içtimaî gelişimin kaçınılmaz nirengi noktaları değildir. Türk halkının ve Türk aydınının kafasına, maalesef eğitimimizin sakatlığından dolayı dikotomiler sokulmuştur (dikotominin tercümesi, kutuplaşma, bir uçtan diğer uca gelişmelerdir). Bazı değişmeler kaçınılmaz gelişme gibi algılanıyor ki yanlış! Her şeyde ve her yerde değişme belirli model ve çizgi üzerinde olmaz. Gerekli de değildir. Mühim olan özgün gelişmelerimizi kavrayıp kabullenip ona göre yaşam çizgimizi tespit etmektir.

Mühendislik kafası ile toplum mühendisliği yapamazsınız, son derece tehlikeli bir eğilimdir. Maalesef bizim gibi, okuma yazmanın kıt olduğu ve gelişme sancısı çeken ülkelerde, insanların kafasına böyle toplum mühendisliği fikirleri sokulur ve gelişme modelleri; yani aydınlanmadan kaynaklanan gelişme modelleri çizilir. Şu safha ve kipte şu biçim bir toplum olarak buna doğru gelişiyorsunuz. Üç kuşak aileden çekirdek aileye gelişiyorsunuz meselâ (kısmen doğru, kısmen boş bir gözlem). Bundan başka meselâ, ilkokullarda bize; Yunan'ın, orta zaman İslâm dünyasının yahut Rönesans'ın adamı bizden eksik, geri, bilgisiz diye öğretilir. Boş bir lâf. Evet, belki eski Yunan filozofu çağdaş dünyanın lise talebeleri gibi cebir bilmiyordu (cebir daha kullanılmıyordu, biliyorsunuz Müslüman Arapların devrinde ortaya çıkmıştır); ama bu EskiYunan'ın, orta zaman İslâm dünyasının yahut Rönesans'ın adamı bizden bilgisiz demek değildir. Bilgilerini üniteye ve tartıya vursan, ortaçağda Farabî, sonra Leonardo da Vinci geniş bilgisiyle Rönesans adamı sayılıyor, hem ressam, hem mimar, hem heykeltıraş, hem müzisyen, bunların hiçbiri olmasa müzik eserleri çalınır, bundan başka mühendistir. Uçaklardan, helikopterlerden bahsetmiş, müthiş askerî köprüler, kanallar, gemi modelleri önermiş ve yapmış, hatta bize de davet edilmesi söz konusu olmuştur. İşte böyle manasız gelişme modellerine kapılan Türk münevveri, zannediyor ki bu noktadan şu noktaya gelişme kaçınılmaz ve gerekli bir şey; buradan buraya gitmeniz kaçınılmaz bir şey. İnsanlık değişiyor, değişme kaçınılmaz da olabilir; ama her değişme ilerleme değildir.

Toplumların muhakkak özellik değiştiren ilerlemeleri ve bu özellikleri de belirgin doğrultularda değiştiren karakteri yoktur. Bir toplumun tarihi içindeki macerası, yani İngilizlerin *venture* dedikleri, *serencamı* (güzel bir Osmanlıca kelimedir bu) böyle bir kimyevî reaksiyona, meselâ, sodyumla klorun reaksiyona girip tuz yapmasına, onun gibi bir gelişmeye veya demiri açıkta bıraktığınızda okside olup paslanması gibi olaylara benzetilemez. Onun için kafamızdan bu tip sakat, pozitivist gelişme modellerini çıkarmamız lâzımdır.

Şimdi, bu toplum demek ki temelde askerî bir toplum. Tarihî yönden de askerî bir örgütlenmesi var. Dağdaki göçebesinde bu özellik var. Şunu da ilave edelim. Göçebeler de birbirine benzemez zaten. Bizde bir umumî teşhis deyimi, daha doğrusu bir slogan vardır; "Göçebeyiz" denir. Sular niye akmıyor, borular niye patladı? Efendim "Göçebeyiz" deniyor. 1000 senedir şehirde-köyde oturuyoruz; göçebe mi kaldı? Sonra göçebelikle her şeyi izah edemezsin; çünkü göçebelikten göçebeliğe fark vardır. Deve güden göçebeler vardır, Arab-(urban), son derece de dinamiktir, bildiğiniz kent Arabına benzemez. Meselâ, Trablusgarb'da gördüğünüz Araptan sonra biraz uzakta Gadames vahasına gidin (vaha şehri), nerede bu Arapla öbür Arapların benzerliği dersiniz. İkinci grup son derece ölçülü, vakur, kompleksi yok. Özgün, kültürel ürünleri var. Geleneksel tiyatroları var. Pandomimler yapıyorlar o çöl Arapları; çünkü çölde yaşıyor, onun getirdiği bir dinamizm, onun getirdiği bir ölçü var, o tavırlarına kadar siniyor. Çölde yaşamak, denizde yaşamak gibi bir şey, yani denizcinin zihniyet ve tutumu gibi o dahi ölçülü, cesur, yaşayışını ve tavırlarını ayarlamasını bilir ve çölden de ayrılamaz insanlar; mutlaka oraya dönmek isterlermiş. Türk de meselâ atçıdır. At göçebesi başka türlü bir yaratıktır. Göçebe vardır, keçi ve koyunla geçinir, o başka bir türlü göçebedir. Zavallı, fakir ve sınırlı iktidar sahibidir. Bir de bir göçebe vardır, işte bildiğimiz Çingeneler. Tarih boyunca tamamen izole yaşarlar, hiçbir şekilde yerleşmezler –bazı göçebeler zaten yerleşmek istemezler– yerleştikleri an perişan olur giderler. Bugün yerleşecekleri yer zaten şehirlerin malûm, döküntü mıntıkalarıdır ve sefil hayat yaşamak zorunda kalırlar.

Bir toplumun mazisinde nasıl bir göçebelik örgütlenmesine sahip olduğu keyfiyeti kendi halini anlamak bakımından da mühimdir. Maalesef Türk toplumu göçebelik mazisini, askerî örgütlenmesini, dinî itikat ve âdetlerini, aile, boy, akrabalık ilişkilerini bilmiyor. Atçı göçebeler askerî örgütlenmelerinin karmaşık ve dinamik yapısı itibariyle yeni coğrafyaya intibak edebiliyor ve örgütsel biçimlenmeleri sayesinde fazla yıkıma maruz kalmadan dış etkenlerle bağdaşabiliyorlar. Nitekim Türk toplumunun; fakat hassaten devlet örgütünün Anadolu ve Balkan coğrafyasına intibakı, Avrupa'nın savaş tekniklerini aniden alıp uygulaması ve hatta bizzat son altı asırlık tarihimizin bir değişme, ıslahat ve giderek inkılâp tarihine dönüşmesinde bu özellik aranmalıdır. Türkler Orta Avrupa ve Balkanlar'da, Macaristan Krallığı'nın silâhlarıyla ve savaş düzeniyle karşılaşmış (küçük toplara dayanan tabur nizamı), 15. asırda bunu uyarlamışlardır. Büyük toplar için askerî mühendislik ve tophane gerekiyordu, kurulmuştur. 18. yüzyılda iş değişiyor. Yeni toplar için istihkâmlar yapılacak, buna göre yollar olacak.

Bu orduda yaralanan asker telef edilemez, yaralanma vak'aları ölümden çok. Askeri tekrardan muharebeye kazanmak için askerî cerrahlık gelişti. At var, atlar için baytarlık gelişecek, bunlar şart olan meslekler. Nitekim, dikkat ederseniz daha 18. yüzyılda kurmaya başladığımız ilk iki okul, Kara ve Deniz Mühendishaneleridir; çünkü Tophane ve Tersane zaten Osmanlı İmparatorluğu'nda vardı. Burada bir zihniyet değişikliğinden de söz etmek gerekir. Daha doğrusu zihniyet değişikliğinden değil, zihniyet ve davranışta birlikte bir değişim var; bu, Türklere özgü bir zihniyet ve davranış. Her toplum için böyle bir fark söz konusudur. Mekteplerde, "Bu Türk milletinin üçte biri şair, üçte biri memur, üçte biri asker bir millettir" diye öğretilirdi. Ecdadımız ticaretten, sanayiden anlamaz, bunları hep gayrimüslimlere bırakmışlar, yan gelip yatmışlar, diye söylenir, böyle öğretilirdi. Yanlıştır! Şunun için yanlıştır; çünkü Türk insanının ticaret ve sanayiden anlamadığı çok yanlıştır. Tam aksine müthiş sanayi tutkunu bir millettir, başka tabir bulamadım buna, *industriamani*'si olan bir millettir Türkler; yani hastalık derecesinde endüstri düşkünüdürler. Bu hassaları itibariyle tarihte çok özgün ilginç bir yerleri vardır.

15. asırda %95'i köylüler ve göçebelerden oluşan bir memlekette Tophane'yi kuruyorlar. İstanbul'da Tophane'yi hiç değilse geçerken görmüşsünüzdür. Muazzam bir tesistir. En son ilave 18.

Tophane meydanı, 19. yüzyıl (Ayşe Yetişkin Kubilay arşivi).

asırdadır; ama esasen 16. asırda da bu halindeydi. Sonra İtalyanları takliden Tersane'yi kuruyor ve gittikçe büyütüyorlar. Bu büyütme tutkusu o dereceye varmıştır ki meselâ, Tersane'nin yanında bizim gayet güzel kasırlarımız vardı. Biri Aynalıkavak Kasrı'dır, onun daha ötesinde yıkılmış olan Sâdâbâd vardır. Tersane genişleyecek; lengerhanesi, demirdöküm merkezleri, baruthaneleri falan yapılacak diye, Padişah kendi sarayını heba ediyor. Sanayi uğruna çevre düşmanlığı yapabilen bir milletiz ve bu hal bugün de devam eden bir özelliğimizdir. Kâğıthane kurulacak diye, adı üzerinde o Sâdâbâd kasırları falan heba edildi. Aslında Patrona Halil yıkmıştı, ondan sonra bir daha yapılmamış denirse de bu doğru değil; gerçi yakıldı yıkıldı bir şeyler; ama ondan sonra oralar yine ihya edildi. Bugünkü harabelerin nedeni Patrona isyanı değil. Oralar doğrudan doğruya, Osmanlı sanayiinin kurbanıdır. Yani orduya fes lâzım, Feshane... Bu tarafta orduya ve bürokrasiye kâğıt lâzım, Kâğıthane... Yok lengerhane genişleyecek, bunun için hanedan kendi saraylarını yıkıyor. III. Selim'in kuzeni II. Mahmud'un kızkardeşleri Esma Sultan'ın sarayları gidiyor. Tamamıyla böyle bir tutum içinde bir memleket

Antoine-Ignace Melling, Kasımpaşa Tersanesi (Ayşe Yetişkin Kubilay arşivi).

bu. Şüphesiz, askerî açıdan batılılaşmanın getirdiği endüstri, onun yanında mühendishane dediğimiz teknik okullarla eğitimin mahiyeti değişiyor. Eğitim nasıl değişiyor? Talebenin yeni gelen hendese mühendislik kitaplarını okumak için, cerrahlığı öğrenmeye başladığı zaman tıp kitaplarını okumak için Fransızca bilmesi lâzım ve öğretilen Fransızca ile sadece tıp kitabı, sırf matematik kitabı okunmuyor; başka şeyler de okunmaya başlanıyor. İlginç olan, "Batı Avrupa ordularında asker ve sivil memur dediğin adam muhafazakârdır"; ama Rusya'da ve Osmanlı İmparatorluğu'nda bunların hepsi "devrimci, düzen karşıtı adamlardır"; çünkü bunlar ilk defa bir şeyi okuyor, öğreniyorlar. Batı ile temasa geliyorlar. Bunlar ilk önce bulundukları sistemin analizini yapıyorlar ve Batı'daki memur ve zabitin aksine, "devlete ve hükümdara olan yeminlerini" değişik yoruma tabi tutuyorlar. *Hükümdar* için değil, mensubu oldukları *halk* için canlarını verme şiarını benimsiyorlar; çünkü değiştirmek istiyorlar o cemiyeti. İki devlette de dikkat ediniz, en uyanık insan malzemesi bunlar. Aralık 1825'te bu iki devletten Rusya'da, "Dekabrist" adı verilen Aralık ayaklanması vardır. Bu, Çar'ın tahta geçmesi sırasında olmuştur. I. Aleksandr öldükten sonra, kardeşi Konstantin Çar oluyor, cülus töreni sırasında askerler meydanda, "Yaşasın Anayasa!" diye bağırıyorlar ("*Slava Konstitutiya*"). Etraftaki seyirci, cahil halk da ne bilsin? Çar'ın adı Konstantin ya, "Konstitutiya" sözü Konstantin'e benziyor diye (onun dişi formu gibi) bu gulguleyi herhalde Çariçe'ye selâm sanıp, onlar da katılıyorlar. Tabii müthiş bir panik, müthiş bir katliam oldu. Zaten Konstantin bu olaya çok üzülüp, Polonya'ya çekildi, Polonya Kralı olarak orada yaşadı (Polonya o zaman Rusya'ya bağlıydı). Kırım Savaşı'ndan önce Osmanlı İmparatorluğu'na "hasta adam" diyen Çar I. Nikolay tahta geçti.

Bizde ise Sultan Abdülmecid devrinde faillerinden hiç birine idam cezası verilmeyen bir Kuleli Vakası vardır. Ardından, Sultan Abdülaziz'in hall'i meselesi vardır. I. Meşrutiyet'in sonunda II. Meşrutiyet dediğimiz 1908 ayaklanmaları vardır. Babıâli baskını vardır. Bu ayaklanmaları devamlı surette sivil ve asker bürokratlar yapar; çünkü bu, devlet ve toplumun yapısından ileri gelmektedir. Devlet üst ilişkilerini müstakil kontratlarla (akit) kuran aristokrasi üyelerinden oluşan bir yönetici sınıftan ibaret değildir. Halk için devlet, senyör değil, mistik yüce bir kuvvettir. Bürokrat için de bu farklı değildir. Bizde ilk önemli siyasî parti dahi devletle özdeşleşmiştir: İttihat ve Terakki bizim tarihimizin gerçekten devrimci bir cemiyeti ve ilk siyasî partisidir. (Vakıa benim tarihçi olarak çok meşgul olduğum bir parti değildir, çok sempatik bulduğum bir dönem de değildir; fakat itiraf etmemiz gerekir ki çok özgün bir partidir bu.) Sadece Türkiye tarihinde değil, bütün Osmanlı İmparatorluğu, bütün Balkanlar ve Ortadoğu'da İttihat ve Terakki gibi bir parti bulunmaz. Teşkilâtlanmasına baktığınız zaman, son derece ilginç bir siyasî kuruluştur. Bu topluma teşkilâtçılığı öğreten ve daha ilginci bu memlekette siyasî polisi kuran bir partidir. Yani ondan evvel böyle siyasî parti, siyasî polis, millî emniyet falan gibi bir teşkilât yoktu imparatorlukta. Bunu, İttihat ve Terakki kendi safları arasında kurdu. Neydi o? Teşkilât-ı Mahsusa. O Teşkilât-ı Mahsusa, Birinci Cihan Harbi'ni götürdü, eğri doğru politikaların, "Çin'i fethedeceğiz; Şark imparatorluğu kuracağız" sloganlarının ardından bu adamlar oralara gittiler. Her yere girdiler ve etrafı da korkuttular. Son zamanlarda Rusya arşivlerini görme imkânımız oldu. İstanbul'daki sefirin (Zinovev) başlıca korkusu, Panislâmizm ve ondan sonra Jön Türk İttihatçı hareketleri... Rusya'da devamlı birileri yakalanıyor, bir şeyler duyuluyor; hiçbir şey yapmasalar bile, yapıyormuş imajı veriyorlar. Bu ilginç bir yapı ve taktik. Yani açıkça bir benzetmeyle; evi soymasalar bile, evi soymuş gibi, iki mahalleyi soymuş gibi bir intiba yaratıyorlar. Adı geçen teşkilât, bu partinin teşkilâtıdır. Bu adamlar ölürler, birbirlerini bırakmazlar, böyle bir şey düşünebiliyor musunuz? Meselâ, Celal Bayar, Türkiye Cumhurreisi olmuş, Demokrat Parti'yi kurmuş, genel başkanı olmuş. Bir meslektaşımızla (Mete Tunçay) yaptığı mülâkatta, konuşmanın içinde bir yerde "benim partim" demiş. Mete Tunçay, "İnsicamı kaçırdım" dedi. "Benim partim deyince, Demokrat Parti'yi mi kastediyorsunuz?" diye sormuş. O ise: "Ne münasebet, ben İttihatçıyım" demiş. Doğrudur. Celal Bayar İttihatçıdır. Demokrat Parti, onun kurduğu partidir. Genel başkanıdır; ama o İttihatçıdır. Bu partinin yarattığı örgütlenme biçimi modern Türkiye tarihinin itici güçlerinden biridir. Birtakım olumsuz hareketleri, davranışları, politikaları olmuştur; ama şunu da itiraf etmek gerekir ki Türk cemiyetini harekete geçirmekte, örgütlemekte büyük payı olmuştur. Daha da ilginci bu adamların hiçbirisi doğru dürüst partici de değildir, Batılı da değildir, Batı'yı da görmemişlerdir. Jön Türklerin Avrupa'ya kaçtığını, Paris'te yaşadığını söylemeyin. Bu işlere ilk başladıklarında, yani Tıbbiye Mektebi'nin bahçesinde bu cemiyeti kurdukları zaman, daha hiçbirisi Batı'yı bilmiyordu ve hiçbirisinin oraya gitmişliği de yoktu. İşin asıl başını çeken insanların da hiçbirisi Batı'yı doğru dürüst görmüş, yaşamış değillerdir. Gerçi Mustafa Kemal Paşa (Atatürk) İttihatçıların başında değildi ve onlardan ayrılmıştı ama, biliyorsunuz en büyük özelliği, Batı cemiyetini, Batı tipi reformları, Batı tipi yaşayışı aslında bir Şark ülkesinde görmek ve yaşamaktı. Neresidir orası? Selanik demeyin (Selanik daha Şark kalır); Bulgaristan'dır. Selanik'te ara sıra olan opera, Bulgaristan'da devamlı vardır, orada tanımıştır. Kendisi tamamen alaturkayı sever, alaturkayı bilen, o konuda çok ince zevkleri olan biridir. Bugün artık, ince bir alaturka müzik kültürü olan çok azaldı. Sofya'da ilk bulunduğu zamanlarda Türk milletvekillerinden Şakir Zümre ile Sofya Operası'nda izlediği bir icradan sonra diyor ki: "Şakir, adamların bizi Balkan Savaşları'nda niye yendiklerini anladım."[22] Bu çok ilginç bir söz; çünkü o medeniyetin, Batı dediğimiz medeniyetin anlaşılması sokaktaki binalara bakarak olmaz; barlar, kafeşantanlarla bu ölçü kavranmaz. Batılı çalışması için ölçü; "Taktik ve sürekli temrindir, alıştırmadır". Bu süreci her an her insan yaşar. O operayı sahneleyen, icra eden, librettosunu çeviren herkes bunu yaşar; orkestrayı yöneten şef yaşar; sahneye çıkıp teganni eden insanlar yaşar bunu, korosuyla solosuyla. O cemiyette bir ölçü, denge ve hassasiyet vardır. Sofya'daki askerî ataşenin, geleceğin liderinin ifade ettiği keyfiyet budur. Bir opera eserini icra eden cemiyet, birçok işi topluca yapabilme ve örgütlenme kabiliyetine sahip demektir.

---

22 İ. Ortaylı, "Mustafa Kemal Atatürk'ün Bulgaristan'daki Yılları", *IX. Türk Tarih Kongresi*, Ankara, 1989, s. 2041 vd.

II
Batılılaşma Dönemi Kadroları

Batılılaşmanın kadroları ithal edilebilirdi veya kendi bünyemiz içinde de yetiştirilebilirdi. Osmanlı modernleşmesi kadro yetiştirmeyi ve bunun için okullaşmayı belirli ölçüde başarmıştır ve Cumhuriyet Türkiyesi, bu alanda başarıyla örülen bir miras devralmıştır. Bu özellik sadece Mekteb-i Mülkiye, Mekteb-i Sultanî (Galatasaray) gibi okullarda değil; fen ve tabiî bilim öğreten Baytar Mektebi, Ormancılık Mektebi, Mühendislik ve Tıbbiye gibi okullarda da görülür. Baytar Mektebi'nden iyi baytarlar, hatta beynelmilel literatür ve tatbikata katkıda bulunanlar yetiştiğini pek kimse bilmez; fakat buradan Ziya Gökalp ve Mehmet Akif gibi biri sosyolog, öbürü millî şair iki Türk büyüğünün yetiştiği bilinir. Mehmet Akif bir şair, ama bir edebiyat dehasıdır. Bazı şiirleri tartışmalı olabilir; ama Fars şiirini bütün incelikleri ile bilen, tanıyan ve zevkle öğreten biriydi. Ankara'da mebusluğu sırasında, Sadî ve Hafız derslerini dinlemek için akşamları Tacettin Dergâhı'ndaki odasına mebuslar ve diğer zevat gidiyor ve Sadî ve Hafız şerhleri dinliyorlar.[23]

Osmanlı memur ve zabiti, mektep yanında geniş bir coğrafyada yetişir. İmparatorluğu iyi bilen bu sınıf, kendisini hükümdarın değil, devlet ve milletin zabiti olarak görmektedir. Darbelerin kaynağını izah eden psikolojik unsur budur. Bu örgütlü ve hareketli sınıf gerçekten de imparatorluğu en iyi bilen kesimdir. Bir zabit bir sene Yemen'de, iki sene Şam'da kalır. Oradan kalkar, Makedonya'nın dağlarında çeteci kovalar, Selanik'te yaşar, İzmir'i görür, Bulgaristan sınırına gider veya Adriyatik kıyısında Draç'ta

23 Mahir İz, *Yılların İzi,* Kitabevi Yay., İstanbul, 1990, s. 125.

veya Preveze'dedir. Orada İtalyanı görür, Arnavutu ve Yunanlıyı görür ve gencecik yaşında bir olgun adam olur. Yani daha 30'larını süren bir İsmet Paşa'nın –ki herhalde Türkiye'nin en büyük mareşali değildir; dünyanın en büyük diplomatı değildir; Türk tarihinin herhalde en büyük devlet adamı da o değildir– fakat İsmet Paşa'nın olgun devlet adamlığını ve nadir rastlanan portrelerden birisi olmasını, ancak böyle bir yoğun hayat yaşamasıyla açıklayabilirsiniz. Böyle seçkin kurmayları ve devlet adamlarını ancak bu imparatorluk yetiştirir; çünkü çok genç yaşında olgunlaşan kuşaktandır. Bir sene Yemen'de, iki sene Şam'da, Makedonya'da kalarak lisanlar öğreniyor; kavimleri tanıyor, âdetlerini tanıyor (istese de istemese de) yazışmayı öğreniyor, Babıâli'deki bazı memur ne kadar kapalı kalırsa, bunlar da tersine o kadar renklidir.

Devamlı ateş üstündedirler. Dolayısıyla ciddiyeti öğreniyorlar. Ciddiyeti öğrendikleri zaman, ister Meşrutiyet'te olsun ister Cumhuriyet'te, işleri serinkanlılıkla, sadakatle, kanun fikriyle yürütmeyi öğreniyorlar. O yüzdendir ki belirgin temsilcileri Asım Gündüz, İsmet İnönü veya Cevat Paşa ve Mareşal Fevzi Çakmak olan bu bir kuşak insan, mutlakıyet rejimi içinde doğmuşlar, meşrutiyetin bocalamaları içinde yürümüşler ve cumhuriyetçi tek partiyi en sert bir şekilde yönetmişler, bütün bunlardan sonra demokrasiye de geçebilmişlerdir. Bu çok önemli bir özelliktir. Böyle bir kuşak, ancak Türkiye'de ve Türkiye batılılaşması içinde yetişebilir, bunun üzerinde durmak gerekir. Esasen Tanzimat reformları bürokrasinin eylemidir. Bu kâtip sınıfı, bu bürokratlar, bu askerler, yani devletin memurları, Fransızcayı memuriyetleri icabı kalemde öğrenmişlerdir. O kadar ki Sadrazam Mehmed Emin Âli Paşa bizim tarihimizin en büyük simalarından biridir. Kendisi, Mısır Çarşısı'nın en fakir esnafından birinin oğludur. Babası dükkân kirasına karşılık çarşı kapılarını kapamak zorunda olduğundan, düşmanları Paşa'ya Bevvabzade, Kapıcızade demişlerdir. Mehmed Emin Âli Paşa Fransızcayı kalemde öğrenmiştir. Yani 14 yaşında girdiği Babıâli'de, o kadar iyi Fransızca öğrenmiştir ki, meşhur Fransız edibi Lamartine'in hatıratında şu ibare vardır: "Mehmed Emin Âli Paşa son derece vakur çehreli, fakat kısa boylu

Mehmed Emin Âli Paşa.

bir adam; tabii Fransa'da okuduğu için Fransızcası benimki kadar düzgün."[24] (Hayatında hiç Fransa'ya gitmeden, Fransızcasını tamamıyla Babıâli'de öğrenmiştir). Meselâ, Fuad Paşa Fransızca espriler yapardı, anekdotları Paris ziyaretinde dillerde dolaşmıştır.

Tanzimatçıların içinde Ahmed Vefik Paşa gibi bir adam da var. O, zaten mütercim bir ailede doğmuş (dedesi Bulgarzade Yahya ve babası Ruhiddin Efendi). Yunancası fevkalâde iyi. Fransa'da okuduğu için –Saint-Louis Lisesi'nde– Fransızcası iyi; ama aynı zamanda Arapça ve Farsçası da iyi. Şemseddin Sami var. Hem Arnavutların, hem Türklerin milliyetçisi, iki tarafa da temel eserler hazırlamış, Arnavutçası çok iyi, Türkçesi çok iyi. Yunan lisesinde okuduğundan Rumca biliyordu. Fransızcayı ve İtalyancayı çok iyi biliyordu. Arapça ve Farsça da öğrenmişti. Demek ki böyle cehd içinde (İngilizce tabirle *challenge* içinde) ve batılılaşma dediğimiz olayın içinde sürüklenen; ama sorumluluklarını yerine getirmiş bir kuşaktır bu. Osmanlı memuru çok lisan bilirdi; ama bunu eğitimli biçimde bilen azdı. Şemseddin Sami iki halkın (Arnavut-Türk) grameri, alfabesi, romanı, tiyatrosu, lûgat ve ansiklopedisini kaleme alan, bu alandaki boşluğu doldurmaya didinen adamlardan biriydi. Osmanlılık nedir? Şemseddin Sami'dir. Bugün Arnavutlar da Türkler de bu adamı hayırla anıyor, millî kültürlerinin temel taşlarından biri olarak ona ulusal anılarında yer veriyorlar.

Batılılaşma ve Siyasal Muhalefet

Bürokrasinin bazı öğelerinin muhalefet yapması, siyasî muhalefetin ve örgütlenmenin iktidar içinde doğmasını kaçınılmaz kılan bir gelişmedir. Bazı yorumcularımız, bu siyasî gelişmeyi memurların, aralarındaki münaferet ve yöneticilerin birbirleriyle rekabeti diye yorumlarlar. Görünüşte böyle bir şey vardır. Meselâ, Ziya Paşa'nın Sadrazam Mehmed Emin Âli Paşa'ya olan düşmanlığı veya Ahmed Cevdet Paşa ve Fuad Paşa çekişmesi buna örnektir; ama bu izah

24 A. Lamartine, *Le Nouveau Voyage en Orient,* Paris, 1854, s. 49.

tarzının noksanlığı da şudur: Batı cemiyetinde muhalefet sınıfsal olarak ortaya çıkmıştır. Yani memleketi feodaller, aristokratlar idare ederken, değişen iktisadî düzenle yükselen burjuvazi muhalefeti yürütüyor, onlara karşı muhalefet de sanayileşme sonucu işçilerden çıkıyor gibi kategorizasyonlarla bu gelişmeyi tasvir ederler. Şüphesiz ki bu tip farklılaşma ve tezatları ortaya koymakta fayda vardır. Bu, tarihi safhalara ayırarak teleolojik (gaî) bir yorum yapmak gibidir. Bu gibi kavramlarla tarihe bakmanın ilk anda faydası vardır; yani Voltaire gibi, sonrakiler gibi düşünürseniz dikotomilerle (kutuplaşma) cemiyetleri ve etrafı algılama kolaylaşır; ama yorumlama sorunları da başlar. Bu yorumda, bilhassa yetişen gençliğin zekâsını geliştirme ve metodik düşündürme gibi bir meziyet vardır; ama bu yönteme saplanıp kaldığınız takdirde de değişmeyen hakikatleri veya aksine farklı değişmeleri göremezsiniz ve ortalığı, yönlendirilmiş tarihyazıcılığının yarattığı politik düşünceler sarar.

Şimdi herkesin malûmudur ki Fransız İhtilâli sırasında bir burjuvazi gelişiyor, bir ticaret gelişiyor, bir sanayi gelişiyor. Eski toprak lordlarının dışında, yeni sınıflar çıkıyor; ama dikkat ederseniz siyasî muhalefeti, felsefî muhalefeti yapanlar mutlaka bu sınıflardan değil. Büyük ölçüde yine eski aristokrasinin mensupları bu yeni düşünceleri taşıyor, o kitapları yazıp, okuyorlar. Montesquieu bir burjuva değil, Montesquieu eski aristokrasinin mensubu. Rousseau'ya belki burjuva diyebiliriz, Cenevre Cumhuriyeti'nin ideolojisinden gelmiştir; ama birtakım adamlar Condorcet'den tutunuz, d'Alambert'e kadar, Diderot'ya kadar eski sınıfların insanları... Talleyrand, ki kendisi bir piskopostur, asildir, eski rejimin adamıydı. Nihayet ihtilâle katıldı ve sonra biliyorsunuz dışişleri bakanlığına kadar geldi. Fransız İhtilâli öncesi okunan kitapları tetkik etmişler; Fransa'da o dönemde burjuvazinin okuduğu kitaplar, Diderot'un ansiklopedisi değil, Montesquieu okumuyorlar, onlar ne okuyorlar biliyor musunuz? *Therese Philosophe* gibisinden, gayet açık saçık, pornografik romanlar ve kitaplar okuyorlar. Yani yükselen burjuvazi ile birlikte Fransa'da, meselâ artan sayıda pornografik bir neşriyat var; bu tespit edilmiş. Burjuvalar haklıdır. Para kazanmak kolay değil, hayat yorucu, ciddi kitap okuyacak hali yok. İhtilâlciler arasında da aylak sınıf üyeleri mümtaz yerlerini almıştır. Bunun gibi bu teorilerin de her zaman yüzde yüz her şeyi kapsayıcı, geçerli açıklamalar olmadıkları gerçektir. Biz mekteplerde öyle şeyler öğreniriz ki konuya biraz eğilince pek geçerli olmadığı görülür.

Yakın çağımızda ileri-geri kavgasından söz ediyoruz. Bazıları bunu sosyo-ekonomik zümrelere oturtma gayretindeler. Aslında yakınçağ Türk tarihine baktığınız zaman kimin muhafazakâr, kimin devrimci olduğunu tespit etmek de güçtür. Meselâ, "Ahmed Cevdet Paşa muhafazakâr kesimin temsilcisidir" derler. Evet ve hayır... Türk dilindeki sadeleşmenin başını çekenlerdendir, sonra ilginç bir şekilde kadın eşitliğini savunur. Ailesine yazdığı mektuplara bakarsanız[25] aile hayatında muhafazakârlıkla hiç alâkası yoktur ve de unutmayın ki Türk tarihinde bildiğimiz kadarıyla 15. asırdan beri feminist kadınlar, başta şaire Mihrî Hanım olmak üzere, hep medrese ulemasının kızlarıdır. İşte Ahmed Cevdet Paşa'nın kızları da öyledir. Fatma Aliye Hanım, bizdeki feministlerin başıdır, öbür kızı Emine Semiyye Hanım da sosyalist parti kurmuştur. Türk hayatını, batılılaşma kalıplarını çok keskin uçlara götürerek mütalaa etmek her zaman aydınlatıcı olmamaktadır; ama şurası da bir gerçektir ki muvafakat kadar muhalefet de aynı sınıfın içinden doğmuştur. Bunlar gazete çıkarmışlardır, bunlar siyasî cemiyet kurmuşlardır, bunlar Paris'e kaçmışlardır, bunlar Paris'ten affedilerek geri dönmüşlerdir. Hepsi aynı sınıfa mensuptur, daha doğrusu bürokrat zümredir. Bürokrasiye de her sosyal kökenden adam girmiştir.

Batılılaşmış bürokrasi başarılı bir eğitimden geçer, "Batı tarzı hayat" dediğimiz zaman, kaçınılmaz olarak batılılaşmış eğitim üzerinde durmamız gerekiyor. Eğitimin modernleşmesi sadece Türkiye tarihinde değil, Şark'ın tarihinde de en ilginç olaylardan, gelişmelerden bir tanesidir; çünkü şunu açık söyleyelim, klasik devir "İslâm devri" dediğimiz –Abbasiye devri– ve Orta Asya'da Timurlenk ve onun oğulları Uluğ Bey zamanında süren klasik parlak ilmî gelenek

25 Mübahat Kütükoğlu, "Cevdet Paşa ve Aile içi Münasebetleri", *Ahmet Cevdet Paşa Semineri,* İ.Ü.E.F., İstanbul, 1986.

Osmanlı cemiyetinde bitmiştir. Osmanlı dönemi bu klasik ilmî geleneğin parlak olarak devam ettiği, hatta sadece devam edebildiği bir devir değildir. Bununla beraber Osmanlı'da medrese eğitimi çok teşkilâtlı olarak devam eder. Bunun üzerinde durmak lâzım. Evet, artık bu medreselerden Muhammed el-Harezmi (9. asır) çıkmıyor, İbni Sina çıkmıyor, Razî çıkmıyor, İbnürrüşd çıkmıyor, Uluğ Bey çıkmıyor (Ali Kuşçu oradan geldi zaten), Mesudî yok, el-İdrisî yok, İbni Haldun yok; ama ne var? Gayet iyi teşkilâtlanmış bir medrese var. Bunu unutmayalım; bu, bize bir gelenek devredecek. Hangi geleneği devredecek?

Konya'dan Antalya'ya gitmek istediğiniz zaman Akseki'den geçersiniz. Sonra Toroslar'ın sırtında kervan geçmez, kuş uçmaz bir şirin beldecik vardır, İbradı... Akseki ve İbradı, Osmanlı İmparatorluğu'nun beş asır boyunca kadı üretmiş iki beldesi, âdeta kadı fabrikasıdır. Yani gençler o ücra yerlerden medreselere gidebilmektedir, o fakir dağ kasabalarından mevleviyyet pâyeli kadılar, medrese hocaları çıkabilmektedir. İşte burada ilmin, pek çok parlak olmasa da eğitimin teşkilâtlanmasının başarılı olduğu bir toplumla karşı karşıyasınız. Yani dağın başındaki zeki çocukları bürokratik sistemin içine çekebilen gelenek, yeni Türkiye'de de kesintisiz olarak devam etmiştir. Uzak ücra kasabalardan, köylerden birtakım insanlar, geçmişte erkekler, şimdi artık kız çocukları da dahil, okuyorlar, yükseliyorlar, bir yerlere geliyorlar ve doğrudan doğruya Osmanlı batılılaşması gibi Türk batılılaşması da bu özelliği devam ettiriyor. Bu çok önemlidir. Askerî okula en ücra köşedeki insan girebilmiştir. Medreseye eskiden herkes gelebilirdi, derecelerine göre dört tarafta bir eğitim ağı vardı. Bir genç en yakın kasabadan başlayıp yükselebilir, medreseyi bitirebilirdi ve aynı şey sivil okullarda da devam etmiştir. Yani sivil okula, Tıbbiye'ye, Mülkiye'ye, Baytar Mektebi'ne, Orman Mektebi'ne ve muadili mekteplere adımını atarsın, beş kuruş harc verilmesi icab etmez, tam tersine talebenin cebine beş kuruş harçlık koyarlar, giydirirler, kuşatırlar, yedirirler, okuturlar, yetiştirirler. O kadar ki yırtık çarıkla dağdan inen çocuk, önce böyle bir okula gelir temizlenir, giydirilir, sonra okula kaydedilir. Dedeniz yaşındaki eski zabitlere, memurlara biraz sorarsanız, derler ki: "Geldim Trabzon'un bir köyünden, çorabım bile yoktu, Öğretmen Okulu'na veya Kuleli'ye böyle girdim." Bu sistem çok ilginçtir. Batı'da olmayan bir şeydir ve bununla yine *achieve-ment society* dediğimiz, liyakata dayanan terfi sistemi, tıpkı eski cemiyetteki gibi devam etmektedir ve dolayısıyla da bu toplumda tıpkı eski Osmanlı sistemi gibi sınıflaşma meydana gelmemektedir. Yani, sadece belirli sınıfların hâkim olduğu ordular; belirli zümreden insanların hâkim olduğu bürokrasiler ortaya çıkmamaktadır. Bu, Osmanlı ve Cumhuriyet Türkiyesi için ortak ve mümtaz bir özelliktir.

Tanzimat'ta her müessese değişmekte; medrese ise gerilemektedir, bütçesi ile, muhtevası ile, mensupları itibariyle gerilemektedir (Tek istisna olan Medresetü'l-Kuzât, o devire uyum sağlayabilmiştir). Artık insanlar yeni açılan okullara, sultanîlere gidiyor, oralardan mezun oluyorlar. Baytar Mektebi'ne, Tıbbiye'ye geliyorlar ve buralara sırf Müslümanlar değil, gayrimüslimler de geliyor. Hatta gayrimüslimlerle devlet arasında ilginç kavgalar vardır.[26] Cemaatler, Tıbbiye talebesi olarak Rum cemaatinden şu kadar alınmaktadır, Ermenilere de pay ayrılması veya kontenjanın artırılması diye isyan ediyorlar; çünkü imparatorluk tebaasının üçte biri Hıristiyandır, deniyor; bu nedenle tahminen Tıbbiye'de üçte bir talebe gayrimüslimlerden olacak. Onları da kategorilere ayırdık, şu kadar Rum, şu kadar Ermeni, şu kadar Yahudi, Süryani vs.; aralarında çekişiyorlar, bizim kontenjan az tutulmuş diye. Bu okullardan çıkan insanlar Osmanlı oluyor, aynı eğitimle çıkıyor, aynı dille çıkıyor, aynı ruhla çıkıyor. Bunlar laik bir eğitim görüyor. Vakıa orada Kur'an da okutuluyor, din dersi de var; ama çok kuvvetli olmuyor, o konu ihmal ediliyor. Siz akşamdan sabaha trigonometri çözeceksiniz, kimya yapacaksınız, laboratuvara gideceksiniz, Tıbbiye'deyseniz teşrihhaneye gideceksiniz; o arada da ulema efendilerden biri gelecek, size akaîd-i diniyye ve tefsir-i Kur'an okutacak. Bu iş pek yürümüyor. Gelen efendinin de bütün sınıfı "Bu işi beceremediniz" diye bırakacak hali

26 Başbakanlık Osmanlı Arşivi (BOA), I-MV, Nr: 16519, Meclis-i Valâ Mazbatası (12 Ramazan 1273/ 6 Mayıs 1857).

yok. Onun için bunlar laik okullar oluyor ve din bilgisi az bilinen, az öğrenilen bir dal haline geliyor. Onun yanında öbür gayrimüslim öğrencilere de güya kendi dinleri öğretilecek; ama aynı şekilde, o da öğretilemiyor tabii. Öğretilemeyince bu mekteplere, Müslüman ulema sınıfı gibi, kilise mensupları, hahamlar falan da karşı çıktılar; fakat göze batan husus, mektepliye karşı medreselinin muhalefeti hayatımıza girdi ve bu gerilim bugüne kadar gevşemedi.

Galatasaray'ın kuruluş tarihi 1868'dir.[27] Tanzimat ricali Mekteb-i Sultanî denen bu okulu niye kurdu? Belli ki yabancı dil eğitimi görmek lâzım. Bu yapılıyor İstanbul'da. Cizvitler, Lazaristler yani Saint George rahipleri, Benediktenler, gelmiş bir sürü okul açmışlar, millet çocuklarını bunlara yolluyor. Tanzimat'ın büyükleri düşünüyor: "Batılılık lâzımsa, onu da biz yapmalıyız." O zaman Galatasaray kuruluyor. Güzel Türkçe öğreten, Türkiye tarihi öğreten, Türk edebiyatı öğreten ve aynı zamanda da Batı dilini en iyi öğreten yeni bir okul bu. Bunu Tanzimat'ın büyükleri yapmışlar. İtiraf etmek gerekir ki şimdiki Maarif böyle bir panzehir kurum yaratamadı. Biz bu tarz bir okulu, ihtiyaç haline gelen İngilizce eğitim için yapamadık. Kurduğumuz İngilizce eğitim veren üniversitelerin hepsi skandaldır. Ne İngilizceyi o kadar iyi öğreniyor insanlar, ne Türkçeyi iyi öğreniyorlar; bilinen "Türkçe"yi de unutuyorlar. Osmanlı batılılaşması Galatasaray'ı yarattı, biz maalesef İngilizce üzerinden giden Türk batılılaşmasına bir ilaç, panzehir olan mektebi kuramadık. O bakımdan Galatasaray önemli müessesedir ve bu okul kurulduğu zaman, Ermeni patriki, "Gideni aforoz ederim" diyor; Rum patriki aynı tepkiyi gösteriyor; hahamlar benzer davranışta... Onu bırakın, Papa'nın İstanbul'daki temsilcisi bile aynı şeyi söylüyor. Yani "Latin cemaati çocuk yollamasın" diyor; ama bir müddet sonra bakıyorlar ki bu okul çok kuvvetli, herkes oraya gidiyor ve Galatasaray bütün Osmanlı insanlarının, "Türkü kadar Ermenisi, Rumu, Bulgarı,

27 Galatasaraylılar pek seviyor tarihlerini uzatmayı –önce 1500'lü yıllara uzattılar, Mülkiyeliler de yapar bunu; biz Enderun'un devamıyız falan derler, bizimkiler de kuruluş yıldönümünü 600'e çıkarırsa şaşırmayın. Siz, Galatasaray'ın eski kütüphanesine, eski eğitimine sahip çıkın, en büyük başarı odur. Yani, o zamanki gibi güzel Türkçe öğretin, güzel Fransızca öğretin. Biz, eski Mülkiye'yi devam ettirelim ne mutlu.

Eflaklısı (Ulah), Romeni, Hıristiyanı, Arabı, Yahudisi ile, Osmanlı Devleti'nin, Osmanlı tebaasının milliyetçiliğini, Osmanlıcılığını taşıyan insanların" yetiştiği bir okul oldu. Bu çok önemli bir şey ve o kadar ki patrikin aforoz etmekle tehdit ettiği okuldan, sonunda bir Ermeni patriki bile çıktı. Ohannes Arşaruni Efendi Galatasaray talebelerindendir. 20. yüzyılın başında Ermeni cemaatinin başına geçmiş,[28] Osmanlı Ermenilerinin patriki olmuştur. Demek ki, asrın icabı olan laik eğitim her dalda, hukuk ve mülkiye dalında gelişmekte, teşkilâtlanmakta ve medreseler gerilemeye başlamaktadır. Niye bu laik okullar gelişiyor; sırf teknik yenilenme ihtiyacı nedeniyle mi? Hayır, Osmanlı İmparatorluğu idarî yönden merkezîleşmek ve modernleşmek zorundadır. Yani matematik öğrendiğiniz gibi; cebir, fizik, kimya, tıp öğrendiğiniz gibi, artık modern hukuku, modern iktisadı, modern malî teknikleri öğrenmek zorundasınız. Onun için hukuk ve mülkiye mektepleri açılıyor ve orada çok ilginç bir olay gelişiyor. Hukuk Mektebi maalesef yatılı olarak düzenlenmediği, iyi örgütlenmediği ve de Osmanlı hukuk sistemi asrın icabına göre tamamen Romanize olamadığı için, eski ile yeni yan yana yürümek zorundaydı. Bu yüzden ne oluyor, Medresetü'l-Kuzât, (Kadı Medresesi) Hukuk Mektebi'nden daha iyi teşkilâtlanıyor, yatılı burslu oluyor. Ders programı eklektik biçimde düzenleniyor ve öbürünü geçiyor; çünkü hem İslâm fıkhını, hem Batı hukukunu öğretiyor ve talebeleri yatılı ve burslu olduğundan daha yetenekli ve çalışkan oluyor. Onun için eskilerden sorabilseydiniz: "Medresetü'lKuzât Hukuk Mektebi'ne nazaran iyidir" denirdi. Fuat Köprülü girdikten hemen sonra terk etti Hukuk Mektebi'ni: "Beş para etmez" dedi. Tembelliğinden değil, ders disiplini ve müfredatını beğenmediğinden. Mülkiye o zaman Hukuk'tan daha iyi okuldu, niçin? Çünkü maliye öğretiyor, iktisat öğretiyor, hukuku gerekli ölçüde öğretiyor. Yine aynı şekilde, yatılı, burslu beğenilen bir okuldu ve devam etti. Bu çok önemli bir husustur.

Öte yandan Osmanlı medreseleri de tamamen çürümüş değildi. Onun üzerinde duralım. Medreseler bakıyorlar ki asra uymak lâzım;

28 Kevork Pamukcuyan, "Ohannes Arşaruni", *İstanbul Ansiklopedisi,* c. 2, s. 1063.

bir kısmı bunların kozmografya, matematik, Fransızca bile öğretmeye başladılar, ders programına koydular. Dolayısıyla İstanbul'da bir çeşitlilik oldu –biz tarihçiler, bunun tarihî portresini henüz tespit edemedik. Medrese var; hakikaten talebesi ekmeğe muhtaç. Talebeler emsile ve binayı okuyup tamamlayamıyor, hiçbir işe yaramıyor, son derece de sefil. (O dönemlerle ilgili meşhur fıkradır: Verdikleri çorbalar artık o kadar yağsız ve etsiz, su gibi bir şeymiş ki, "Efendim, demişler, bu çorbayla abdest bile alınır, caizdir." Bunun üzerine bir nümayiş yapıyorlar. Padişah Cuma selâmlığından çıkıyor. Alayın iki tarafına dizilmiş medreseliler, bir taraf "yecuzu" diye bağırıyor, öbür taraf "layecuzu" diye bağırıyor. "Yecuzu-caizdir; layecuzu-caiz değildir." Padişah bu, "yecuzu, layecuzu" sadalarının sebebini soruyor. Diyorlar ki: "Hünkârım, verdikleri çorba o kadar bulaşık suyu gibiymiş ki yağsız, şehriyesiz, etsiz... Bu çorba ile su gibi abdest almak caizdir, yok caiz değildir; ne de olsa adı çorbadır" diyorlar).

19. yüzyılda malî ve ilmî bakımdan kötü olan medreseler de var, fakat bir şeyler öğretmeye çalışanlar da var. Farsça öğretmeye başlayan da var. Bu asırda İstanbul, Farsça eğitimi, edebiyat tetkikleri bakımından o derece ileri gitmiştir ki eskiden beri Şirazlı Hafız ve Şirazlı Sâdî şerhleri çıkmaktayız. İran'da Hafız ve Sâdî gibi büyük şairlerin şerhleri bu kadar çok sayıda değildir; fakat lûgat ve gramer kitapları bol miktarda çıkmaya başlar. Belirttiğimiz gibi Hukuk Mektebi kurulduğuna göre, medreseli yargı görevini kaybetmesin diye "asra biz de uyalım" denmiş ve Medresetü'l-Kuzât kurulmuştu ve bununla Osmanlı medreseleri farklı bir yapıya gidiyordu; çünkü eskiden medresede belirli müfredat var; ama ders programı yoktu. Filân hoca var, ondan ders alınır, ondan icazet alınır, terfi edilirdi; şimdi ders programı koyuyorlar, bizim bugün yaptığımız, sabah 9-12, şu şu derslere girilecek, şu şu hoca gelecek, programa bakarsanız, dersleri görürsünüz.[29] İslâm fıkhı olduğu gibi, Avrupa hukuku da burada öğretilmektedir. Demek ki 19. asır dünyasının ve imparatorluğun bu döneminin hukukî yapısına, ihtiyaçlarına ilişkin

29 *İlmiyye Salnâmesi,* birinci defa, Darü'l-hilâfetü'l-Aliyye, 1334, s. 687 vd., ders programı: (Medresetü'l-Kuzât).

bir hukuk öğretimine, ders öğretimine – sırf dinî İslâmî bilimlerin yanında– medreseler de ayak uydurmaya başlamaktadır. Dolayısıyla batılılaşmanın ihtiyaçları laik eğitim kurumlarını ortaya çıkardığı gibi, medreseleri de sarıyor ve bunun sonucunda eklektik ve düalist kurum tipleri ortaya çıkıyor. Yani bizim anladığımız Efruz Bey tipi, batılılaşmış tip yanında, bir de o eski ulemanın içinde de Batı'ya göre düşünen, ona göre yorum yapan, ona göre kafasını sistematize eden insanlar ortaya çıkmaya başlıyor. Bireylerin ikirciklenmesi kurumlar için de söz konusudur. Bu, Türkiye batılılaşmasının çok ilginç yönlerinden biridir. Zannediyorum bundan sonra batılılaşma ve Batı dediğimiz olayın ikinci bir veçhesini, siyasî veçhesini; yani milliyetçilik akımlarını ele almak durumundayız.

III
Batılılaşma, Ulusalcılık ve Parçalanan İmparatorluk

Batılılaşma dönemimiz ulusalcılık olayıyla birlikte yürümektedir. Son Roma İmparatorluğu olan Osmanlı camiası (*Pax Ottomana*) ulusalcı hareketlerle aşınmaktaydı. Ulusalcılık ve ulusçu duygular hiç şüphe yok, evvel emirde kimlik sorunuyla, yani kişinin toplumdaki yeri ve adıyla ilgilidir. Kimlik, bu önemli olgunun etrafında oluşan bir dokudur ve Avrupa'ya girecek Türkiye için önemlidir; ama insan toplumunda kimlik temel bir sorundur ve kimliğin iyi saptanması toplumda birçok sorunları ve tıkanıklıkları halleder.

İnsan dünyada her şeyini tayin edebilir; işini, mesleğini, davranışlarını dahi bir ölçüde tayin edebilir. Yaşayacağımız ülke de seçilebilir; fakat elde olmayan bir şey, hangi kimlikle dünyaya gelineceğidir. Meselâ, Rus anne ve Arap babadan evlilik dışı olan bir bebek İsviçre'de bir kilisenin kapısına bırakıldığı için –ki öyle vakalar oluyor– sonunda mahallî makamlar tarafından bir yetimhaneye kaldırılır ve İsviçreli bir çocuk olarak büyür. Belli ülkede doğulur, yaşanan ülke değiştirilebilir, ama böyle istisnalar dışında ebeveynin kimliği bireyinki olur. Dolayısıyla, hangi ülkede, hangi aile ile, hangi dille doğacağı ve nasıl büyüyeceği bir bebeğin elinde değildir. Kimlik ülkedir, her anlamda sınıfımızdır. Kimlik hayatımızı tespit eder, bazı insanlar bir araya gelmiş, yolunu tam da çizemedikleri bir tarih ve coğrafyada, bir ülke meydana getirmişler. Bu durumda, kuşkusuz devlete has birtakım organlar ortaya çıkar: Polis, ordu vs; bunlarsız yaşayamıyoruz, mümkün değil. Birey olarak da kendimizi bu organların sahası dışına çıkaramıyoruz. Burada Türkler var, Türkiye var; ama, ben beynelmilel bir adamım diye infirad yoluna gidemiyorsunuz. Zira muhataplar beynelmilel değil ve sizi Türklük kompartımanı içinde ele alırlar. Hiçbir şekilde kimlik sahibi olmadan hayata devam edemezsiniz, mümkün değildir ve bütün organlarla birlikte de bu kimliğin siyasî teşekkülüne bağlısınızdır. Bu olmadığı takdirde, 20. yüzyılın son çeyreğinde hatta son 10 yılında, iki korkunç dünya savaşından, katliamlardan sonra gördük ki, devletsiz toplumların insanları bu yokluğun bedelini her zaman çok ağır bir şekilde ödemek zorunda kalıyor. Bunu Kafkasya'da, Bosna'da gördük. Hiç arzu etmiyoruz; ama öyle anlaşılıyor ki bu facialar daha da görülecek. Batılılaşma sorunu ile karşı karşıya gelen Osmanlı İmparatorluğu dediğimiz zaman bu batılılaşmanın yarattığı en büyük tepki veya yansıma hiç şüphesiz ki milliyetler sahasında, *ethnicité* anlamında görülmüştür. Yoksa, Osmanlı toplumunda "millet" demek, bugünkü "nation" anlamında bir kelime değildir, bunu biliyoruz. Milleti bugün doğru kullananlar, "millî görüş" ve "millî gazete" diyenlerdir. Millet kavramı bir cemaate, bir inanç grubuna hitap eden bir sözdür. Onun için "nation" ve "national" karşılığı olarak mutlaka ulus, ulusal, ulusalcı deyimlerini kullanmamız lâzım.

"Millet" aslen Arapça bir kelime ve "söz" demek. Bu söz anlamındaki millet, bir anlamda "Tanrı'nın sözü" ve "Tanrı'nın sözü etrafında toplanan grup" anlamına geliyor. Dolayısıyla milel, ümme gibi kelimeler dinî grupları ifade ediyor ve tarihin son Roma İmparatorluğu olan Osmanlı toplumunda böyle bir teşkilâtlanma bulunuyor. Üç Roma İmparatorluğu vardır. Birincisi: Klasik Roma'dır, pagandır, muhteşem bir imparatorluktur. Yani bu üçünün içinde en muhteşemidir, çağlar içinde en kalıcı olanıdır. İkincisi: Bizans dediğimiz Hıristiyan Roma'dır. En azından Doğu Avrupa ve Balkanlar bu devletin ve uygarlığın izlerini taşır. Üçüncüsü ise: Hâlâ ortadan kalkmamış olan, bir anlamda hâlâ kurumları ve problemleri yaşanan Osmanlı İmparatorluğu'dur. Tarihte dördüncüsü yoktur, olmayacaktır; çünkü bunların doğduğu şartlar ve yaşadıkları dünya başkadır. Buralarda etnik anlamda bir grup hâkimiyeti yoktur, dil hâkimiyeti vardır. Yani Osmanlı İmparatorluğu'nun temel kurucu unsuru, ordusu, ordunun dili, bürokrasinin dili Türkçe olduğu halde, burada mühim olan ideoloji Türklük değil, İslâmlıktır. İslâm ümmetinden, İslâm milletinden olmak şarttır. O kadar ki zaman zaman bu Türklük küçümsenmiştir. Üstelik bu küçümseme, bize mekteplerde öğretildiği gibi, sırf Saray çevrelerinde değil, halk arasında da mevcuttur.[30]

Vekayinamelere bakarsanız, Osmanlı İmparatorluğu'nun Türkmen geleneği ile kurulduğu da anlatılır. Konuştuğumuz Türkçe, yazdığımız dil Türkçedir; hiç tartışmasız ordunun komuta dili Türkçeydi. Bu bütün tarih boyunca böyle olmuştur. Selçuklu devrinde kâtip sınıfı Türk olmadığı ve Türkçe yazmadığı halde, ulema sınıfı Arapça kullandığı halde, orduda her zaman Türkçe kullanılmıştır. Bu unsurların Türk olmasından, komutan ve askerlerin büyük ölçüde Türk olmasından ileri geliyor. Meselâ, son devir Osmanlı vesikalarında bile "Arabistan ordusunda hemcinslik çoğaldığından" deniyor. Bu hemcinslik, *coethnicité* demektir. Demek ki Arabistan ordusunda, Arap uşağı artmaya başlamış, "Anadolu'dan Türk asker getirilmesi emrediliyor."[31] Yani orduların içinde Türk etnik unsurunun ağırlık kazanmasına her zaman dikkat edilmiştir.

Zaten bu milliyetçilik konusunda bize mekteplerde öğretilen hazır teorileri de unutmak gerekiyor büyük ölçüde; çünkü şu abes ifadelere bakınız: "Fransız İhtilâli çıktı, Balkanlar'a milliyetçilik yayıldı." Ondan evvel sanki yoktu!

Eric Hobsbawm, bu kıymetli Marksist sosyolog ve İngiltere'nin ünlü tarihçisinin milliyet konusunda malûmatı çok yönlü ve derin değil... Halbuki meselâ Ernst Gellner'i okuduğunuz zaman, başka türlü zengin ve tutarlı görüşler, hiç değilse gözlemler var; çünkü

30 Meselâ hatırlıyorum, benim çocukluğumda Çorum, şimdiki gibi sınaî patlama yapıp zenginleşen yer değildi; fakir bir Anadolu kasabasıydı. Çorumlu ameleler yazın hasat zamanına kadar Ankara inşaatlarında çalışmaya gelirlerdi. Çorumlu amelelerden biri Etlik bağlarında ağaca çıkmış meyve yiyor, ihtiyar bir İstanbullu hanım da "Aaa, Türkler ağaca çıkmış!" dedi. Yani Türk demek, köylü, Anadolulu falan demek... Karagöz'de en ahmak, en lâf anlamaz tiplerden biri Baba Himmet'dir. "Türk" denir ona.

31 Başbakanlık Osmanlı Arşivi (BOA), İrade-i Dahiliye, No: 14404, 21 Şevval 1267 (19 Ağustos 1851).

kendisi Çekoslovakya Yahudisi idi. Tabii milliyetler probleminin ortasında büyümüştü ve İngiltere'de bu konuları işledi. İslâm ülkelerini tanıyordu ve Çekoslovakya'da da son olarak Avrupa Üniversitesi'nde çalışırken öldü. O, bu konuları daha iyi ele alıyor. Söylemek istediğim: Milliyet konusunu Batı literatürü de her zaman çok iyi tanımıyor! Niye tanımıyor? Batı çok ilginç bir şekilde, bizim bildiğimiz milliyetçiliğin neşet ettiği ve milletin başına dert olduğu bir yerdir; ama Batı, milliyetçilik meselesini bilmez. Bu çok garip bir çelişkidir; çünkü Batı Avrupa devletleri Almanya veya İngiltere veya Fransa birtakım tarihî etnik unsurlardan oluşmuştur; ama Almanya, Fransa, İngiltere dediğiniz zaman İngilizce ve Almanca konuşan, Fransızca konuşan, Hıristiyan olan insanların topluluğu söz konusudur ve en aşağı bin seneden beri bu toplumlardaki tek farklı unsur, o da farklı lisan konuşmadığı halde Yahudilerdir –Doğu Avrupa Yahudilerinin Yidiş konuşması dışında. Avrupa Yahudilerinin bulundukları ülkeden başka bir dil konuştukları da yok aslında, dinleri farklı hepsi bu. Avrupa toplumları bunu dahi hazmedememiştir. Konuştuğumuz ve bildiğimiz üzere antisemitizm; yani Yahudi düşmanlığı büyük bir problem olmuş. Batı, uzun zaman bir avuç Yahudiyi hazmedememiştir. Hâlâ da ettiğini söyleyemem. Şimdilik İngilizce tabiri ile *prejudices*, önyargılar kapatıldı, örtüldü. Daha evvel taşıyordu herkesin ağzından, şimdilik üstü kapatıldı. Ama Batı, milliyet sorununu hâlâ teşhis ve tedavi edebilmiş değildir. Şark'taki gibi her sokağın ötesinde bir başka cemaat, her kapının arkasında başka dil, her semtte ayrı bir din gibi şeyler görülmez Batı Avrupa'da... Azınlıklarla yaşama meselesi –yahut azınlık demeyin de, muhtelif kavimlerin birlikte yaşama meselesi– Akdeniz Ortadoğu toplumlarına hastır. Hindistan alt kıtasına hastır. Yani bunlar yazıya ilk geçen toplumlar olduğu için, din ve dilleri yazıya döküldüğü için bu meseleyi yedi bin sene boyunca daha çok yaşatma şansı bulmuşlardır.

Bugünkü Mısır'a baktığınız zaman, Firavun devrinden kalmış Kobtlar (Kıptî), arada Hıristiyanlık gelmesine, yazıları değişmesine rağmen, dinî edebiyatta ve devamlı yazılmış olmasından dolayı dillerine kısmen de olsa sahipler. Kobt yahut Kıptî, hiyerogliften sonra "dimetiki" denen Yunancadan bozma bir Kobt alfabesi almışlar, önce çok Yunanca kelime alınmasına, hatta zamanla artık lisanı unutup Arapçaya geçmelerine rağmen, bugün Mısır'ın yüzde onunu teşkil eden bu "Kobt-Kıptî" dediğimiz Hıristiyanlar, o dili günlük hayatta artık kullanmıyorlar. Arapça konuşuyorlar ama, kilisede hâlâ Kobtça ibadet ediyorlar (gerçi o dili doğru dürüst okudukları şüphelidir; âdeta bir Türkçe metni bir Alman veyahut bir Amerikalı oryantalistin, Türkoloğun eline versen nasıl okursa belki ondan daha uzak bir şiveyle okuyorlar) ve bu sayede de "Kobt-Kıptî" dediğiniz bir cemaat var. Gördüğünüz gibi, Mısır Dışişleri Bakanı sonraki BM Genel Sekreteri Butrus Gali de: "Ben Mısırlı Kobt'um" diyor; "Ben Firavunlardan geliyorum" diyor. Meselâ Suriye'ye gidiyorsunuz, adam şakır şakır Arapça konuşuyor ama, Ortodoks veya Katolik olsun, "Biz eski Asurîlerden geliriz" diyor. Bizim güneydeki Süryanilerin bile bir büyük kolu biliyorsunuz Suriye'dedir, patrik de oradadır. Onlar da öyle: "Biz Asurîlerden geliyoruz" diyorlar. Bunlar aslında Aramîdir ama, neredeyse ölmek üzere olan bir dille kimliklerini koruyorlar.

Balkanlar'a baktığımız zaman, her köşe başında ayrı bir milliyet vardı ve maalesef son zamana kadar Balkan tarihi bu her köşe başındaki etnik unsurların birbirlerini katletmeleri ile cereyan etmektedir. Osmanlı hâkimiyetinin bittiği gün, bittiği bölgede, kitlelerin birbirlerini katletme olayları da başlar. 1912'nin kış aylarında dahi ordumuz, henüz Yanya'yı savunuyordu; yani güneydeki Yanya henüz elden çıkmamıştı, kuşatma ve savunma altındaydı. Selanik'e ise Yunan orduları girdiler (eğer Bulgarlar bir taktik hatası yapmasaydı, Selanik'e kendileri girecekti) ve Yunan ordusunun Selanik'e girer girmez ilk yaptığı iş, Yahudi mahallelerine saldırıp, Yahudi katline başlamak oldu. Çünkü Selanik, bütün Osmanlı tarihi boyunca en büyük Yahudi şehri idi. Orada, ne Bulgarlar yani Slav unsur, ne de Arnavut ve Türkten oluşan Müslüman unsur çoğunluktu. Hele Hellen unsur en az olan gruptu. Selanik'in en kalabalık unsuru Yahudilerdi. Bunlar, 1492'de İspanya'dan ve İtalya'dan göç ederek

Osmanlı topraklarına giren, büyük ölçüde Selanik'e yerleştirilen, bildiğimiz Sefarad denen İspanyalı Museviler. Bundan maada, 1661'de Sabetay Zvi olayı üzerine burada yoğun yerleşen Sabetaycılar var. Malûm, Sabetay Zvi beklenen Yahudi mesihi olarak ortaya çıktı; fakat büyük kavgalara sebebiyet verdi. Yahudi şeriatına göre, "zındık" olduğu ilân edildi. Zındık ilân edildiği için idam edilmesi, bunu da tabii Osmanlı'nın yapması gerekiyordu. Bunu yapmamak için bir başka yol buldular. Güya Sabetay Zvi Müslüman oldu ve cemaati de Müslüman oldu. Yanlış olarak "dönmeler" dediğimiz aslında "Sabetaycı" dememiz gereken bu cemaat de Selanik şehrinde kalabalıktı. Sabetaycılara sırf Yahudiler değil, 17. asırda Mesih bekleyen, kıyamet bekleyen, Müslüman unsur ve Hıristiyanlardan da katılanlar olmuş. Dolayısıyla bu karma Osmanlı topluluğunu, bugün artık Türkleşen bu Sabetaycı grubu da hesaba alınca, Selanik Judaizm kültürünün hâkim olduğu bir şehirdi ve işgalci Yunanlılar, Yahudileri katletmekle etnik temizliğe başladılar. Onun için mecburen onlar da Türk, Arnavut Müslümanlarla birlikte bu tarafa göçmek zorunda kaldılar. Demek ki Osmanlı hâkimiyetinin ortadan kalktığı bölgelerde –bilhassa Balkanlar'da; Ortadoğu bölgesi bu kadar vahşi olmamıştır– milletler, etnik gruplar birbirlerini kesmeye başlamışlardır. Bu nedir? Burada bir tarihî olayı ele alalım.

İstanbul'da bugün Zeyrek'te bulunan Pantokrator Kilisesi –yani "Takdis Eden İsa Kilisesi" ki büyük bir bina olup çok harap vaziyettedir– fetihten sonra Türk devrinde Molla Zeyrek Camii olarak isim yaptı. Vakıflar bu binanın nasıl restore edileceğine karar veremedi. Cami olarak mı kalsın? Müze mi olsun? Belli değil! Bu arada şunu belirtelim, birtakım eski Bizans yapılarının cami olarak kullanılması, bunların bazı mimarî dekoratif kısımlarının açığa çıkarılmasına engel değildir. Meselâ, İstanbul Vefa'daki "Kilise Camii" dediğimiz yapı da çevredeki nüfus yıkımı ve erimesinden dolayı bugün kullanılmayan (çünkü Doğulu bekâr işçilerin semti ve camiye gidilmiyor), ama dökülen mozaikleri bugün de görülen, bir son devir Bizans eseridir. Zeyrek'teki Pantokrator gibi binalarda eski kalıntıları teşhir etmek yerinde olur. Bu, Türk imparatorluğunun ve hâkimiyetinin âlicenap karakterine uygundur. Mümkün mertebe bunları cami olarak muhafaza etsek de kısmen müze ve eski eser olarak, veya buna mümasil yapılar olarak tutmanın büyük faydası vardır. Zaten Osmanlı İmparatorluğu gibi üniversal Roma İmparatorluğu'nun mirasçısı olan bir memlekete yakışan tutum da budur. İşte 1453'ün Noel'inde (eski takvimle 1454 başı); bu binada yani Pantokrator Kilisesi'nde inzivada bulunan din adamı, son devirde Bizans'ın Doğu ve Batı kiliselerini birleştirmeye kalkan devlet siyasetine (Floransa ve Ferrara konsillerinde böyle bir birleşme kararı alınmıştır) karşı memleketin içinde Batılılardan çok nefret eden ve 1204'teki Haçlı Seferi'nde İstanbul çok yakılıp yıkıldığı için, Batılılara kin tutan kitlelerin doğal lideri olmuştur. "Türklerin kılıcı Frenk'in ekmeğinden yeğdir" diyen bir grup ve bunların başındaki Ghennadios (Skholarios) denen bu zatı, Fatih Sultan Mehmed patrik tayin ediyor. Bu Ghennadios'un patrik tayin edilme töreni muhteşemmiş, kendisine gösterilen muhteşem itibar, Bizans devrinde bile patriklere gösterilmemiştir.[32] Böylelikle bütün imparatorluğun Ortodoksları, sadece Hellence konuşan. Yunanca konuşan unsurlar değil; fakat Bulgarlar ve Sırplar, bazı Arnavutlar, Makedonlar ve Eflak-Boğdan ahalisi de bu kiliseye bağlanıyor. Dolayısıyla bağımsız ulusal kiliseler ortadan kalkıyor, hepsi Fener'in ruhânî, idarî, adlî, malî otoritesine tâbi oluyor. Bu çok önemlidir. Patrikhane 16. yüzyılda Fener'e taşınıyor. Bahsettiğim Zeyrek, biliyorsunuz, Bozdoğan Kemeri'nin hemen yanındaki semttir. Şehrin ortasında, Haliç'e tepeden bakan bir yer. Bu patrikhaneyi buradaki kiliseden, ta kıyıda Fener'e ittirenler, 16. yüzyıl sonundaki yönetimdir. Entrikayı yürüten başlıca kişinin Valide Safiye Sultan olduğu söylenir. Kimdir bu Safiye Sultan? Çok asil Venedikli aileden gelen, Bafo ailesinden gelen bir kadındır. Yani Venedik aristokratıdır kendisi. Roma Katolikliği gibi, üniversallik iddiasında bir kilise karşısındayız ve kilise bugün de kendisine "Ökumenik" diyor. Bu terim "evrensel kilise" demektir. Patriki tayin eden onurlu Padişah da onun tâbi olduğu hükümdardır. Kimdir o? Roma imparatorudur. Kayzer-i Rum,

32 F. Babinger, *Mehmed der Eroberer und seine Zeit*, Münih, 1964.

bunun adı, Rumca da "Vasileos"tur. Yani "Şark İmparatoru" demek. Bu Vasileos, Hıristiyan olabilir, Müslüman olabilir, çok şey fark etmez. O, Vasileos'tur. İyi veya kötü olması fark etmez ve bu kilise bu yüzden üniversalisttir, ökumeniktir, bunu bilmek lâzım.

Yunan ayaklanması çıktığı zaman, 1821-29 arasında, kilisenin Yunanlı ayaklanmacılara müzahareti son derecede sınırlıdır. Birtakım papazlar kitleleri ayaklandırmıştır, doğrudur; ama yerel papaz bunu merkezdeki patrikhaneye "Bizim köylüleri ayaklandırsak ne dersiniz?" diye sormuyor. Ayaklanmanın başında Metropolit Germanos gibi yerel metropolitler, piskoposlar var. Bunlar ayaklanıyorlar, ayaklanmaya son anda Hydra adasının zengin armatörlerini çekiyorlar; fakat Fener'i hiçbir zaman ayaklanmanın içine çekemiyorlar. Patrik V. Grigorios'u biliyorsunuz. Fener'in kapısında asılması, adamın ihanetinin tespitinden çok, II. Mahmud tarafından bütün o camiaya ve o camiayı kışkırtmak isteyen Batı'ya bir gözdağıdır. Bazı ahvalde politika, hikmet-i hükümet bu gibi tedbirleri gerektirir; ama bu, patrikhanenin Yunan ayaklanmasını desteklediği anlamında değildir; çünkü Fener Patrikhanesi biliyor ki, Bizans'ta bile hâkim olamadığı geniş bir sahaya Osmanlı İmparatorluğu zamanında sahip olmuştur; gerçek "Ökumenik" bir kilise olmuştur. Oysa 1829'dan sonra, Yunanistan 1831'de Atina'da otosefal bir patrikhane kurarak bu ökumenliğe darbe vurmuş ve nitekim de sonuçta başkaları da onları izlemiştir. Yunan kilisesi, Yunan Krallığı'nın kurulmasından hemen sonra kendisini bağımsız olarak, ayrı bir patrikhane olarak ayırmıştır (1831).

Fener'i tanıyan diğer Ortodoks patriklerin arasında bir derece var. Fener patriki eşitler arasında birincidir. Her yerde Moskova, Sofya, Atina, Bükreş ve tevabiinde onun adına dua ediliyor; ama kilise malı ve mülkü ayrıdır. Yunanistan kilisesi ne yapmıştır? İdarî karar alma yetkisi, malı ve mülkü ile Fener'den ayrılmıştır (otosefal statü). Bir gövdenin gerçek anlamda hükmî şahsiyet kazanması için malî tasarrufa sahip olması gerekir. Bugün, Yunan kilisesi kendi arazisine kendi sahip. Bu kilise İstanbul'dan ayrıldığı an patrikhanenin nüfuzu kırılmış oluyor. Bütün o bölgedeki metropolitlerin, papazların tayinini millî kilise yapıyor. Bütün adlî, hukukî işlere bakıyor. Millî kiliselerin ayrılmasıyla Balkan ülkeleri imparatorluktan; ama asıl önemlisi Fener Patrikhanesi'nden kopacaklardır, ökumenik kilise küçülecektir. Fener Patrikhanesi bugün sadece İstanbul ve çevresinde Türkiye'de kalmış nüfusla sınırlı bir patrikhanedir ve dışarıda Ege adaları, Batı Trakya ve Girit buraya bağlıdır. Aynaroz, ABD ve Avustralya da Fener'e bağlıdır, ama bu bağların mahiyeti tartışılır. Daha da beteri, Fener Patrikhanesi'nin malı mülkü yoktur. Her kilise, malını mülkünü kendi yönettiği için, patrikhane de sadece kendi kilisesinin (Aya Yorgi) evkafını yönetir ve öbürlerine söz geçiremez (hakikaten geçiremiyor). Yani patrikhanede müthiş bir çekişme vardır. Metropolitler birbirleri aleyhinedir. Dolayısıyla orada kilisenin çıkarları ve dünya hâkimiyeti anlayışıyla, laik Yunanlınınki birbirinden çok farklıdır ve dolayısıyla her Yunan milliyetçi hareketinin içine kiliseyi katarak tahlil yapmanın da manası yoktur. Maalesef, memleketimizde insanlar bunu anlamadıkları için, devletin iki ayrı bakanlığındaki insanların bile bilgi ve yorumu birbirini tutmamaktadır. Bir takımı dinlerseniz: Fener'deki patrikhaneyi Roma Papalığı zannediyorlar. Hiç ilgisi yok. Patrikin adı belki Moskova'daki dualarda, Sofya'daki duada, Finlandiya Ortodoks Kilisesi'nde zikrediliyor; ama Fener'deki patrik, bir kere Roma'daki papa gibi ulûhiyyeti olan bir ruhânî değil. Yani Allah'ın ve İsa'nın vekili olarak yaşamıyor dünyada, ulûhiyyeti yok; ikincisi, Roma Kilisesi gibi, ta Acapulco'dan, Şili'den, Afrika'ya, Çin'e kadar her piskopos ve her köy papazının üzerinde hukukî ruhânî üstünlüğü yok. Ortodoks dünya, parçalanmış kiliselerden oluşur. Moskova-Rusya ayrı bir patriklik, Ukrayna bunlardan kopmaya kalkıyor, Finlandiya Fener'e bağlı, Estonya şimdi Fener'e bağlandı ve Rusya ile Fener arasında hadise çıktı. Gürcistan Fener'e bağlanmaya çalışıyor, zira onun kavgası öbür tarafta. Bulgaristan kopmuş, Romanya kopmuş, Sırbistan kopmuş. Bizzat Yunanistan da Fener'den kopmuştur. Kıbrıs Adası ta başından beri ayrı bir arhepiskoposluk olup, ayrı bir ruhânî cumhuriyettir. Başındaki arhepiskopos devlet reisi gibidir. Bizans imparatorları gibi ismi kırmızı mürekkeple yazılırdı.

Batı Avrupa ile münakaşa konumuz olan patrikhanenin durumuna bu vesile ile değinelim. Birtakım zevat, Fener Patrikhanesi'ni fazla iktidarı olmadığı halde Roma'daki papa ile mukayese edip, efendim diyorlar: "Yapalım orayı bir otonom bölge Vatikan gibi, turist gelir." Bizim bürokrasimizin ve bazı çevrelerin tarih, kültür ve din konularına sadece turizm açısından baktığı biliniyor. Bunun karşısındaki bir görüş, hiç söylemekte mahzur görmüyorum, İçişleri Bakanlığı'na aittir. Bu görüş ise: "Efendim bunlar, Fatih Kaymakamlığı'na bağlıdır" diyor. O kadar kolay değil bu iş; koca patrik Fatih Kaymakamı'na bağlı olsa ne olur, olmasa ne olur? Aydınlarımızın biraz hizaya gelmesi lâzım. Bu önemli bir kurumdur. Fakat, cihanşümul bir kurum değildir. Avrupa ile bugünkü tartışmalarımızın en mühimlerinden biri de budur. Bunun ne olduğunu bilmekte fayda vardır. Kimileri gitsin diyor. Patrikhane İsviçre'ye gitse ne olur? Yani Rusya kilisesi kopmuş, kuvvetleniyor, onlar er veya geç bir şey iddia edecekler. Rusya'dan kopmak isteyen Ukrayna, "Fener'e bağlanayım" diyor. Gürcistan, "Fener'e bağlanayım" diyor. Estonya ile Finlandiya'nın yaptığını yapıyorlar, ama bunların cemaatleri küçük. Ukrayna'nın üyesi ise 50 milyon. Şimdi Ukrayna'nın Fener'e bağlanmasını teşvik etsek, bağlanınca orayı kontrol mü edeceğiz? Yoksa, Fener'i İsviçre'ye sürüp tamamen kontrol alanı dışına mı kaydıracağız? Bu kararı verdiğin zaman politikanı nasıl yürütebilirsin? Gene Kıbrıs Kilisesi de kadimden bir devlet riyasetidir. Bunu bilmek lâzım, papazlar politikaya yenilerde karışmıyor Kıbrıs'ta. Bunu önleyemeyiz ve bu konuda yapılan propaganda ile de taraftar kazanamayız. Kilise ile olan ilişkilerinize Avrupa'yı karıştırmak ve meydanı AB'nin koruyuculuğuna terk etmek son derece mahzurludur.

Şimdi demek ki ortada bir Hellenizm var. Biz "Rum Ortodoks" diyoruz, Avrupalılar "Grek Ortodoks" diyorlar. Rum ile Grek farklı şeyler. Rum ne demek? Roma. Bu ismi kullanmanız lâzım. Maalesef devlet organlarımız dahi Grek Ortodoks Kilisesi yazıyorlar. Çok yanlış, "Roman-Orthodox Church" diye çevirip Roma Ortodoks Kilisesi diye yazmamız lâzım. Bu kilise Roma mirasından kalan bir kurum ve cemaattir. Biz öyle demişiz Osmanlı devrinde. Osmanlı

İmparatorluğu'nun uygulamasını takip ederseniz, doğrusunu bulursunuz; çünkü onun gerisinde bin senelik bir tecrübe yatıyor ve imparatorluğun kendisi altı asır yaşadı. Bu altı asrın –biliyorsunuz daha ilk yüz elli yılında– bir Balkan imparatorluğu olarak çıkmıştır Osmanlılar; yani hâkimiyet sahamız henüz Orta Anadolu'yu bile kapsamazken, Balkanlar'da bütün Makedonya, Doğu Sırbistan, külliyen Bulgaristan ve Kuzey Yunanistan Osmanlı idi. Yani biz bir Balkan imparatorluğu idik. Maşrık Arap ülkelerini ve Mısır'ı fethimiz 1517-1518'di. 1918'e kadar oralarda dört asır kalmışız... Buna göre Osmanlı'nın Bulgaristan'daki, Makedonya'daki hâkimiyeti çok daha uzundur. Hatta hesabını yaparsak Erzurum'daki Osmanlı egemenliğinden daha uzundur; çünkü biliyorsunuz orayı da Çaldıran Savaşı'ndan itibaren tam anlamıyla ilhak ettik.

Bir de ayrıca müesseselerin hususiyetine bakmak lâzım. Suriye ve bir ölçüde Filistin'in dışında birtakım Arap ülkesinde biz meselâ tımar rejimini, tipik Osmanlı arazi rejimlerini çok sıkı uygulamamışız, gevşek davranmışız. Halbuki Bulgaristan'da devletin memuru her an Bulgar reayanın başındaydı. Yani orada tımar rejimi de, arazi rejimi de, vilayet idaresi de; bütün tipik Osmanlı müesseseleri çok iyi uygulandı. Biz Osmanlı idaresinin tipik kesitini öğrenmek istediğimiz zaman; Suriye, Bağdat ve hatta, ocaklık ve yurtluk sistemini takip ettiğimiz birtakım doğu vilayetlerinin defterlerini tetkikten çok, Anadolu ve hassaten Bulgaristan, Trakya, Makedonya'nınkini tetkik etmeyi tercih ederiz; çünkü orada daha iyi görürsünüz imparatorluk bürokrasisinin işleyişini. Bu çok önemli bir şeydir. Bunu şunun için söylüyorum: Türkiye'de bankacılık sistemini öğrenmek istediğiniz zaman, İstanbul'daki genel merkezlerin kayıtlarını tercih edersiniz, oradan daha iyi takip edersiniz. Şubelerde iş nasıl işliyor dediğiniz zaman, herhalde Şavşat'taki banka şubesine bakmazsınız. İzmir gibi, Adana gibi ticaretin, ihracatın, kredi, konşimento muamelâtının yoğun olduğu yerlere bakılır. Dolayısıyla Balkanlar'ın tetkiki imparatorluğu anlamak için şarttır.

Bu parantezin dışında, zaten tekrarlamak ve bilmek gerekir ki Osmanlı sistemi içerisinde daha başlangıçtan gayrimüslim ve gayritürk unsurlar kalabalıktır. Bu, imparatorluğun tarihî özelliğidir. İslâm devletlerinde muhtelif dinî gruplar ve kavimler hep vardı; fakat tarihte hiçbir İslâm imparatorluğunda dahi görülmeyecek şekilde, renkli unsurları bir arada tutup yürütmeyi bilen devlet, Osmanlı'dır. Bütün adaletsizlik gürültülerine, köylüler eziliyormuş gibi değerlendirmelere rağmen bu böyledir. Geleneksel ekonomilerde köylü ezilir. Köylünün fonksiyonu ezilmek olmuştur. Köylülere adalet getirmek gibi söylemler, İncil sayfalarına aittir. Tabii bütün Şark nasihatnameleri böyle söylemlerle doludur. Devletköylü ilişkisinde ilginç bir denge de vardır. Kaldı ki bu imparatorlukta muhtelif unsurların köylüleri ezilmişse eşit olarak ezilmiş; Rum ve Bulgar köylü gibi, Türk köylü de ezilmiştir. Müslüman köylünün durumunda ne fark var? "Reaya silâh taşıyamazmış" deniyor. Türk reaya silâh taşıyor mu? Hayır. Köylü kısmına silâh taşıtılmazdı. Bu bir usuldür, çok önemlidir.

Buna karşılık askerî sınıf (yönetici zümre ki hepsinin asker olması gerekmez; çünkü ulema da, gayrimüslim ruhban da o sınıfa dahildir; vergi vermeyen zümre demektir) geniş ölçüde hemen her unsurdan oluşmaktadır. Kimdir bu yönetici zümre? Osmanlı İmparatorluğu'nun askerî zümresi: Türk paşası, Türk subaşısı, Türk Müslüman vakıf mütevellisi, Arnavut asıllı paşa, Arap vakıf mütevellisi, Rum patriki, Yahudi hahambaşısı, patrikhanenin Logothet'i, Yahudi hahambaşısının başkâtibi, vilayetlerdeki voynuklar ve çorbacılar. 19. yüzyılda Diyarbakır Meclisi yani Vilayet Meclis-i İdaresi'nin azasına baktığımız zaman; Hanefi müftüsü, Şafiî müftüsü, Ermeni metropoliti, Ermeni-Katolik metropoliti, Ermeni-Protestan murahhası, Rum metropoliti, Süryani metropoliti, vilayetin Yahudi hahambaşısı gibi bir listeyle karşılaşırsınız. Tarihte görülmemiş bir ruhban şurası bu... Aralarında da memurlar ve vali olan zat ki bu kadar renkli unsur arasında "*Arbiter mundi Ottomanorum*-Osmanlılar dünyasının hakemi" olarak iş görüyor. Aralarındaki rekabetten yararlanır, Müslümanın işini yaptırmak istemese, reddeder, öbürlerinin işini yapmak istemese, karşıt Hıristiyan grupları ele alır. Klasik dönemde Rum patrikinin önceliği vardı idarede. Daima protokolde önde gelirdi en seçkin cemaatin başı olarak; fakat bu durum 19. yüzyılda öbür cemaatler lehine değişti ve Rum Ortodoks liderler protokolde üstünlüklerini kaybettiler.[33]

19. yüzyılda bu üstünlüğün değişmesi icab ediyordu ve meselâ valiler bazı yerlerde eşitliği sağlamak için Ermenileri öne çıkartırlardı; icab-ı maslahat öyleydi. İzmir'de her Fısıh (Pesah) bayramında, Yahudilerin çocuk öldürüp kanını hamursuz denen ekmeğe doğradıkları şayiasıyla Rumlar ayaklanırlar, "Yahudiler bizim çocuklarımızı çaldı, iğneli fıçıya atacaklar, ekmeklerine, hamursuza katacaklar" diye Yahudi mahallelerine saldırırlar, Yahudi döverler, öldürürlerdi. Bu nedenle, devlet kadılara, "Abes dava dinlemeyin." diye fermanlar göndermiş, idare, olay çıkmaması için güvenlik tedbirleri almıştır. Bu kadar milletin bir arada yönetilmesi son derecede güçtür. Uzaktan Amerikan Protestan misyonerleri gelirler; gerçekten milleti Protestan yapmaya azmetmiş safdil ve inatçı adamlar olup, Ermenilerin arasında propaganda yapmaya ve Protestanlığa döndürmeye başlıyorlar. Türkler, Rumlar ve Yahudiler bu mezhebe itibar etmiyor; ama Süryaniler ve Ermeniler ediyor. Protestanlığa geçişler arttıkça, Gregoryen Ermeniler bu sefer, "Cemaat elden gidiyor" diye ayaklanıyorlar. Amerikalıları kovmaya veya faaliyetlerini önlemeye kalksanız, İngiliz konsolosu ve büyükelçilik onları himaye eder. 19. yüzyılın şartları ve ölçüleri içinde bu imparatorluğun halklarını yönetmek, çok açık görülüyor ki bugünkü Balkanlar'ın ve Ortadoğu'nun, hele bugünkü İsrail'in haline baktıkça, Osmanlı İmparatorluğu'nu yeniden değerlendirmeyi gerektiriyor. 400 sene hadisesiz yönetilen Osmanlı Filistin'in de İngiliz manda idaresi 30 sene içinde bir cehennem yarattı ve Siyonistler askerleşip savaştılar. Her iki taraf da İngiliz idaresinde beklenmeyecek bir özellik kazandılar; savaşçı oldular. İngiltere adaleti eşit dağıtamadı ve hazin olaylara neden oldu. Yahudi yerleşimi arttı. Araplar buna isyan edince, bu sefer İngilizlerin Filistin limanlarına ilk sokmadıkları gemi, 1947 yılında Nazi toplama kamplarından kurtarılmış aç ve hasta 15 yaşın altındaki çocuklarla dolu bir gemiydi. İngilizlerin Filistin'e

33 Başbakanlık Osmanlı Arşivi (BOA), İrade, Meclis-i Vâlâ, no83, 25 Safer 1273.

sokmadığı bu geminin içindekiler büyük çapta telef oldu. Bu 30 yıl içinde, yani Osmanlı yönetiminin tasfiyesinden sonra, yerli halk vergi meselesinden dolayı isyan etti. İngilizler vergi toplamayı bilmiyorlardı, daha doğrusu onların yöntemleri, geleneksel vergi toplama yöntemleriyle bağdaşmıyordu. Mültezimin veya tahsildarın zaman ve zemine uygun tehir ve mutedil sistemlerini bilmiyorlardı. Şimdi bakıyoruz On İki Ada'nın idaresine. İtalyanlar öbürkülerden çok daha yumuşak oldukları halde idareyi beceremiyorlar. İki cemaat onlara karşı adeta kenetleniyor ve On İki Ada Rumları İtalyanlara karşı, Türkiye Cumhuriyeti'ne istihbarat hizmetinde bulunuyorlar. Osmanlı vilayetlerini işgal eden Batılı koloni devletlerin ilk icraatı, üretimi düşük bölgelerde kimsenin haline bakmaksızın anormal vergiler tatbik etmek olmuştur. Türklerden sonra gelenler, etnik gruplar arasındaki dengeye de dikkat edememişlerdir. O zaman Osmanlı sisteminin üzerinde biraz daha yoğun ve dikkatli durmak gerekiyor zannediyorum.

IV
Osmanlı Millet Sistemi ve Batı

Millet sistemi belirttiğimiz gibi dile değil, dine dayanır. Dolayısıyla Ermeniler üç millettir; ama hepsi Ermenice konuşurlar. Ermeni "Gregoryen" veya "Monofizit veya anti Kalkedon" dediğimiz kilise, 451 yılında Kadıköy'deki konsilde, Doğu Roma kilisesinden ayrılan Ulusal Ermeni kilisesine bağlı gruptur. Ermeni halkının %70'i bu kiliseye bağlıdır. Katolik Ermeniler de ayrı bir millettir (Katolik milleti). Oysa onlar da Ermenice konuşurdu. 12. asırdan beri Batı kilisesinin etkisiyle Katolisizmi seçen Ermeniler, Çukurova ve Ankara Ermenileridir. Doğu'da da bazı yerlerin ahalisi Katoliktir. Bunlara "Katolik milleti" denir. Bir de, 19. yüzyılda Amerikan misyonerlerinin etkisiyle Protestanlığı seçen küçük, fakat iktisaden kuvvetli bir üçüncü grup var. Ermeni oldukları halde bunların üçü ayrı millettir. Şunu belirtelim: Bu sun'î bir ayrım da değildir, gerçeğe oturur; çünkü tanıyanlar bilirler Ermeni Katolikleri, "Ermeni misiniz?" diye sorulduğunda hiç oralı olmazlardı: "Biz Ermeni değiliz, Katolikiz" derlerdi; iki toplum arasında dünya görüşü ve tarz-ı hayat itibariyle de fark vardı. Buna karşılık Rum milleti, yani Rum Ortodoks dediğin zaman; bunun içine Yunanca konuşan girer, o inançtaki Arap girer, Bulgar girer, Sırp girer, Makedon girer ve Hıristiyan Ortodoks Arnavut da girer. Bu, sonra çok büyük bir şizma'ya (ayrılığa) sebebiyet olmuştur, ona değineceğiz. Fakat bu da sun'î bir birlik değildi, realiteye bu da uyuyordu; çünkü çok uzun asırlar, dışardan bakanın, Bulgar ile Hellen unsuru birbirine karıştırışı gibi (çünkü hepsi hakikaten benzer kılık giyiyor, hepsi aynı müziği dinliyor ve icra ediyor), Balkanlar'da da birbirine çok benzeyen kavimler vardır. Aralarındaki farklılığa rağmen, birbirlerine çok benzerler. Ünlü Yunan ayaklanması bile Arnavutluk'tan çıkar. Bundan başka Ortodoks Rum mezhebe salik olan (bağlı olan) insanları ayırmak son derece güçtür; yani bir Bulgar, Yunan mektebine gelir, Yunanca öğrenir ve kendini Hellen zanneder. Bu, okumuşlar arasında çok ilginç ve hazin bir durumdur. Ancak 18.-19. asırların ulusçuluğu, Bulgar kimlik bilincini uyandırdı. Arnavut'un Ortodoks olanı kendini Rum zannederdi. Meselâ Arnavut'un Müslüman olanı Türk'e çok bağlardı kendini. Bugün hâlâ birtakım ihtiyarlar, orada karşılaştığınızda "Ben Türküm" derler. Kim asıl Arnavutluk bilincini inatla taşır? İşkodra'nın Katolik Arnavutları. Tarih boyunca modern Arnavutluk davasını güdenler hep onlar olmuştur. Katolik Arnavutlar fırsat bulunca İtalya'ya göçerlerdi; ama orada da Arnavutluk'un etnik olarak farkını adamakıllı kavrar ve ulusal davasını güderlerdi. Buna karşılık 19. yüzyıldaki modern Arnavut ulusçuluğu ve aydınlanması hiç şüphesiz, en kalabalık unsur olan Müslüman Arnavutlar arasında inkişaf etmiştir. Meselâ, Müslüman Bulgar'a "Pomak" diyorsunuz. Müslüman Bulgar, hiçbir zaman "Bulgar" demez kendine. "Türk" der ve bu kimliği hakkıyla edinmiş bir unsurdur. Yunanlı Pomak vardır, yani Yunanlı Müslüman; Arap harfleriyle Rumca yazarlar mevlitlerini ve bazı dualarını; bunlar da "Türk" der kendine. Dolayısıyla, din bir dönem, kimliği tayin edici olmuş; dile dayalı kimlik arka plana itilmiştir. O kadar ki Bulgarların millî mekteplerini açan, Bulgar maarifini geliştiren Aprilof, kendini Yunanlı zannederdi. Neyse ki genç yaşta Odessa'da yaşayıp orada ticaret yaparken, Venelin adlı meşhur Ukrayna tarihçisi ile ahbap oluyor, Venelin diyor ki: "Ukraynalılar Rus değildir. Sizin de Hellenlikle ne alâkanız var? Siz Bulgarsınız." Kendi aslına sahip ol, telkinini yapıyor ve Aprilof orada tetkikata başlıyor tarihini. Dönüşünde müthiş bir Bulgar milliyetçisi olarak mektepler açmaya başladı. Hakikaten Bulgar maarif hareketi çok saygı duyulacak derecede, o milletin tarihinde büyük bir haslettir; yani modern Bulgaristan'ı öğretmenler kurmuştur diyebiliriz. Bu çok önemli bir husus. Bizde de İttihatçıların ve bu meyanda Atatürk'ün takdirini kazanan bir sistemdir Bulgar maarifi. Balkan ulusçuluğu aynı zamanda her halkın millî eğitiminin bir ürünüdür ve bu yüzden de büyük Ortodoks Kilisesi parçalanmaya başlamıştır.

19. asır Osmanlı tarihi bir yönüyle de ökumenik kilise dediğimiz Rum Ortodoks kilisesinin parçalanmasının tarihidir. Bu parçalanmanın sonucunda modern milliyetler ve bugünkü modern Balkanlar ortaya çıkmıştır. Bugünün modern Balkanları Avrupa Birliği'nin yeni problemli sahalarından biri olarak belirmektedir. Avrupa bundan kaçamayacaktır. Avrupa Birliği hiç bulaşmasın o sahalara diyebilirsiniz; ama nasıl bulaşmayacak ki, mümkün değil. Bir kere Almanya, İngiltere ile Fransa ve İtalya ile, İberik yarımadası ile bir yere gitmeyeceğini görüyor bu birliğin. Alman kamuoyu da Akdenizlileri istemiyor; Almanya'nın bu ülkelerle ne işbirliği olabilir, diye soruyor. Peki kimlerle iş birliği yapabilir Almanya? Çekya ile; çünkü örgütlü, üretken, her şeye uyum sağlayabiliyorlar. Macaristan da var, Almanların tarih boyu müttefiki olan, aynı vasıflara sahip... Nihayet Almanya'nın Polonya topraklarıyla tabii bağı var, işgale lüzum yok, Almanya nüfusunun fazlası Avrupa Birliği'ne giren Polonya'ya rahatça yerleşir.

Tabii Almanya, ekonomik pazar ve kültürel hayat sahası olarak Romanya'ya, Balkanlar'a doğru sarkacak. Hırvatistan, Slovenya zaten eldedir. Bunlarsız Almanya düşünülmez. İşte buraya doğru sarktıkça Avrupa Birliği, ister istemez Balkan problemine bulaşacak ve Balkan problemine bulaştıkça da Osmanlı'nın kalıntısı onları çok rahatsız edecek, bunu bilmek lâzım, biz o bakımdan konunun üzerinde duruyoruz.

Bugünün ökumenlik unvanı tartışılan Fener Rum Kilisesi'nin, ökumenik olmayan tarafı var. Roma Kilisesi gibi değildir. Roma Kilisesi'nde, papanın İtalyanlık iddiası yoktur. Şimdiki papanın Alman olduğuna dikkat edilmeli. Zaten önceki de Polonyalı idi. Hiçbir zaman Katolik kilisesinde İtalyanlık iddiası yoktur. İtalyanca konuşulur; ama "İtalyanca konuşacağız" diye adı konmaz. Papaz olan insan, milliyet meselesini unutur, asgariye indirir. (Polonyalılar ve Macarlar hariç, onlar milliyet konusunda pek taviz vermezler.)

Bunu Rum-Ökumenik Kilisesi yapamadı, hep Yunanca kullandı. Yunanca kullanmakla kalmadı, Yunanlıları metropolit tayin ediyor. Hellenizmden taviz vermiyor. Bu yüzden Filistin Arapları, Arnavutlar gibi bazı unsurlar da ondan uzaklaşıyor. Doğu kilisesinin kültürel yapısı da onun üniversal bir kurum olmasına engeldir.

Hellen asıllı ruhban, Bulgar ulusçuluğuna karşı çıkarak, Balkan Slavları arasında ulusalcılığın gelişmesine olumsuz yönden katkıda bulundu. Evvelce bütün metropolitler Hellen asıllıydı ve dil Yunancaydı. Sadece köy papazları Bulgar olup, bunlar birkaç Bulgarca duayı ve ilahiyi çocuklara öğretiyordu. Şehirlerdeki metropolit mutlaka Hellen asıllıydı. Bu durum, Bulgar âyanını çok sinirlendiriyordu ve Aprilof'un mektepleri açılmaya başlandığı zaman da Hellen asıllı ruhban bu hareketi sabote ediyor, açılan Bulgar mekteplerinin çalışmalarını, öğretmenleri "Rus casusu" diye Osmanlı makamlarına ihbar ediyorlardı. Osmanlı idaresi orada çok akıllı, tahkikatçı, soğukkanlı davranmasa –ki bizim idarenin bir özelliğidir o– çok büyük facialar yaşanabilirdi ve bu yüzden kavgalar başladı. Bir pazar günü Bulgarlar, Filibe metropolitini kilisenin kapısında öldürdüler ve iki cemaat arasında müthiş bir çatışma başladı. Bulgarlar, Fener Ortodoks Patrikhanesi'nden ayrılmak, ayrı Bulgar patrikliği kurmak istediler; ama kuramadılar. Rusya bu safhada Fener'in parçalanmasına müsaade etmedi. O zaman bazı Bulgarlar, "Biz Katolik oluyoruz" dediler ve bir Bulgar Katolik Kilisesi doğdu ve üstelik cemaati de artmaya başladı. Rusya baktı ki Katolisizm sayesinde birtakım Bulgarlar Batı'nın tesirine girecek, Bulgar Kilisesi'nin Fener'den ayrılmasını destekledi. Babıâli'ye tesir etti ve 1870'te müstakil bir eksarhlık kuruldu. Sırbistan, otosefal, özerk kilisesini kurmuştu. Makedonya bir müddet sonra ayrıldı. Romenler otosefal kiliseyi kurmuştu. Dolayısıyla Rum Ortodoks patrikhanesi zayıfladıkça, modern milliyetçilik bu imparatorlukta inkişaf etmeye başladı. Öte yandan tezatlı bir biçimde bu milliyetçi hareketleri de ön planda kilise teşvik etmiştir. Kilisenin küçük papazları daima halkla yüz yüzedirler. Bunlar yarı cahil papazlardır. Ortodoks kilisesinin bir özelliğidir, papazlar fazla bilgili değildir; yani onda dokuzu değil, binde dokuz yüz doksan dokuzu sıradan bilgilerdir ve bunlar cemaate boyuna menkıbe anlatırlar. Bu sayede imanı berkitme yoluna giderler. Ciddi teolojik meseleler zuhur ettiği zaman, halk üzerindeki nüfuzlarını kaybederler; ama basit köy papazı millî dilde ibadetle, militan vaazlarla halk tabakasına ulusçuluğu ve ulusal kültürünü aşılayabilir. Kilise hiyerarşisinin alt basamakları, Katolik kilisesinden farklı olarak başına buyruk ve yerel politika ve iklime tâbidir.

Batıl itikatlara, birtakım menkıbelere dayanan bu din anlayışı, geniş kitleleri peşinden sürüklemiştir. Sürüklediği ölçüde de Balkanlar'da milliyetçilik hareketi kuvvetlenmiştir. Yoksa bazı tarihçilerin, bilhassa da Bulgar tarihçilerin iddia ettiği gibi, 19. yüzyılda Balkanlar'da büyük bir burjuvazi ve o burjuvazinin getirdiği milliyetçi ayaklanmalar söz konusu değildir.

Milliyetçilik ön planda ve sadece Fransız İhtilâli'nin de tesirinde değildir; çünkü biz biliyoruz ki Osmanlı İmparatorluğu var oldukça, onun içindeki asıl ikinci unsur, Roma (Rum) kilisesiydi; onun içindeki Hellen unsurdu. Zengin Hellenler, Fenerli Beyler ve Hydra adasının, İon adalarının armatörleri çocuklarını İtalya'ya okumaya gönderirler. Venedik'te, Viyana'da, Amsterdam'da, Londra'da Hellen kolonileri vardır, Paris'te vardır, her yerde kiliseleri kurulmuştur. Batı âlemi ile temastadırlar. Batı dillerini öğrenirler. Batı'daki akımları takip ederler. Hırvatlar için de aynı şey söz konusudur. Sırplar için başlangıçta aynı şey söz konusu değildir, sonradan Avusturya'ya açılırlar. Hırvatlar ise 16. asırdan beri Slav irredantizmi için uğraşmaktadırlar; meselâ Machiavelli'yi bilmektedirler. Çünkü İtalya'yı tanımaktadırlar. Demek ki Fransız İhtilâli gelene kadar çoktan bu gibi fikirler, hafif tertip yeşermekteydi. Bundan maada Osmanlıların yönettiği bu kavimlerin bazılarının tarihte büyük imparatorlukları vardır. Bulgarların Çarlığı vardır. Sırpların Stefan Duşan döneminde Çarlığı vardır. Romenlerin Eflak-Boğdan'da, Stefan zamanındaki Grandükalıkları vardır. Yunanlılar malûmdur; Bizans'ın vârisi olma durumundadırlar. Arnavutların büyük bir devleti yok ise de bir devletleri vardı; ayrıca Arnavutlar, imparatorlukları idare eden zümreler çıkarırdı. Osmanlı İmparatorluğu'nun baş vezirleri içinde bilinen 27'si özbeöz Arnavut asıllıdır, öbürküleri saymaya lüzum yoktur. Dolayısıyla bunlar tarihte kiliseleri, devlet hayatları, yazıları, edebiyatları olan kavimlerdir. Herhangi bir üçüncü dünyalı, Asya ve Afrika'nın Fransız, İngiliz kolonilerindeki insanlar gibi kolektif bilinçleri geriye gitmeyen, yazılı tarihleri olmayan, yazısız tarihleri menkıbe ile karışık olup, etnik kimlikleri tam oluşamamış topluluklar değillerdir. Bu gelişmiş kimlik yüzündendir ki kavimlerin idaresi hem zor hem kolay olmuştur; fakat, imparatorluğun parçalanmasından sonra problemlerin ardı arkası gelmemektedir. Nitekim, Bosna-Hersek olayları bunu göstermektedir. 1875'te cereyan eden olaylar, Avrupa'nın kışkırttığı Hıristiyan ayaklanması, bugün çok daha feci bir etnik çatışma halinde ortaya çıkmıştır. Bu tip çatışmaların bittiğine dair de kimse senet veremez.

Bulgaristan, azınlığından çekinmektedir. Bu anlaşılan bir tutumdur; çünkü –objektif olmak zorundayız– Bulgaristan Türkleri, hani halk arasında bir tabire göre, "Burnu yere düşmüş de almamış" denen gururlu azınlıklardandır. Böyle bir azınlığı idare etmek çok zordur; hele küçük bir devlet için son derecede ürkütücüdür. Böyle bir azınlığın birlikte yaşamaya, birlikte var olmaya, öbür unsura saygı duyup bütünleşmeye de niyeti yoktur. Bulgarlar, Türklere süfli işler verseler de, onlar hâlâ "Sütçü Bulgar" demeye devam ediyorlar. Meselâ, Libya'daki Türk işçi Araplara saygı duymuyor ve çocukları Arapça öğrenmiyor. Aynı şekilde Batı Trakyalı Yunanlıya saygı duymaz ve onunla bütünleşmez. Meselâ, İstanbul Rumlarında da böyle Bizantin bir hava vardı. Bulgaristan'daki Türk de böyledir. Onun için burada büyük problemler vardır. Belirttiğimiz gibi, aynı sorun aslında çok daha çözümsüz bir biçimde Batı Trakya'da vardır. Yunan idaresi ve kamuoyu bu konuda Bulgarlardan çok daha uzlaşmaz bir tavır içindedir.

Osmanlı Ermenileri geniş alanda yaşayan bir cemaatti. Tarihte üç katogikosluğun ruhânî idaresinde oldukları malûmdur. Bunların biri Eçmiyazin'dir (Erivan'ın yanında). Erivan bölgesi IV. Murad Han devrinde fethedildi, bir asırdan fazla Türk hâkimiyetinde kaldı. İkincisi, Vaspuragan yahut Ahdamar dediğimiz Van'dadır. Ahdamar katogikosluğundan sonra üçüncüsü, Sis dediğimiz, bugün Kozan olan yerdir (daha doğrusu Kozan'la Sis yan yanaydı; Ermeniler "Sis", Türkler ise şehirlerine "Kozan" der). Bugün bu son ikisi, yani Ahdamar ve Sis katogikosları yoktur.

Fatih, üç katogikosun üzerinde bir de İstanbul'a Bursa'dan Metropolit Hovakim'i getirip, 1461'de, "Ermenilerin başına sen patriksin" diyor, "iyi ama bizim en büyük ruhânî liderimiz Eçmiyazin'deki katogikostur" dendiğinde: "O ruhânî hiyerarşi bizi ilgilendirmez, biz seni milletbaşı biliriz." deniyor. Milletbaşı, *etnarh*'dır, yani her milletin başı var. "Bu milletin başı olarak sen vergileri toplarsın, cezaları verirsin, idare senden sorulur. Eçmiyazin'deki katogikos da sana tâbidir, sana vergi verir." Bu diyalog farazidir; Ermeni patrikinin tayinini izah için düzenlenmiştir. Gerçekte, Eçmiyazin'deki katogikos ruhânî liderdi; ama vergisini İstanbul'daki patrike verirdi; çünkü milletbaşı İstanbul'da oturandı.

Demek ki millet öyle bir teşkilâttır ki, bu teşkilâtın üyeleri olan insanlar, içine doğar. Bu duruma laiklik diyorlar, hiç alâkası yok. Herkes doğduğu dine ve yere aittir. Ermeni, Rum, Yahudi, Süryani milletinin içine doğarsın ve onun için de: "Ben Ermeni doğdum; ama ben çok laikim, Allah benim içimdedir, öyle papaz falan da tanımam, ben o kiliseye de vergi vermem" diyemezsin. Rumlar arasında da derece derece, her cemaat içinde de aynı durum ve yükümlülük geçerlidir. Cemaatin içinde: "Bu papazlara inanmayın, yok verginizi vermeyin" diye konuşan, fitneci ve nizam düşmanı ilân edilir. Patrik hazretleri, yahut onun vekilleri, böylelerini dövdürüp, içeri attırırlar. Daha ciddi durumda, Yeniçeri kollukçularını çağırırlar ve Osmanlı'nın da görevi, kolluk görevi yapmaktır millet nizamına. Kolluk kuvvetleri, milleti yöneten ruhânî otoritenin kararını uygular. Sabetay Zvi diye biri çıkıyor İzmir ve havalisinde, her yerde, hatta Doğu Avrupa'da dahi beklenen Musevi mesihi olduğu, halkı selâmete götüreceği, mukaddes devleti kurduracağı iddiasını yayıyor. Hahamlar şikâyet ediyorlar: "Zındığın biri çıktı, milleti ifsad ediyor" diyorlar. Madem onlar öyle diyor, o zaman o adam yakalanır, cezası da verilir. Ahaliyi ifsad edenin cezası idamdır. Âdeta Kudüs'teki Roma konsülü Pontus Pilatus ve Senhedrin ve hahamların arasındaki olay tekrarlanıyor. Demek ki millet teşkilâtı budur. Sen onun içinde tebaa olmanın gereklerini yerine getirirsin, vergilerini verirsin ve devlete o yolla bağlısındır, onun içinde doğup yaşarsın, dinden dine geçilmez –İslâmiyet hariç. Yahudinin Hıristiyanlığa, Hıristiyanın Yahudiliğe geçişine müsaade edilmez. Efendim, istisnası olmuş mudur? Muhtemelen olmuştur. En büyük istisna, mezheblerin arasındaki geçiştir. Katolik, Gregoryen oluyor. Gregoryen ise Katolik oluyor. 19. yüzyılda birçok yerde Ermeniler Protestanlığa geçiyor; ama genelde, dinden dine geçilmez. İslâm devleti bunu hoş karşılamaz. Bu, ne bildiğimiz anladığımız anlamda bir toleranstır, ne de anladığımız anlamda laikliktir. Bu, doğrudan doğruya bir "Consensus populi"dir ve bunu sağlayan *Pax Ottomana*'dır. Osmanlı barışıdır, bir nizamdır bu... Bu yıkıldığı an, bunun yerine maalesef yenisi gelememiştir. Batı Avrupa'daki referanslarla modern millet teşkilâtı kurulamamıştır ve onun için Balkanlar'da ve Kafkaslar'da daha çok kavgalar olacak, o kavgaların içine de Türkler daha çok karışacaktır; karışmamak mümkün değildir ve bu safhadan geçilecektir. Dolayısıyla, Batı Avrupa'nın bu yöndeki direktifleri ne doğrudur, ne de hakikati bilen direktiflerdir, realiteden uzaktır. Politika icabıdır. Demek ki devlet siyasetinde ve hayatımızda da bütün bu zıt akımları ve bileşimleri birbirine kaynaştırarak konuşmak, klasik millet teşkilâtını ve klasik dönemdeki Osmanlı yapılanmasını öğrenmek zorundayız.

Osmanlı toplumunda devlet ve birey nedir? Bireyin, devlet ve cemaat karşısında konumu nedir? 19. yüzyılda klasik yapı değişmeye başlar. Birtakım zümreler, meselâ Fenerli Rumlar, Fransa'da, İtalya'da okur ve mükemmel de Osmanlıca bilir. İtalyanca, Fransızca, Osmanlıca konuşur. Hariciye tercümanlığı demek olan divan tercümanlığı yapar. Bu görevin talipleri artmaya başlar. Ermeniler de girer. Meselâ 19. yüzyılın en büyük iki divan tercümanını sorarsanız, birisi Sahhak Ebro'dur, Ermenidir; öbürü Aristarhi Bey'dir, Rum'dur. Halbuki, bir asır evvel, Mavrokordato'ların, Aristarhi'lerin, Argiropulo'ların elinde olan, İpsilanti'lerin elinde olan bir meslekti divan-ı hümayun tercümanlığı. Derken, mesleğe önce ihtida etmiş insanlar girdi. Meselâ, Bulgarzade Yahya Efendi ve oğlu

Ruhiddin. Bunlar Bulgar muhtemelen. Yunancayı eski ve yenisi ile iyi biliyorlar, Müslüman olmuşlar. Mora Ayaklanması'ndan sonra divan tercümanı oldular. Kimdi bunların çocuğu? Ahmed Vefik Paşa. Mükemmel Yunanca bilir, eskisi ve yenisiyle. Fransızca da bilir ve bütün bürokraside, onun kadar Hellen düşmanı, Yunanistan düşmanı adama az rastlanırdı. Kendisi çokdilli biridir. Böyle biri daha kimdir? Arnavut Şemseddin Sami (Fraşeri). Batı dillerini, eski ve yeni Yunancayı mükemmel bilir. Gerçi Sicill-i Ahval'deki kayıtlarda da görüldüğü üzere, Osmanlı memurları arasında iki üç dil bilen çoktur; ama bunları sadece konuşur veya anlarlardı. Okumalı yazmalı olarak Balkan dilleri vs. bilen pek azdı. Şemseddin Sami Bey müthiş Arnavut milliyetçisi ve müthiş bir Türk milliyetçisidir, ikisine birden hizmet ediyor. Bize ilk romanı yazdı. Onlara ilk dramı; bize ilk grameri, onlara ilk grameri ve ilk alfabeyi düzenledi. Bize ilk kamus, sözlük ve ansiklopediyi hediye etti. Daha önce belirttiğimiz gibi bir yandan da muhtelif unsurların gençleri ve Müslüman Türklerin birlikte okuduğu laik okullardan bir Osmanlı kimlikli zümre çıktı ve kilise artık millet kompartımanındaki rolünü, bu laik Osmanlılar sayesinde kaybetmeye başladı. Tanzimat'ın getirdiği yenilik budur. Ortaya çıkan bürokrasi, merkezde olsun vilayetlerde olsun, bir tür laik Osmanlı adamının hayata girmesini sağladı.

Diğer yandan merkezde ve taşralarda sistemin alt parçaları, kilisenin alt grupları, toprak sahipliği, zanaatkârlık, tüccarlık vs ile gelişen bir milliyetçilik akımı var ki, Osmanlı İmparatorluğu'nu asıl parçalayan milli hareket bu olmuş, imparatorluk parçalanırken. Türkler Rumeli'den yavaş yavaş çekilmiştir. En son 1912 Balkan bozgunu, açıkça belirtelim, artık bir imparatorluğun parçalanması değildir; gerçi imparatorluklar parçalanır, kaçınılmazdır bu; ancak, 1912-13'te anavatanın Rumeli'deki kısmı kaybedilmiştir ki, bugünkü Türkiye halkının önemli bir kısmı da bu göçmenlerden gelir. İmparatorluğumuz için hüzünlü bir perde kapanışı olan bu olay, yaşayan Balkan devletleri için bir sorun halinde devam etmektedir ve Avrupa Birliği'ni de gelecekte meşgul edecek sorunlardan biri budur.

Namık Kemal (1840-1888).
Fotoğrafın arkasında
Namık Kemal'in el yazısıyla:
"Hüsnü Beyefendiye muhabbeti
mahsusamla yadigârımdır.
28 teşrinisani 300
(11 Aralık 1884)
Kemal Rodosdan".
(Haluk Oral arşivi).

V
Garbcılar, İslâmcılar ve Hukuk Reformları

Batılılaşmanın getirdiği *progress,* yani ilerleme kavramı ve ideali ve onun etrafında meydana gelen ideolojik kutuplaşma son yüz elli senenin temel olayıdır. Her şeyden evvel de Osmanlı İmparatorluğu'nun Batı Avrupa ile olan temasları çok önemli bir yapısal değişiklik geçirmektedir. Bir İslâm devleti, bir İslâm toplumu ilk defa olarak Batı hukuk normları ile iç içe geçmektedir. Bunun üzerinde çok durulması lâzımdır. Türk inkılâbı teknik eğitime daha eskiden başladığı için olsa gerek, mühendislik konusunda nihaî başarıya ulaşmıştır. Türk inkılâbı tababet konusunda da nihaî başarıya ulaşmıştır. Bugün Türkiye mühendislik ülkelerinden birisidir, çok yakında da tababet, hekimlik ülkelerinden birisi haline gelecektir.[34] Fakat Türk inkılâbı; hukukçuluk, hukukşinaslık dalında yeterince parlak, başarılı bir icraat gösterememiştir ve bugüne kadar hukuk inkılâbımız tamamlanmamıştır. Gerçi bunu hukukçulara söylediğiniz zaman reddederler; ama benzer dallarda da böyle bir eksiklik söz konusudur, bunlardan biri de Türk inkılâbının, Türk toplumunun değişmesinin edebiyat sahasında kendini ifade edememesidir. Dahası Türk inkılâbı içtimaî ilimler ve tarih sahasında kendisini tamamlayamamıştır. Türkiye, finans sahasında birtakım bürokratlar, birtakım uzmanlar yetiştirmiş olabilir ama, bu demek değildir ki, Türk inkılâbı iktisat ilmi sahasında kendini tamamlamıştır! Mealen o sahada da tamamlamamıştır.

34 Bu hüküm 1930'ların sonunda ileri sürüldü. Geçen zaman içinde daha hızlı müspet gelişmeler görüldü. Hekimler ile tıp eğitimine karşı uygulama ve hücumlar da buna paralel olarak gelişiyor.

Bunların hepsinin nedeni vardır. Yukarıda da arz ettiğimiz gibi, 1699 Karlofça, 1718 Pasarofça ve müteakib antlaşmalar yanında, bilhassa devlet başkanını; yani Osmanlı hükümdarını hilâfet makamı ile, âdeta ruhânî bir makamla tavsif eden 1774 Küçük Kaynarca Antlaşması'yla birlikte, Osmanlı İmparatorluğu devletlerarası hukuk ilişkilerine girmektedir ve bu hukuk ilişkileri çok kimsenin bizde takdim ettiği gibi, Hıristiyan hukuku değildir; çünkü Türkiye'de böyle bir yanlış yorumlama vardır. Bu yanlışı sağ denen, İslâmcı denen birtakım çevreler gibi kendisini çok Atatürkçü, solcu, ilerici zanneden zümreler de tekrarlamaktadırlar; çünkü Türkiye'de tefekkür erbabı, tarihçiler ve toplum bilimciler hukuk, bilhassa Roma hukuku bilmezler. Roma hukuku dediğimiz dal, bugün bizim hukuk fakültelerimizde kerhen okutulmaktadır. Ellerine fırsat geçse kaldırırlar ve bazı hukuk hocaları da Roma hukukunun eski bir hukuk olduğunu, hukukun değişiklikler geçirdiğini ileri sürmektedirler. Bu da safdil bir ifadedir; hukuk düşüncesini, hukuk ilmini; fizik, mühendislik gibi, belki bir yerde müzik gibi, böyle çok değişen ve ilerleyen tekniklere dayanan bir şey zannediyorlar ki çok yanılıyorlar.

Hukuk, belirli, ebedî normlara dayanan bir bilimdir. Durgunluğu içinde zenginliği vardır. Kanunları değiştirebilirsiniz; fakat esasında bütün ilkeler (*principia*), kurumlar (*institutiones*) aynı kalmaktadır. Dolayısıyla, üçüncü asırdaki Romalı hukukçu Ulpianus'u veya haleflerinden Tribonianus'u getirseniz ve Viyana'nın ünlü hukukçusu, bu asrın ünlü hukukçusu Kelsen'le birlikte kendisine bir anonim şirket problemi tevdi etsenizve şayet Ulpianus ve Tribonianus üstadlar, bunu daha iyi çözerlerse, şaşmayın. Dolayısıyla, hukukta o anlamda bir ilerleme yoktur. Hukuk, kendi durağanlığı içinde zenginliği olan, prensiplerinin ve kurumlarının yeni yorumuyla ve ictihadlarla gelişen bir ilimdir. Elbette ki hayata uyma olayı vardır; fakat hukukçuluk kendi mantığını önde tutan bir disiplindir.

Tarihyazımında da benzer bir karakter vardır; yani hiçbir zaman bazılarının zannettiği gibi, 20. yüzyılın tarihçileri Yunanlı tarihçilerden veya Arap tarihçi İbni Haldun'dan veya İdrisî'den, yöntem olarak da, üslûp olarak da, bilgi olarak da daha büyük adamlar değillerdir. Bunun üzerinde durmanız gerekir; bu çok önemli bir noktadır.

Dolayısıyla bizde insanlar, maalesef hukukun ne olduğunu anlamadıkları için –bazı hocalarımız bile Roma hukuku için böyle bir yorum yaptığına göre– hukuk inkılâbının ne olduğu da bizde tam anlaşılmamıştır. Hukukçuluk itibariyle Romanist hukuk sistemi ne Hıristiyandır ne Müslümandır. Elbette ki Hıristiyanları ve Müslümanları etkilemiştir. Bizim Müslüman fakîhleri, Roma hukukunun kıyas teknikleriyle iş görürler. Onlar da Roma hukukçusudur. Hıristiyanlar da Roma hukukçusudur. Âdeta zamanımızın Roma hukukçusu A. Ruiz'in deyişiyle: "*Volendo e non volendo, sapendo e non sapendo; siamo tutti Romanisti...*" Yani istesek de istemesek de, bilsek de bilmesek de hepimiz Roma hukukçusuyuz... Dolayısıyla Hıristiyan cemaat mensubu ve Hıristiyan olan insanlar, Roma hukukçusu olmuşlardır; ama Roma hukukunun Hıristiyanlaşmak gibi bir vasfı yoktur; bu mümkün değildir. Aksi ifade "Zeytinyağının içine su katınca, su zeytinyağı olur" lâfı kadar abestir.

Hakikaten, büyük hukuk devrimi Batı'da, bilhassa geç ortaçağ ve Rönesans'ta Roma hukuk kurumlarının ve prensiplerinin hayata tatbikiyle gelişmiştir. Bu gelişme dolayısıyla ilk önce devletlerarası hukukta yeni kurumların, yeni teamüllerin ortaya çıktığını görürüz ve bu giderek kısa bir zamanda Avrupa'nın ortasında bulunan bir başka kuvvetle –bu kuvvet Müslüman da olsa hiç fark etmez– iç içe geçmiştir; *fringe* dediğimiz tabiri çevirip kullanalım, âdeta aralarında bir saçaklanma meydana gelmiştir; yani devletler hukuku ve ticaret bakımından, birtakım ilişkiler bakımından, antlaşmalardaki müeyyideler ve yeni getirdiğimiz müesseseler bakımından, Avrupa hayatıyla hukukî alanda iç içe geçmeye başlamışız ve bu, sanıldığı kadar da büyük problemler yaratmamaktadır. Bizde gene çok kesin bir şekilde; fakat doğru olmayarak ortaya konan bir kanaati, bu nedenle ihtiyatla karşılayalım: "Efendim İslâm hukukçusu bunu anlamaz, bilmez!" Hiç de öyle değildir; medresenin hukuk öğretimi, fıkıh öğretimi, kıyas teknikleri, yorum teknikleri bir Romalı hukukçununkinden farklı değildir; çünkü zaten MS 7. asırdaki, MS 8. asırdaki, MS 9.-10. asırlardaki büyük İslâm hukukçuları da bir tür Roma hukukçularıdır. Kullandıkları teknik ve muhakeme esası itibariyle aynıdır. Bizde, Batı hukukunun kabulünde doğan güçlükler; hukukçularımızın İslâm hukukçusu olmasından değil, lâyıkıyla hukukçu olmamasından, yani doğrudan doğruya hukuk eğitiminin çok kötü ve düşük düzeyinden ileri gelmektedir. İşte bu açığı kapatamadığımız; yani eğitimi düzeltmediğimiz sürece problemler büyüyecektir. Ama başarılı örnekler ve şahıslar var ve bu nedenle, kapatacağımızı ümit ediyoruz. Dolayısıyla, 19. yüzyılda aile hukukunun dışında hemen hemen hukukun her alanında Batı ile bir içleşme meydana gelmektedir. Sadece ukubat dediğimiz ceza hukuku sahasında Fransız Ceza Kanunnamesi'ni kabul ettiğimiz halde, İslâm mevzuatı ve prensipleri de yürürlükte kalmaktadır; yani, köylünün biri diğerini öldürüyor; maktulün mirasçısı isterse İslâm hukukuna göre diyet ödenir; veya ceza kanunnamesine göre kaatil hapse atılır ve kanun ne emrediyorsa bu cezaya hükmedilmesi gerekir. Fakat, ceza kanunnamesinin kamu görevlilerinin suçlarına ilişkin hükümleri, devlet memurları ve kamu hizmeti görenler için âmir hükümlerdir, mutlaka tatbik edilmiştir. O demektir ki burada artık ukubat sistemi uygulanmıyor, büyük ölçüde tard, hapis gibi cezalar göze çarpıyor ve dolayısıyla, 19. yüzyılda da siyaseten katl dediğimiz memurun idamı geniş ölçüde –geniş ölçüde değil hemen hemen tamamen– ortadan kalkmıştır. Bildiğiniz gibi icraatından dolayı siyaseten katl cezasına uğrayan adam yoktur. Gerçi Midhat Paşa idama mahkûm edilmiş; fakat bu hüküm sürgüne ve hapse tebdil edilmiştir. Kendisi, dedikodulara göre (bunlar doğru da olabilir) Taif'te katledilmiştir; ama takdir edersiniz ki, bu gizli suikast, bu gizli katl, hiçbir şekilde bir yargı hükmü olarak, bir mahkeme kararı olarak infaz edilmiş değildir. O takdirde rahatça, imparatorluğun son asrında siyaseten katl cezası ortadan kaldırılmıştır diyebiliriz. İşte bu açıdan baktığımız zaman, Osmanlı İmparatorluğu, idam cezasının geniş ölçüde tatbikten kalktığı, münhasıran adî suçlara hasredildiği, kanun üstünlüğü olan bir kanun devletidir. Almancada kanun devleti ters bir kelimedir (*Polizeistaat*–polis devleti denir) ama bu tabirle falaka devleti değil kanunun hükmettiği, güvenin bulunduğu bir memleket kastedilir. Osmanlı İmparatorluğu bir kanun devleti, bir hukuk devleti olarak ömrünü tamamlıyor. Şimdi bana: "Sosyalist parti kurulmuyormuş (aslında kuruldu); laiklikten bahsetmek yasakmış (bahsedildi de); toplantı, gösteri, yürüyüş kanunu yokmuş" demeyin. Modern zamanların katılma hakları dediğimiz bu mevzuatı, ayrı bir fasıldır.

Modernleşen devlette vatandaştan, kanunsuz, miktarı belirsiz vergi alınmaz, işkence olmaz, devlet hukuk dışına çıkarak adam öldürmez vs... Bunların temin edildiği devlet, kanun devletidir. İşte, son asır Osmanlı Devleti bu alanda büyük adımlar atmıştır ve aile hukuku hariç, hukukun Romanizasyonu süreci de ilerlemiş; yani ceza, ticaret, idare hukuku alanlarında tamamıyla Avrupa sistemi bu memleketin içine girmiştir ve arz ettiğim gibi, bizatihi medrese takımı; yani ulema takımı, yeni kurdukları hukuk medresesiyle (Medresetü'l-Kuzât) Avrupa hukukunu tanımaya başlamıştır. Programa baktığınız zaman da Avrupa hukuku müfredatın yarısı ve hatta yarıdan fazlasıdır; çünkü ulema, artık böyle bir imparatorlukta "naibü'ş-şer'i" dediğimiz memuriyete intisap edecek veya nizamiye mahkemelerine gireceklerdir. Hukukta bir ikilem başlamıştır; bütün dinî cemaatler için bu böyledir. Gidiyorsunuz papazın veyahut hahamın yanında, kendi hukukunuza göre evleniyorsunuz, boşanıyorsunuz, birtakım cezalar veriyorsunuz. Ondan sonra gelip Nizamiye Mahkemesi'nde ticarî davalarınızı hallediyorsunuz. Bu bütün cemaatler için böyle. Yani, Osmanlı tebaası hayatın çok önemli bölümünde eskinin aksine aynı mahkemeyi kullanıyor. Evlenip boşanmaya kalktı mı, herkes kendi hücresine gidiyor. Böylece, düalist yapılı bir hukuk sistemi, böylesine ikili yaşam süren bir cemiyet ortaya çıkarmıştır ve bunun çözümü, hepinizin bildiği gibi 1926'da Kanun-ı Medenî'nin kabulüyle mümkün olmuştur. 1926 devrimiyle, şahsın hukuku da İsviçre mevzuatına göre düzenlenerek Türkiye devleti hukuku tam anlamıyla Romanize etmiştir; ama bu demek değil ki bazılarının söylediği gibi, ruhumuza ve cemiyetimize tamamen aykırı bir sisteme girmişizdir. Hayır, birtakım çatışma noktaları bulunmasına rağmen, Medenî Kanun'umuzda da eski hukukumuzun birtakım müesseselerinin devam ettiği bir gerçektir. Nitekim Pakistanlı din bilgini ve asrın müctehidlerinden Fazlurrahman: "Medenî Kanun çok radikal bir ictihaddır, ama o da ictihaddır" diye uzlaştırıcı bir yorum ve değerlendirme yapmıştı. Medenî Kanun'da eski gelenek ve eski hukuktan esintilerde Cevdet Paşa gibi mütebahhir hukukçuların geçen asırdaki faaliyeti ve bıraktıkları mirasın da payı vardır.

Parlamenter bir sistemden söz ettiğimizde ortaya Anayasa kurumu çıkmaktadır. Anayasa, İslâm devletinde görülecek bir tatbikat değildir. Roma devletinde de İslâm devletinde de Anayasa olmaz. Anayasa hepinizin bildiği gibi, Fransız İhtilâli'nin getirdiği bir yazılı belgedir. Ama ondan biraz önce Anglo Sakson dünyanın ürünü olan ABD anayasasıdır. Bunun da bir belge mi yoksa gelenek hâlinde devamı mı meselesi ABD'nin kurucuları arasında tartışıldı. Lâkin müessesenin kendisi Fransız İhtilâli ile ilgili değildir; çünkü anayasal sistemden bahsettiğiniz zaman, İngiliz hukukunun gelişmesini göz önüne almanız gerekir. İngiliz Parlamento binasına ve Paris'te Mebuslar Meclisi'ne veya Lüksemburg Parkı kıyısındaki Senato'ya baktığınız zaman, iki camianın binaları arasında önemli fark görülür. İngiliz, ortaçağdan kalma bir kilisenin içine girmiştir. Kilisenin iç dekorasyonu bile, asırdan asra ancak fark eden son derece muhafazakâr bir yapıdadır ve başkanın arkasında bir Athena Pallas heykeli veya terazili bir adalet tanrıçası, Nemesis heykeli yoktur. Ne de duvarlarda "*égalité, fraternité*" gibi sloganlar yer alır. Britanya Meclisi, bir köy kurulu odası gibi asırların içinde az değişen ama önemli şeylerin konuşulduğu, tartışıldığı, en zengin tarihli meclistir. Tartışma ve oturum usulleri çokluk yazısızdır, âdet mesabesindedir. Bernard Lewis ve Ercüment Kuran'dan iki alıntının mukayesesini yapalım; bir Hint Müslümanı olan Mirza Abu Talib Han (Özbek asıllı) 19. asrın başında parlamentoyu gezdiğinde şu ifadeyi kullanıyor: "Bunlar" diyor, "Kanunlarını burada yaparlar"; kanun yapılan yer onu pek etkilememiş. "Fakat" diyor, "bu nedenle, Allah'ın kanunları yerine kendileri kanun yapmak gibi acınacak bir iş yapıyorlar." Aynı asrın ortasında Osmanlı sefiri Sadık Rıfat Paşa ise: "Hükümdarın şeriat-ı ğarraya değil, hukuk-ı millete tâbi olması gerektiğinden" söz ediyor. Bu ilginç bir evrimdir.[35] Öte yandan

35 B. Lewis, *Islam and the West,* Oxford, 1993, s. 43; Ercüment Kuran, "Osmanlı İmparatorluğu'nda İnsan Hakları ve Sadık Rıfat Paşa", *VIII. Türk Tarih Kongresi,* c. 2, Ankara, 1983, s. 1452 vd.

Ahmed Cevdet Paşa şeriatın gereğini bir Batılı üslûbuyla savunur. Cevdet Paşa'ya göre: "İslâm devletinin anayasası fıkıhtır", ama fıkıh bir metin değildir, kodifikasyon yoktur (derlenmemiş) ve söz konusu da değildir. Vahiyin derece derece yorumlanması ve bir ictihada gidiş söz konusudur. 19. yüzyıl bunu yapıyor. Fıkıh dediği, görüşler ve ictihadlar bütünüdür ve devamlı ictihad mümkündür. Cevdet Paşa'nın anayasa görüşü, yazılı anayasayı seven Fransız sistemine ters; ama Anglosaksonlara yakındır; çünkü Britanya anayasası yoktur. Britanya anayasal sistemi ise birtakım teamüllerle, kurallarla (hatta yazısız kanunlar da yazılılar kadar makbul olduğu için, bunları yazmadan) oluşmuştur. Bunlar anayasal müesseseler olup yazısı ve çizisi bile söz konusu değildir. Yani, Avam Kamarası'nın mensupları 17. asırda İngiltere kralını parlamentoda istememek saygısızlığını (!) gösterdikleri için sadece bir söz var ortada, o andan itibaren İngiliz kralları Avam Kamarası'ndan içeri adım atmazlar. Parlamentoya geldikleri zaman, Lordlar Kamarası'na giderler ve usul icabı, avam takımı; yani mebuslar, halk mebusları "hoşgeldiniz" demeye oraya giderler. Bu keyfiyet kuşkusuz, bu kadar basit bir protokolden ibaret değildir. Cümlenin malûmu olduğu gibi avam takımının tartışmalarına ve kararlarına, İngiliz hükümdarlarının müdahaleden uzak kalması demektir. Bu kadar büyük bir idarî prensip ve kurum, böyle küçük bir hareketle, tavırla ifade edilmekte ve sadece âdetten ibaret gibi görünmektedir; yani benim büyüğümü gördüğüm zaman şapkamı çıkarmam, yaşlı bir büyüğün önünde eğilmem gibi bir âdetle ifade edilmektedir. Ardında yatan ise, zorla elde edilen bir usul, bir anayasal müessesedir. Yazılı bin tane anayasadan daha sağlamdır.

Dikkat ederseniz, Fransız demokrasisinin şıklığı ve sloganları bütün milletler için çekicidir; ama sakin Anglosakson demokrasisi kadar sağlam ve kalıcı ürünleri olmamıştır. Fransa'nın kendisi tarihte beş kere anayasasını tadil etmek zorunda kalan bir memlekettir. Üstelik bu tadilâtı da Amerikalılar gibi sessizce yapıp maddeler halinde mevcut anayasanın arkasına eklemekten çok hepsini değiştirip, bir de gürültüyle cumhuriyetleri numaralıyorlar: "Birinci Cumhuriyet, İkinci Cumhuriyet, Beşinci Cumhuriyet" diye. Bizim meraklılar da: "Biz de numaralarız" diyorlar. Oysa hukukî nizam ve refaha, cumhuriyetleri numaralamakla değil, İngilizlerin tarihte yaptığı gibi sessizce (bazen gürültüyle), ama değişiklikleri, yapıyı temelinden değiştirerek ulaşılır. Rus Çarı kabineye başkanlık ederdi. İngiltere kralları niye etmiyor? Aslında ediyorlardı. Gayet güzel bir seçimle Hannover hanedanından iki kral getirmişler. Hannover dukaları olan baba-oğul, iki adet George İngilizce bilmiyor. Belki de bilmedikleri için getirildiler. Öğrenmediler de... Öğrenmedikleri gibi kabine toplantılarına da girmediler. İngilizcenin, bilmeyen bir insan için dinlemesi ne kadar sıkıcı bir lisan olduğu malûm hatta, tahammül edilecek iş değildir. Bu nedenle her iki George da kabine toplantılarına girmemişler, girmeyince de kabine müessesesi bağımsızlaşmış. Hukuk düşüncesi ve yorumu bir örgüdür.

Osmanlı hilâfeti de uygulama ve âdetlerle gelişen bir kurumdur. Halifenin, bütün Müslümanların ruhânî (!) lideri olduğu mitosu âdeta, "Nasılsa ecnebî devletler böyle bir şeye inanıyor" diye desteklenmiş, beslenmiştir. Padişah-halife bizim tebaamız olmayan Müslümanın da ruhânî lideridir. Rusya'daki, Cava'daki, Hindistan'daki her işe karışır düsturu benimsenmiş; o kadar ki Cava'dan gelen çocukları okutup bir de onlara Osmanlı vatandaşlığı veriliyor; yani bugünkü Endonezya'da Osmanlı pasaportlu bir koloni oluşuyor.[36] Sonra genç adam oraya döndüğü zaman, Osmanlı uyruklu olarak (bugünkü Avrupa Birliği vatandaşı gibi; çünkü biz 1856 Paris Barışı'ndan beri Avrupa üyesiyiz) ayrıcalıklı bir statüyle dokunulmazlık kazanıyor. Meselâ, Hollanda idaresi dokunamıyor adama. Biraz siyasî faaliyet gösterse, pek mâni olamıyor. Hemen konsoloslarımız çıkıyor, adamı himaye ediyor; kapitülasyon *hakları* herkes için geçerli, kullanabilirsen. Batılılaşma, Batı'nın müesseselerinin alınması İslâmî ictihadla ve kurumlarla izah edilmeye çalışılmış. Namık Kemal, Cemaleddin Afgani, Raşid Rida bunu yapıyor.

Birtakım insanlar demişlerdir ki: "İslâmda meşveret kaidesi vardır, bu parlamentonun ta kendisidir." Lâkin, sorsan desen ki,

36 Azmi Özcan, *Pan İslamizm, Osmanlı Devleti, Hindistan Müslümanları,* İstanbul, 1992, s. 135; İ. Ortaylı, "Le Panislamisme Ottoman et le Califat", *L'Autre Islam,* No: 2, INALCO, Paris, 1994, s. 74.

"Tamam, meşveret var, danışacaksın da ama imam senin kararına uymak zorunda değil; çünkü imamın bir de müstebit diktatör tarafı var." Diktatör, müstebit olmak ayıp değil biliyorsunuz; yani Romalılar diktatörü pejoratif, tahkir edici bir kelime olarak kullanmaz. Tam aksine, kuvvetli bir konsül, olağanüstü durumlarda diktatör tayin edilir senato tarafından (*Senatus Antonium dictatorem dixit*). Bunun gibi müstebit de İslâm'da aşağılayıcı bir kelime değildir, tek başına idare edebilme müsbet bir vasıftır. Bu kelimeyi tahkirane biçimde kullananlar Jön Türklerdir. Nitekim, ha'l fetvasında Şeyhülislâm Mehmed Ziyaüddin Efendi, II. Abdülhamid için "müstebit" sözünü kullanmamıştır; çünkü İslâm hukuku açısından bu söz geçersizdir. Bunlara şunun için değiniyoruz: Yukarıda sözünü ettiğimiz gibi, yeni bir yorumlama yöntemi başlamıştır ve parlamento dahi böyle kurulmuştur; ama İslâm'ın meşveret kurumunda gayrimüslimler ne arıyor? Osmanlı parlamentosunun üçte biri gayrimüslim. Gayritürklük daha yüksek oranda da, üçte biri gerçekten gayrimüslim. Bu çok ilginç bir yapı. 1905'te Çarlık Rusyası parlamentoyu açtı; Duma mebusları içinde sadece iki Müslüman mebus vardı, biri Kırım'dan gelme Müftü Karaçayski Adil Mirza (ondan sonraki dönemde sayılar beşe kadar çıktı) öbürü Sadri Maksudi (Arsal) –o zaman çok genç bir adamdı; Kazan milletvekili olarak Rusya Duması'na girmişti. Yahudiler Rusya'da çok kalabalık bir kitle oldukları halde, Yahudi yoktu. Avusturya parlamentosunda ise, Müslüman yok; ama asıl önemlisi, Yahudi mebusu da yok. Oysa onlar da kalabalık bir kitleydi. Demek ki Osmanlı İmparatorluğu etnik dinî kompozisyon olarak çağdaş birtakım devletlerden daha renkli bir parlamentoya sahip olmuştur. Burada da demek "meşveret" kurul ve kurumu yeni bir yoruma tâbi tutulmuş, gayrimüslimler meşveret faaliyetine dahil ediliyor. Mecliste gayrimüslim ve Arap mebuslar bazı taleplerde de bulunmuştur. "Biz mebus seçilmek için Türkçe öğrenmek zorunda mıyız?" diyorlar. "Niye şart olsun?" diyorlar. Ahmed Vefik Paşa'nın Suriye mebuslarına ilginç ve despot bir cevabı var: "Türkçe bilmiyorsanız, aklınız varsa gelecek dört yıla kadar öğrenirsiniz" diyor. Ama dikkat ederseniz, renklilik hâkimdir ve bu renkliliğin üstünde bir özellik dikkatimizi çekmektedir. Burada Batı'daki gibi sınıfsal çatışmalar yoktur. Demek ki Türk inkılâbının bir özelliği 150 yıl boyunca, hiçbir şekilde inkılâp kavgaları ile sınıfsal kavga paralel olarak gitmemiştir; yani işçi sınıfıyla işveren sınıfı, toprak sahibiyle topraksız köylüler sınıfının çatışması gibi bir muhtevaya rastlanmıyor. Bu çok ilginç bir yapılaşmadır ve bazı Balkan eyaletleri hariç hemen bütün Osmanlı'da yaygındır. Aşağı yukarı Bulgaristan hariç Yunanistan'da bile, sınıfsal bir politika izlemek, bağımsızlıktan sonra ortaya çıkan bir olaydır ve çok geç devirlerde dahi Osmanlı'dan ayrılan ülkelerde, partiler mutlaka sınıf esası üzerinde kurulmuş ve kavgalarını öyle yürütmüş değillerdir. Bu açık bir özelliktir. Bunu ilk Osmanlı parlamentosunda da (1877), İkinci Meşrutiyet'te de görüyorsunuz. Demek ki burada gene bütün etnik dinî ayrımlara rağmen, bir Osmanlılık ruhu vardır. Bu imparatorluğun getirdiği, bürokrat takımına verdiği bir Osmanlı ruhudur, Osmanlı seçkinlerinden söz etmek kavram olarak yanlış değildir.

Konuyu toparlayacak olursak: 1875 yılının bir kış günü, Namık Kemal'in *Vatan yahut Silistre* başlıklı piyesi oynuyor millet sokaklara dökülüyor: "Vatan, millet, hürriyet" diye bağırıyor. Zaptiye üstlerine yürüyüp, ne istiyorsunuz deyince, "Allah Murad'ımızı versin" diyorlar. Sultan Abdülaziz'e karşı veliaht şehzade Murad Efendi'nin saltanatının yaklaşmakta olduğunu haber veren bir olay. Şimdi bu piyesin başlığından başlayarak, bütün kullanılan replik ve diyaloglardaki kavramlara baktığınız zaman, bir şeylerin değişmekte olduğunu görüyorsunuz. Şark'ta birtakım kelimeler vardır: Cumhuriyet. Hani Azerîler, "biz Respublika, siz de cumhuriyet dersiniz" diyorlar, sanki "cumhuriyet Türkçe mi?" diyorlar. Evet, cumhuriyet Türkçedir, niye Türkçedir? Çünkü cumhuriyetin kökü "cumhur", cemaat anlamında, "*people*" anlamında, "*congregation*" anlamında bir Arapça kelimedir; ama o kelimeden cumhuriyeti ve cumhuriyet rejimini türeten Türklerdir. Binaenaleyh mefhumun içeriği tamamıyla Türkler tarafından doldurulduğu için bu çok Türkçe bir kelimedir, öbür Şark halklarına da buradan geçmiştir. Nitekim bunun tam karşılığı *respublika*'dır. Bu anlamda kullanırlar, Türkler bu kelimeyi 19. yüzyılda çağdaş cumhuriyeti ifade için bulmuşlardır.

Sonra, "Vatan yahut Silistre" diyor. Oradaki *vatan* Arapça bir kelimedir görünüşte. Eski Araba, "Bu nedir?" diye sorduğun zaman, "Vatan" der, "*evim*dir, yerimdir, gençliğimdir." Şiir yazar ortaçağ Arabı. Ah *vatanım*, ey vatanım, yani ey gençliğim diye. Buradaki vatanın hiçbir şekilde İtalyanların *patria*, Fransızların *patrie* dedikleri anlamdaki bizim bugün kullandığımız vatanla eş olmadığı açıktır. Bunu böyle "vatan" yapanlar, Türklerdir. Namık Kemal'in kendisi Osmanlı vatanı, hatta İslâm vatanı diye büyük bir vatandan söz ediyor. Bu Türkçe bir kelimedir. Bunu göreceksiniz, tarihte de görülmüştür, halen de görülür. Araplar buradan almışlardır, bugün vatan sözünü. Meselâ "Vatanü'l-Arab"ı Arap dünyası anlamında kullanırlar. Demek ki bu Türkten geçme bir şey. Sonra bütçe denklenmiyor, kriz var ortada: *Crise financière* Fransızca tabirdir, bunu "buhran-ı malî" diye, tamamen Arapça kökten, ama Arabın haberi bile yokken türeten Cevdet Paşa'dır, onun buluşudur bu. Sonra *hürriyet*, sonra *tefrik-i kuvva* (kuvvetler ayrımı) Araplar için bir şey ifade etmez, bunlar hep Türklerden çıkan anayasal terimlerdir: *mevzuat, meclis-i idare* vs. saymakla bitmez; yani yüzlerce kavram böyledir. Bir doktora bile yaptıramadık bu terminoloji üzerinde; utanılacak bir durum.[37] Dolayısıyla bizim bugün Arapça, Farsça, Osmanlıca diye attığımız birtakım kelimeler, bilhassa bu tip terminoloji, bütün bankacılık terimleri, birtakım hukuk terimleri, hemen bütün ceza hukuku terimleri böyle Türk icadıdır. Kelime Arapçadır; fakat tamamıyla batılılaşma dediğimiz süreç içinde Batı hukuk müesseselerinin incelenmesi ve tercümesinden dolayı bütün Şark'a hediye ettiğimiz kelimelerdir ve Osmanlı'nın buluşudur. Batılılaşmada Türkiye, Şark'a filolojik hizmetlerde bulunmuştur.[38]

Kanun-ı Esasî böyledir. Ondan sonra birtakım iktisat tabirleri; yani iktisat sözcüğünün kendisi böyledir. Çünkü ortaçağda iktisat "okonomikos"tan; yani Yunancadan çevrilme güzel bir Arapça tabirdir; "ilm-i menzil" denirdi. "Menzil" ev demektir, ev ilmi; yani

37 B. Lewis, *The Political Language of Islam*, Chicago-Londra, 1988.

38 Ami Ayalon, *Language and Change in the Arab Middle East*, Oxford University Press, 1987.

evi işletmeyi bilirsen, toplumu da idare etmeyi bilirsin. İktisat o demekti. Fakat bunu doğrudan doğruya bugünkü iktisat, iktisadî sistem, tüketim (istihlak), istihsal, (şibh-i rant; *quasi-rente*) gibi tabirlerle zenginleştiren Türklerdir. Bütün bunlar, Arapça olmasına rağmen, Türkçenin getirdiği batılılaşma sayesinde ve ondan sonra da otomatikman bütün Şark'a, İran'a, Araplara hatta Hint'e kadar yayılan kelimelerdir.

Nitekim bu toplum, çok ilginç şekilde edebiyatta bir devrim yapıyor. İtiraf etmeli ki iyi ve tamamlanmış bir devrim değildir; ama roman yazılıyor. Tabii bu, mukayeseye dayanacak durumda değil; yani Fransa'da Flaubert *Salambo*'yu yazmış; *Madame Bovarie*'yi yazmış, Balzac var. Rusya'da Tolstoy çıkmış. Bizim çocuklara bu eserleri hâlâ iyi çeviriyle okutamıyoruz. Tolstoy'un *Anna Karenina*'yı yazdığı yıllarda, düşünün bizim Şemseddin Sami: "Türk milletinin romanı yok" diyor ve *Taaşşuk-ı Talat ve Fitnat* diye iptidaî bir roman yazıyor. Karşı taraf, artık bütün klasik devri, modern romantik devri, vs bitirmiş, natüralist tiyatro devri başlamış, Çehov'lar, Ibsen'ler ortalığı tutmuş. Şemseddin Sami: "Bu Arnavut milletinin hiç tiyatrosu yok" diyor, *Besa*'yı yazıyor. *Besa*'yı Arnavutça yazıyor, oynayacak adam yok. Arnavutlar icra etmeden önce Türkçeye çevriliyor ve tabii bir Ermeni sanatçı sahneye koyuyor; Tiyatro-yı Osmanî'de Güllü Agop... Osmanlı İmparatorluğu'nda bu Arnavutun piyesini ilk defa Türkçe oynarsın ve de Ermeni oynar. Türk şiiri çevrilmeye, Avrupa ölçülerine uymaya başlıyor. Çok etkili biçimde Avrupa'yı izleyen şiir, itiraf etmek gerekir ki edebî geleneği kuvvetli bir dal olarak; roman, tiyatro, deneme gibi dallarımızı geçen, hem de hızla geçen, aslında iyi çevrilse, beynelmilel dalda pekâlâ bize yüz ağartıcı neticeler sağlayacak bir edebî türdür. Türk şiiri, çevrilmediği için anlaşılmıyor. Burada tabii tercümenin önemi ortaya çıkıyor.

Meselâ, Rusya'da Puşkin şiir yazdığı zaman (Gerçi Puşkin'in Fransızcası neredeyse Rusçası gibi ve ondan daha önce öğrenmiş) veyahut Tolstoy, Dostoyevski yazdığında Rusça Batı'da bilinen bir dildi ve güçlü adamlar bu dili biliyordu. Meselâ, Prosper Mérimée gibi

Güllü Agop.

بسا
یاخود عهده وفا

"Besa yahut Ahde Vefa" el ilanı.

"Besa"da rol alan Osmanlı Tiyatrosu sanatçıları.

Kaynak: Metin And, Osmanlı Tiyatrosu, *Ankara, 1999.*

Fransızların edebî dehası olan, birçok dil bilen bir adam[39] çevirince Puşkin'i, tabii anlaşılıyor veya Edgar Allan Poe'yu ünlü Baudelaire çeviriyor, tabii Allan Poe da hakkıyla tanınıyor. Bizim Türk edebiyatının ürünleri için böyle bir şans söz konusu değildir. Daha evvel değindiğim gibi, büyük Alman çevirmen Friedrich Rückert, hiçbir zaman Türklerin bir eserine, yani divan edebiyatına el atmamıştır. O demektir ki, Fuzulî ve Şeyh Galip ve Bakî gibi bir ikisi hariç, divan edebiyatımız beynelmilel ilgiyi çekmemiştir; bazen, "divan edebiyatı taklittir" diyenlere çok kızıyoruz; hoş, bu sözü diyenler de her zaman bilerek söylemiyorlar; ama divan edebiyatımız; hakikaten Fuzulî, Şeyh Galip gibi bir iki büyük sima hariç, İran edebiyatıyla boy ölçüşemiyor. Nitekim, Şark edebiyatında herkes Hafız, Sadî, Firdevsî, Bahaüddin-i Amilî'yi çevirip okuduğu halde, bizim edebiyat ilgi çekmemiş. Meselâ, Rückert'in el atmaması bir talihsizliktir. Sonra J. Hammer,[40] bizim şiirle çok az ilgilenmiştir (yaptığı çeviriler doğru, ama güzel değil). Daha çok İran ve Arap edebiyatıyla ilgilenmiştir. Türklerin şiiriyle ilk defa İngiliz Gibb[41] ilgilenmiştir. Fakat o da Rückert ayarında kuvvetli bir şair değildir. Çağdaş şiirimiz 20. yüzyılda daha kuvvetlidir; fakat halen iyi mütercimler bulamıyor; çünkü 20. yüzyılda Türkoloji dünyası, hele Batı'daki Türkoloji dünyası, artık eskisi gibi kuvvetli adamlardan oluşmamaktadır.

Türk batılılaşması, bazılarının kısaca ifade ettiği gibi, 19. yüzyılda askerî alanda, idarî alanda yapılan bazı reformlardan ibaret değildir. Türkler, müziklerinde bile bir reforma gitme ihtiyacına girmişlerdir. Yani aslında Türk batılılaşması, bizim Arapça "cehd", İngilizce "challenge" dediğimiz, başlı başına bir hesaplaşma, itişme, didişme meselesidir. Nitekim 19. yüzyılda Donizetti Paşa, saray

39 Prosper Mérimée alacaklılarından kaçmak için, ben İrlanda'ya edebî tetkikata gittim, diyor. Oysa, gittiği falan yok. Kapıyı kilitlemiş, içeride oturuyor; ama o arada da hakikaten İrlanda sagaları üzerine bir kitap hazırlamış.

40 J. Hammer von Purgstall, *Geschichte der Osmanischen Dichtkunst,* 4 c., Peşte, 1826. Ünlü Avusturyalı şarkiyatçı, Osmanlı tarihinin abidevî sentezini yaptı; edebî çeviriler ve Fars şiirinden çevirilerle ebedîleşti.

41 E. J. Wilkinson Gibb, *A History of Ottoman Poetry,* c. I-VI, Londra, 1900-1909. Türk divan şiirini ciddi olarak ele alan ve çeviren 20. yüzyıl İngiliz şairidir.

orkestrasını yönetmeye çağrılmıştır. Ondan sonra bir alay Türk bestecinin ilginç ve dikkate değer marşlar bestelediğini biliriz. Bunların çoğu da kaybolup gidiyor, kimse bilmiyor. Bunların biraz icra edilmesi lâzım. Gene bu asırda Türk musiki eserleri notaya dökülüp derlenmektedir; yani elimizdeki Türk musikisi albümlerinin derlenmesi, saklanması da bu asra has bir olaydır.

Gene bu asırda edebiyat tarihleri ele alınmış ve Osmanlı vekayinameleri incelenip kütüklenmeye başlanmıştır. Ondan evvel, "Sizin hangi tarih kitaplarınız var?" dendiği zaman, "Âşıkpaşazade'miz[42] var, Neşrî'miz[43] var, Hoca Saadeddin'imiz[44] var; ama bunları anlatan bir rehber yok efendim" denirdi. Bunun bile muhasebesi 19. yüzyılda başlamıştır. Batı'nın tesirleri bunlar. *Âyine-i Zürefâ*[45] eksik bir tarihyazıcılık rehberidir. Ama ilklerdendi. Sonra Bursalı Mehmed Tahir Bey[46] ilk önemli derlemeyi yapar. Ondan sonra tabii Franz Babinger, Osmanlı tarihyazıcılığının rehberini derledi ve maalesef iş orada takılıp kaldı. (Nihayet övünülecek bir eser, bütün klasik Arap edebiyatının *Geschichte der Arabischen Schrifttums (GAS)* diye bilinen rehberini yapmak bir Türke mahsustur. Fuad Sezgin Almanya'da yaşayan ve adı bu büyük eserle aynîleşen vatandaşımızdır; ama aynı şeyi Türk tarihçiliği ve edebiyatı için yapan yok).

Dolayısıyla batılılaşan Türkiye, Batı cemiyetinin birtakım müesseselerini, hukukta, idarî alanda aldığı gibi yaşayışa kadar geçiriyor, Osmanlı sarayı batılılaşıyor. Çok kişi bilir ki 19. yüzyılın büyük devleti, Osmanlı'nın Topkapı Sarayı'nda devlet protokolünü yönetemez. İşi götüremez. Onun için daha II. Mahmud'dan itibaren padişahlar sarayın dışına kaçmaya başlamıştır. Nitekim Dolmabahçe ile Beylerbeyi de hep öyle tekrarlandığı gibi büyük bir israf değildir, mecburen inşa edilmiştir. Nihayet Osmanlı İmparatorluğu

42 Âşıkpaşazâde Derviş Ahmed Âşıkî, *Âşık Paşazâde Tarihi,* Âli Bey neşri, İstanbul 1332/1916.

43 Mehmed Neşrî, *Kitâb-ı Cihân-nümâ, Neşrî Tarihi,* I-II, yay. Faik Reşit Unat-Mehmed Altay Köymen, Ankara, 1949-57.

44 Hoca Saadeddin, *Tacü't-Tevârih,* İstanbul, 1279/1862-1280/1863.

45 Karslızâde Cemaleddin Mehmed, *Âyine-i Zürefâ,* İstanbul, 1314 (1898-99).

46 Bursalı Mehmed Tahir, *Osmanlı Müellifleri,* 3 c., İstanbul, 1339-1340 (1923-24).

19. yüzyılda büyük devletlerden biridir. Büyük devletlerden biri büyükelçi teati edilmesinden bellidir; o zaman her yere büyükelçi gitmez, sadece büyük devletler aralarında büyükelçi teati ederlerdi. Böyle bir ülkede resmî yaşayışın ve protokolün dış dünyaya uyması kaçınılmazdı.

Türkiye'de batılılaşma zorunluydu. Bunun derecesini ananenin kuvveti ve aydın bürokratların Batı'yı tanıma ve bilme seviyesi tayin etti. Batı'ya karşı batılılaşma ile, batılılaşmanın cemiyetteki tahribatına ise Batı'yı tanımakla karşı konabileceği açıktı. Eğitim bunu gerçekleştirebildiği ölçüde, başarılı kadrolar ve deneyler yaşanmıştır. Binaenaleyh, bugünün Türkiyesi'nde eğitim en önemli sorun olarak ortadadır.

Batı eğitimini bizdeki gibi tek yolda; yani geçen asırda Fransa, bu asırda da Anglosakson peronunda gerçekleştirirsek istenmeyen sonuçlar elde ederiz. Türkçesi bozuk, yöneldiği kültürü de faydacı amaçlarla yarım yamalak edinen bir seçkinler grubu ortaya çıkar. Nitekim öyle olmuştur. Batı dilleri bunların kökü olan Latince ve Yunancasız öğrenilmiştir. Bu faydacılık kendi dilimiz ve uygarlığımız için de geçerlidir. Arapça ve Farsça tetkikleri ölmekte, eski Semitistik dediğimiz klasik Şark dillerinin tetkikatına gidilmemektedir. Arapça yanında İbranca ve Aramca gibi dilleri bilmeyen din bilginleri olabilir mi? Latince, Yunanca bilmeden Batı dilleri nasıl çalışılabilir? batıcıyız, peki Batı tarihi, hukuku ve sosyal bünyesi üzerinde ciddi tetkikler yapılıyor mu? Ruslar geçen asırda Fransızca, Almanca, İngilizce, İtalyanca, Latince öğrenerek batılılaşırdı; kayda değer Avrupa tarihleri ve edebiyat tetkikleri kaleme aldılar. Paul Vinogradov gibi İngiltere tarihi tetkikleriyle Britanya'dan ödül alan Ruslar vardı. Aynı hassasiyeti Japonlar gösteriyorlar. Türk batılılaşması ise ne kadar yüzeyseldir. Bu nedenle orta eğitim kurumlarımızı bu ihtiyaca yönelik biçimde yeniden planlamalıyız. Batılılaşma, Batı'yı iyi öğrenerek yapılır. Bunun getirdiği zenginlikle bu toplumun kendi kaynak ve ananesini de daha iyi muhafaza edeceğine şüphe yoktur. Sathî eğitim hattındayız ve maalesef sathî Türk aydınları, sathî olarak hayata devam ediyoruz.

İsmet Paşa Lozan Barış Antlaşması'nı imzalarken, 24 Temmuz 1923.

VI
Avrupa ile Geçmişte ve Gelecekte Siyasî Bütünleşme

1963 yılında Ankara Antlaşması ratifiye edildiğinde ve Büyük Millet Meclisi'nin tasdikine sunulduğunda Başbakan İsmet İnönü, kırk yıl evvel Lozan Antlaşması'nı ve müzakerelerini yürüten ve imzalayan devlet adamı olarak, bu oluşumun büyük bir ilerleme olduğunu, beşeriyet tarihi için çok büyük bir anlam ifade ettiğini, Avrupa'nın artık insanlığın bin yıllık değerlerini özümsediğini ve bizim de buna katılacağımızı çok edebî bir dille ifade etmişti. Muhtemelen üslûp kendisinin değildi; Dışişleri'nin çok heveskâr bürokratları, ki bazıları artık rahmete kavuşmuştur, bunu en edebî biçimde kaleme almışlardı. Ama takdir edersiniz ki İsmet Paşa önüne konan evrakı kurmaylığından kalma alışkanlığıyla suhen be suhen (kelimesi kelimesine) tetkik etmeden, tartmadan konuşacak, demeç verecek bir devlet adamı değildi. Ardından büyük bir kıyamet kopmuştu; bu kıyamet, "Onlar ortak, biz pazar, Türkiye kapitalist cephenin pazarı ve hammaddecisi durumuna geliyor, halkımız esir oluyor!" diye atılan, milliyetçi görünümlü sol sloganlardı. Buna karşılık, Dışişleri çevreleri ve Planlama'daki bazı memurlar bunun kaçınılmaz olduğunu, gelişme için çok gerekli olduğunu ileri sürüyorlardı ve ülkede âdeta böyle bir birliğin içine Türkiye giriyormuş, girecekmiş de biz sanki bu işe karar veremezmişiz gibi bir kavga başlamıştı.

Müteakib yıllarda heyetler geliyordu. Bu heyetler gezilere alınıyordu ve 1960'ların Türkiyesi'nde ne kadar büyük farklar olduğu (gelişmekte olmamıza rağmen) çok açık ortaya çıkıyordu. Her şey tenkit konusuydu; nezaket dolayısıyla dinî meseleleri kimse açığa vurmuyordu; ama ben çok iyi hatırlıyorum, çünkü o zaman bu sayısız heyetlere Dışişleri'nin ve Basın-Yayın'ın mihmandarları yetişemediği için, Turizm Bakanlığı ve Dışişleri, Mülkiyeli ve ODTÜ'lü lisan bilen gençleri yardıma çağırıyordu.

En büyük mesele "İslâm" ve "çok karılılık" gibi sorunlardı. Türklerin dini olan İslâmiyet ile Avrupa'nın nasıl bağdaşacağı gibi konuları o zamanki Ortak Pazar Komisyonu'nun üyeleri, uzmanları, ilk Altılar'ın parlamenterleri ciddi ciddi soruyorlardı. Bunlar resmen konuşulmuyordu. Zaten cevap "laiklik" ti. Şurası bir gerçek; muhataplar ülkeyi tanımıyorlardı, tanımaya niyetleri yoktu. Türkiye bir kültürel entegrasyondan geçmek zorundaydı. Tarihî bir konumdaydı, bu kimsenin ilgisini çekmiyordu. Daha doğrusu bunu tartışan yoktu ve Türkiye'nin aydınları bu işi sadece dar bir gruba bırakmışlardı. Bu tartışmayı, o devirdeki zayıf tirajlı ve zayıf bünyeli birkaç İslâmcı gazete ve mecmua gündeme getiriyordu. Sol kesim ekonomik entegrasyon meselesini gayet üstü kapalı, gerekli verilerden uzak bir şekilde toptancı bir görüşle tartışıyordu: "Onlar ortak, biz pazar." Meseleyi götürenlerin ve tartışması gereken insanların bu konuda hiçbir endişesi yoktu ve çok yanlış bir dünya imajıyla bu işi yürütmeye çalışıyorlardı. Beynelmilel ilişkilerin değişmez motifleri vardır: Bunlardan biri de iktidara tapmadır. İnsan ilişkilerinde de aslında bu böyledir. 1999 Türkiyesi terörü halletmiştir. Bu küçümsenecek bir olay değildir; çünkü dünyada gerilla savaşı dediğimiz düzensiz harple baş edebilecek büyük kuvvet çok azdır.[47]

Türkiye'deki toplum militarist yapılı olduğu gibi, devleti de tabu olarak görür. Ulusun çoğunluğu devlet denen ilâhî menşeden gelme bir kuvvete inandığı içindir ki, hem maddeten hem manen pahalı savaşları gözünü kırpmadan desteklemektedir. İkincisi, şiddet olarak 1929'u andırmasa da, "kapitalist içtimaî nizam"ın yeni multinasyonal şirketlerinin dünya ekonomisinde yarattığı 1995'lerin krizini Türkiye âdeta şarkı söyleyerek geçmiştir. Her şeye rağmen Türkiye'de bürokrasinin ve toplumsal yapının bu gibi krizler

47 Birkaç yıl içinde avdet eden terör eylemleri yine bastırılıyor.

karşısında fazla tınmaması dış dünyayı etkilemektedir. O zaman 1999'un Avrupası Türkiye'ye başka türlü bakmak ihtiyacını hissetmiştir. Bu nedenle sınırsız pazar kapasitesine sahip, sağlam yapılı ülke gözden uzak tutulmamaktadır.

İspanya'da, Sant Andard'da, 1991'de yapılan bir UNESCO toplantısında (toplantının başlığı: "Promotion of Social Science in Europe"; "Avrupa'da Sosyal Bilimlerin Gelişmesi") içimizde Balkanlar, Rusya, Ukrayna gibi ülkelerden gelen delegeler, bir de alışılmış Avrupalılar artı İsrail ve Türkiye vardı. Bu toplantıda dikkatimi iki olumsuz nokta çekmişti. Madde bir: "Promotion of Social Science" başlığına rağmen tebliğleri dinlediğinizde Avrupa'da gerçek anlamda bir *promotion* olmadığını ve alışılmış anlamdaki ortalama Avrupa entelektüelinin gerileme kaydettiğini görüyordunuz. Önemli bir nokta; bir Amerikalı lise öğretmeni ile bir Avrupalı lise öğretmeninin, bir Alman, Fransız veya İtalyan hatta İspanyolun aynı düzeyde olmadığını, normal Avrupalı bir vatandaşla –sokaktaki ortalama küçük burjuvayla– bir Amerikan küçük burjuvasının aynı olmadığını, Avrupalıların çok daha fazla gezen, dünyaya açık, duyargaları açık bir toplum olduğunu hepiniz teslim edersiniz; fakat böyle bir toplantıda artık eski Avrupa'nın öldüğünü çok sarih, renkli bir resim olarak da görmüştük.

İkincisi: Salonun beşte biri, eski Sovyet blokundan gelen, İngilizce ve Fransızca bilmeyen delegelerle doluydu ve Birleşmiş Milletler'in çalışma dillerinden biri Rusça olduğu halde, Rusça simültane tercüme yoktu. Beşte bir delegeyi orada âdeta söz haklarını kısıtlayarak, UNESCO çalışma tüzüğüne aykırı biçimde "Amasya bardağı" gibi dizmişlerdi. Büyük Avrupa'dan bahseden insanlar, o gelecekteki Avrupa'nın bilmem kaçta kaç nüfusuna şimdiden daha saygısız ve dışlayıcı (belki de gerçekçi) bir tavır içindeydiler ve nihayet son nokta, son gün patladı. *Deus ex machina,* sanki gökten indirilmiş gibi, Britanya'nın eski Dışişleri Bakanı Lord Owen getirildi. "El Senyor Owen" salonu tanımıyordu. Bir konuşma yaptı. Herhalde adam böyle koşuşturulup geldiği için acele konuştu. Son oturuma İspanya'nın prensesi başkanlık ediyordu. Geleceğin Avrupa

Birliği'ni çizdi; "Bizim, bazı ülkelere karşı ahlâkî borçlarımız var" dedi. Kime karşı? Çeklere karşı. Polonya'ya karşı, zamanında komünizme karşı korumamışlar, Macarlar böyle... Bunun dışında, bu birliğin bundan sonraki üyeleri: Bela-Rusya, Ukrayna, Romanya, Bulgaristan; hepsini saydı.46[48] Rusya'dan hiç bahsetmedi. Suret-i katiyyede bahsetmedi. Türkiye'den bahsetti: "Size açıkça söyleyebilirim ki Türkiye Avrupa'ya giremez" dedi. Orada söyledi ve ondan sonra indi kürsüden gitti; orada bulunan Bozkurt Güvenç'le önüne çıktık: "Böyle açık söylediğiniz için çok teşekkür ederiz, çünkü meslektaşınız diplomatlar hep oyalıyor bizimkileri" dedik. "Ha öyle mi, siz de İsrail'le işbirliği yapın" dedi. "Onu zaten yapıyoruz, size soracak değiliz" dedik. Bu Lord Owen daha sonra Brexit sırasında Strasbourg'da meclisten ayrılığı âdeta teatral davranışlarla kutladı ve başkan kendisinin artık salonu terk etmesini rica etti.

Açıkçası, bu dünyanın problemi her daim kültürel de değil tabii. Kültürel olsa, Avrupa kültürünün çok önemli kompartımanlarını inşa eden Rusya'yı bu şekilde dışlamazlar, devamlı dışlıyorlar. Ama sorun bir yerde kültürel, çünkü iktisadî ve hukukî bakımdan bazı birlik üyelerinden, meselâ Yunanistan'dan bile çok daha uyumlu olan bir Türkiye'nin kültürel, tarihî bağlar dolayısıyla dışlanması söz konusu olamazdı. Bu birlik bir muammadır! Büyük bir gürültü ve törenle gidiyor, törenler realitenin önünde yürüyor. Bunların hepsini hesaba katmamız gerekiyor. Bu birliğin başında Almanya yer alıyor, birleşmeden sonra 80 milyonu bulan nüfusu ve diğer Avrupa ve Rusya'daki 2,5 milyonu bulan azınlıkları, artı 7,5 milyonluk Avusturya'sı ile; çünkü Avusturya, Almanya'nın iktisadî bakımdan ayrılmaz bir parçasıdır. Bunu şunun için belirtiyorum: Hitler, "Mesut bir tesadüf, annem beni Almanya sınırında dünyaya getirdi, Alman Avusturya büyük Alman vatanına mutlaka katılmalıdır, iktisadî şartlar buna müsaade etmese bile" demiştir; çünkü o zamanki Avusturya'nın iktisadî şartları Almanya ile birleşmesi için pek gerekli değildi. Bugün ise, siyasî ilhaka zaten ihtiyaç yoktur. Bunlar iktisadî entegrasyon

48 Çek Cumhuriyeti, Polonya, Macaristan, Romanya ve Bulgaristan AB'ye girdi. Diğer sayılanlar da Türkiye'den önce aday oldu ve birliğe girecekler.

dolayısıyla iki bayrak altında yaşayan bir vatan haline gelmişlerdir. Ama genellikle Avrupa Birliği'nin içinde müthiş iktisadî ve kültürel farklılıklar vardır. En basiti, alt yapısını, komünikasyon ve transportu sağlayamayan bir Yunanistan'la, bunu çoktan temin eden İskandinav ülkeleri, Norveç hariç, Danimarka, İsveç ve Finlandiya bu birliğin içindedir. Çek Cumhuriyeti, Polonya ve Macaristan AB'ye girdi. Polonya'nın işsizler ordusu umulan sayının çok üstünde İngiltere, Almanya ve Fransa'yı doldurdu. Çekya Euromoney uygulamasını geciktiriyor, Macaristan'ın ise uygulamaya alınması geciktiriliyor. Romanya ve Bulgaristan yeni alındı; serbest dolaşım ve diğer uygulamalar ince hesap konusu yapılmış değil ama, Almanya'nın siyasî, kültürel nüfuz alanı olmaları gerçeği, hepsinin önüne geçiyor.

Bu birliğin içinde, daha tehlikelisi, etnik, ırkî hiçbir çatışması, problemi olmayan ülkelerle, bunu derece derece yaşayanlar bir aradadır. Belçika gibi iki temel unsurun kansız çatışmasını, hem de ciddi ve onulmaz biçimde yaşayan bir ülkeyle, İspanya gibi bu terörist krizi nasıl götüreceği, çözeceği belli olmayanlar da bir yerdedir. Çok uzun bir zaman insanlar, Bask modelinden bahsettiler. Bask modelini Türkiye'de öneren birkaç kişiyi tanıyorum. Bu zevatın ne İspanya'yı ne de Baskları tanıdıkları kanaatinde değilim; çünkü Bask dediğiniz adamın bizdeki etnik çatışma ve gerilim modeline önerilmesi için gözden geçirilmesi gerekir. Basklar, nüfusu artmayan, eğitimi son derece yüksek ve 1920'li, hatta 1910'lu yıllardan itibaren İspanya'nın sanayi bölgesini teşkil eden bir gruptur. Bugün dahi İspanya'da Bask demek; televizyonda, yayıncılıkta, show business'ta, yeni gelişen sibernetik toplum şartlarında öncülüğü olan insanlar demektir. Kaldı ki modelin her zaman çok iyi yürümediği son olaylardan da gene anlaşılmıştır.

Bütün bunlara rağmen Türkiye'de bazı grupların Avrupa meselesini ele aldıklarında ne Avrupa'yı, ne de Türkiye'nin iktisadî, içtimaî, tarihî bünyesini yeterince ele almadıklarını söyleyebiliriz. Burada bütün mesele Avrupa'nın iyi incelenmemesine dayanmaktadır, Avrupa iyi incelenmelidir. Oysa, üniversitelerinde Avrupa kültürü ve toplumları hakkındaki eğitimi sadece aktarma edebiyatçılık ve gramer öğretimine dayanan bir memlekette bunun yapılmadığı çok açıktır; bu ülkelerin tarihi incelenmez, bunların tarihleri hakkında doğru dürüst tercüme bile yapılmaz, bu ülkelerin hukukî-iktisadî yapısı incelenmez. Bu iktisadî yapıların bizimkiyle olan sorunları da ele alınmalıdır. Bu ülkelerin hukukî yapılarını hemen hemen hiç bilmeyiz. Üniversitelerimizde Almanca, Fransızca, İtalyanca bilenler olduğu halde bu dalları inceleyen uzmanlar ve enstitüler kurulmamıştır. Nihayet, bu ülkelerdeki değişimler farklı kompartımanlarda ele alınmamaktadır ve meselâ Türkiye, Protestanlık üzerine en gülünç bilgilere rastlanan bir yerdir. Okul kitaplarını açıp bakınız. İncil'i Luther'in çevirdiği söyleniyor! Luther'e gelinceye kadar İncil kaç kere çevrilmiş, bundan kimsenin haberi yok ve asıl mesele İncil'in ilk defa geç antikitede (yani 4.-5. asırlar) yapılan tercümelerindeki yanlışlıklardır. Onları düzelten asıl tercümeden, Rotterdamlı Erasmus'tan kimse söz etmez. Nihayet, Protestanlık bu memlekette ileri, açık fikirli, reforme edilmiş bir din olarak tanıtılır. Katolikleri bırakın, aklı başında protestanlar bile bu lâfa gülerler. Dinde reform Batı dünyasında protestanlığın tekelinde değildir, Katolik dünyada da reform daha eskiden başlamıştır. Dolayısıyla biz bu dünyanın en önemli yönleri üzerinde de tam bir fikir sahibi değiliz.

Birleşmenin bazı sorunları da vardır. Türkiye dinamik yapılı bir toplumdur. Komşu olduğumuz Avrupa Birliği toplumlarında nüfus artışı azalıyor: Bizde de, Batı Anadolu bölgesinde o derecede olmamasına rağmen nüfus artık eksi artıştadır. Bazı bölgelerde dengede duruyor, Doğu Anadolu'da da çok yakında azalacak; yani demografların ölçüm ve öngörüleri bu merkezdedir, ama şimdilik sosyologları şaşırtan bir artış gözleniyor. Her şeye rağmen Doğu Avrupa bölgesinde en dinamik nüfusa sahibiz. 2030'lu yıllarda Türkiye, doğum oranı düşmüş; fakat dinamik bir genç nüfusa sahip bir ülke olacaktır. Bunun eğitilmesi ve üretimde kullanılması başlı başına bir sorundur, ama bu ülkeye en büyük üstünlüğü sağlayan bu zenginliktir. Altını çizelim: En büyük üstünlüğü, potansiyeli sağlayan bu zenginliktir. Komşularda bu yoktur. Hiç kimse şimdiden nüfusunun üçte ikisi elli yaşın üstüne çıkmış Avusturya ile, bunun benzeri

Macaristan'la nasıl bir birleşmeye gidebileceğimizi, bu birleşmede ne gibi fedakârlıklara katlanmamız gerektiğini hesaplamamaktadır. Dahası, eğer tasavvurlar gerçekleşecek olursa –ki Almanya "Büyük Reich" politikasıyla ister istemez buna gitmektedir– Romanya gibi, Ukrayna gibi AB ile müzakereleri devam eden ülkeler birliğe alındığına göre; bizim bunlarla da nasıl bir arada yaşayacağımızı kimse düşünmemektedir. İnsanlar bazı şeyleri ezbere konuşmaktadır; Doğu Avrupa gibi nüfusu artmayan, yaşlı ve üretim kapasitesi düşük ülkelerle bir birlik içinde yaşamayı tasavvur edemeyiz. Türkiye bunu kaldıramaz. Bu ne kültürel ne iktisadî ve ne de üretim bakımından mümkündür. Bu, Almanya'nın Orta ve Doğu Avrupa'daki büyük etkisi ile izah edilecek ters bir gelişmedir.

En önemli unsur, Avrupa eğitiminin mazideki birikimle geçinmesidir. Reprodüksiyon, yeniden üretim denen olayın burada gerilemesidir. Genellikle Avrupa üniversiteleri, Birleşik Amerika üniversiteleriyle, bir kısım Anglosakson, Britanya üniversiteleriyle, hele hele İsrail ve Japon üniversiteleriyle kıyas kabul etmez derecede malî sıkıntılar içindedir, fizikî çözüntü içindedir; problemlerle karşı karşıyadır. Genel nüfus azalmasına rağmen, üniversitelere yeni gelen gençlerin sayısı artıyor, talebeler son derece kalabalıktır. Öğretim kadrolarında da sık sık tensikata gidilmekte ve yerine yenileri ihdas edilmemektedir. Şunu dehşetle fark edersiniz: Avrupa bir kütüphaneler ülkesi değildir; yani Birleşik Devletler'deki, Japonya'daki ve İsrail'deki kütüphane hizmetleri, kütüphane kullanımı –ki enformasyon toplumu diye sık sık konuşuyoruz– buralarda mümkün değildir. Avrupa'nın büyük kütüphaneleri kitap müzeleridir. Tıpkı bir arşiv gibidir, kitap müzelerinde insanların ve hele yetişen gençliğin gerçek anlamda verimli araştırma alışkanlığı elde etmesi mümkün değildir. Tabiatıyla arkada derin kültürel miras vardır, anane vardır. Meselâ, sekiz bin talebeli bir Germanistik vardır Berlin'de, siz Türkoloji'de sekiz bin talebe kayıtlı olduğunu düşünebiliyor musunuz? Korkunç bir görünümdür! Ama öte yandan, Alman üniversitelerinde Germanistik bölümünden iki kişi çıksa idare eder. Meselâ, Germanistik okuyan bir öğrencinin veya öğrenciler kitlesinin çok fazla şey yapması gerekli değildir, çünkü bu bilimin temel unsurları çoktan atılmıştır; yani artık ne Alman etimoloji lûgatına, ne diyalektolojiye, ne edebiyat tarihine çok büyük ölçüde lüzum yoktur. Lûgatlar ortadadır, gramerler tamamlanmıştır, lehçe tetkikleri yapılmıştır. Bizim gibi henüz dil ve edebiyat tarihini inşa safhasında değildirler; onun için durumu idare etmektedirler.

Birtakım dallarda ise eğitimdeki kalitesizlik su yüzüne çıkmaktadır ve bunu maalesef çok zengin yapılı İskandinav ve Alman üniversitelerinde de görmek mümkündür. Lise eğitimi gittikçe kalitesini kaybetmektedir ve bu yapıdaki ülkelerle bizim eğitimde bir birliğe doğru gitmemiz, bizim gelişme planlarımız ve imkânlarımız açısından mümkün görülmemektedir. Buna karşılık, Türkiye'nin Avrupa ile entegrasyonunda avantajlar da vardır. Bunlardan biri Asya'ya açılan, bir sanayi patlamasına giden Türkiye'nin hem Ortadoğu'da, hem de Avrupa'da çok kolay bir pazar yaratabileceği, yarattığı bu pazarın yanında da birtakım hammadde ve emek unsurlarını, kalifiye unsurları birleştirebileceği gerçeğidir. Yalnız bu keyfiyetin hiç şüphe yok ki sanayiciler ve işadamları tarafından çok ince bir şekilde hesaplanması lâzımdır. Oysa Türk sanayii bu gibi konularda araştırma yapmaz, plan-program bilmez ve vizyonu yoktur; yani bir memlekette, bir zümrenin şu saçmalığa hakkı yoktur: Bir politikacının arkasına takılırlar evvelâ, "Biz girelim Gümrük Birliği'ne" diye gürültü yaparlar. Avrupa ile pazarlık gücünü kaybedersin, girdikten sonra da, "Biz neleri kaybettik!" diye sızlanmaya başlarsın. Bunu meselâ oyuncakçılar yaptılar, tekstil sanayiinde aynı şikâyetleri duyuyorsunuz. Peki ama, kendi zamansız ve belirsiz taleplerinizle ve gürültünüzle pazarlık gücünü kaybederek bir ülkeyi bir yere götürüyorsunuz ve ondan sonra sızlanmaya başlıyorsunuz. Bu ciddi bir tutum değildir. Böyle bir dönemecin içinde Türkiye sanayiinin her şeyden evvel hesap-kitap yapması, vizyon geliştirmesi, araştırma yapması gerekir ki bu bizde noksandır.

Bundan başka, siyasî ve kültürel literatürümüzde bir unsur daha vardır: Avrupa ile tarihte görmediğimiz bir yere adım atacağımız üzerinde konuşulmaktadır. Bu çok yanlıştır. İşte bunun üzerinde durmak istiyoruz. Türkiye Avrupa'ya ilk defa yanaşmıyor. Türkiye Avrupa ile ilk defa bir macera yaşamıyor. Türkiye'nin dokuz yüz yıllık tarihi Avrupa ile beraberdir; bunu kimse unutmasın. Ülkemizin adını da "Turchia veya Turcmenia" diye Avrupalı İtalyanlar koymuştur. İlk ticarî organizasyonlarımız Avrupa ile olan yakınlaşma sayesindedir. Devlet teşkilâtımızda ve askerî yapımızda ister istemez Avrupa'ya reaksiyon, etki-tepki şeklinde biçimlenmeler meydana gelmiştir ve Türkiye demek zaten "Avrupa dünyasının ortasındaki İslâm" demektir; yani Türkiye'nin dokuz yüz senelik tarihî yolculuğu budur. Kendini ona göre yenilemiştir, ona göre şekillenmiştir ve bunun son yüz elli senesinde de Türkiye, Avrupa'nın üyesidir. Herkesin bildiği gibi Kırım Savaşı'na Avrupalılar gelmişlerdir, imparatorluğu kuzeydeki düşmana karşı savunmak için bizimle birlikte savaşmış, ölmüşlerdir. Bu tabii, bir ruhî yakınlık da meydana getirmiştir. Kırım Savaşı'ndan söz ediyorum. Bir sürü genç İtalyan Piemonte'li, Fransız, İngiliz geliyor gemilerle, gidiyor Kırım'a ve dönmüyor bir daha, veyahut sakat olarak dönüyor. Bu da tabii insanların gönlünde "gâvur"a karşı bir yumuşama meydana getirmiştir ve onun arkasından o dünya ile hukukî-kültürel bir bütünlüğe gitmişizdir. Daha da önemlisi, 1856 Paris Antlaşması'nda oluşan Avrupa Konserti'nden beri biz o dünyanın hukuken bir üyesiyiz. Önemli bir şeydir ve 1699 Karlofça Antlaşması'ndan beri de biz o dünyanın diplomatik normlarına, devletlerarası ilişkilerine, sırf diplomatik düzeyde değil, ticaret ve seyrüsefer konusundaki normlarına da kendimizi uyumlamışız ki bu çok uzun ve önemli bir gelişmedir. Ama bu keyfiyet imparatorluğun parçalanmasını ve Balkanlaştırma olayını önlememiştir.

Çünkü hepinizin bildiği gibi 1699 Karlofça Antlaşması temelde Hıristiyan ve Müslüman devletler arasında değil, Hugo Grotius'un Westphalia Antlaşması'ndaki Romanist hukuk prensiplerini kabul eden bir camia arasında varılmış bir antlaşmadır; yani orada Grotius'un normları Hıristiyan veya İslâmî değil, doğrudan doğruya Roma hukukunun laik prensipleridir ve bunların etrafındaki üniversal prensipler, müesseseler, uzlaşmalar sistemi yürürlüğe girmiştir ve o andan itibaren de Türklerin imparatorluğu Avrupalılarla

YukarıdaYaklaşmakta olan Kırım Savaşı öncesinde Büyükdere koyuna demirlemiş durumdaki Osmanlı donanması.

Aşağıda: Çanakkale Boğazı'nın girişine yakın bir yerde, Beşik Koyu'ndaki İngiliz-Fransız müttefik donanması.

Kaynak: The Illustrated London News, *9 Temmuz 1853 (Ayşe Yetişkin Kubilay arşivi).*

bir karşılıklı müesseseleşme içindedir ki, bu çok önemlidir; ilişki değil, müesseseleşme söz konusudur. İlk defadır ki tek taraflı verilen ahitnameler artık bir muahede halini almakta, bir akit fikriyle kaleme alınmaktadır. İlk defadır ki bu memlekete gelen diplomat ve tüccarlar tek taraflı inayetle değil; karşılıklı akde dayanan bir eylemle burada bulunmaktadırlar. Tüccarın malı ve ticarî güvenliği bir anlaşma, bir kontrat altındadır. Diplomatın nasıl yaşayacağı, nerede oturacağı, ne yiyeceği ve ne gibi muafiyetleri olacağı bir ticarî akit konusu haline gelmektedir. Bu önemli açılımdır ve 18. asırdan itibaren bu memleket hukuken bu birliğin içindedir ve Türkiye'nin Avrupa ile bir birlik içinde bulunması fikri de yeni bir olay değildir, ta Rönesans'tan beri tartışılmaktadır.

Rönesans'tan beri Avrupa düşüncesi, "Türkleri bu birliğin içine alalım mı, almayalım mı, alırsak nereye koyalım?" motifi etrafında dönmektedir. Öyle projeler vardır ki Papalıkla Türk sultanını bu birliğin birlikte başkanı olarak tayin etmektedir, bu çok önemli bir keyfiyet. Sulhun temini için bunu 16. asrın düşüncesinde dahi görmek mümkündür. Gelişmelere bir başka yönden de bakmak durumundayız. Türkiye 19. yüzyılda yaptığı hukuk reformlarıyla; yani önce ticaret sahasında, bilahare idare hukuku dediğimiz külliyat içerisinde ve dış ilişkilerde de devletler hukuku alanında yaptığı reformlarla Avrupa'ya yanaşmıştır, aslında Romanist sistemin içine girmiştir ve 1926'da Medenî Kanun'un kabulüyle Türk hukuk sisteminin Romanizasyon süreci tamamlanmıştır. 1970'lere kadar Türkiye, meselâ Yunanistan'dan daha çok Romanize olmuştu ve Avrupa hukukunun içindeydi, eğer Papandreu'nun çok gürültü koparan reformları olmasa idi (o dönemde mecburen Avrupa'ya da girmişlerdi) bu fark el'an devam edecekti. Bununla birlikte Türkiye'nin toplum hayatında daha açık ve Batı'ya yönelik bir ideolojiyi benimsemesi, dolayısıyla da bir yakınlaşma söz konusudur; ama şunu da unutmamak gerekir ki İskandinav ve Germen ülkeleriyle bizim istenen ölçüde bir uyuma girmemiz asla mümkün değildir, bunun üzerinde insanların düşünmesi lâzım; çünkü bugün İskandinavlar etnik sorunları olmayan bir ülkeler bütünü durumundadır; yani bunlar eski bildiğimiz Vikinglerdir. Eski krallık parçalandıktan sonra Macaristan için böyle bir şey söz konusu değildir, Çekler için değildir, Polonyalılar için değildir; fakat özellikle İskandinav ülkeleri ve Almanya beynelmilel platformda azınlıklar ve etnik problemler sorununu en çok öne çıkaran devletlerdir; çünkü kendilerinin böyle bir problemi yoktur. Rahatça bunun şampiyonluğunu yapıyorlar ve hassaten İskandinav ülkeleri bu konuda çok aşırı bir yorumla öncülük elde etmek istiyorlar. Oysa kendileri de bu alanda bazı sorunlarını çözemediler. Danimarkalılara "Doğu Frizyalılarla sorununuz nedir?" diye sorarsanız, soruyu hasıraltı ediyor ve ondan sonra Güney Amerika'dan, Güneydoğu Asya'ya kadar her yerdeki etnik problemleri en çok gündeme getiren ülke rolüne devam ediyor.

Bunların yanı başında, bu ülkelerdeki hukukî yapıya, Aile Hukuku'ndaki değişmelere ne Batı Avrupa, ne Güney Avrupa ülkelerinin ne de Türkiye'nin ilk anda uyum sağlaması mümkündür. Öte taraftan şurası çok açıktır ki karşımızdaki Avrupa dünyası henüz bir dünya değildir. Binaenaleyh bir birliğe girerken bunları da hesaba katmak durumundayız. Bu dünyanın içinde henüz malî birlik sağlanamamıştır. Maastricht'in öngördüğü müstakil müşterek bir Merkez Bankası, Maastricht'in öngördüğü bölgeler arasında himayenin tamamen kalkması ve sektörlerin tamamen serbest ticaret kurallarına açık bir şekilde yaşaması sorunu çözülebilecek gibi değildir.

Bugünkü İspanya'nın, bugünkü Fransa'nın, bugünkü İtalya'nın ziraî alandaki sorunlarıyla, talepleriyle Maastricht bünyesinin bağdaşması mümkün değildir ve inşallah da olmaz! Yani siz bütün bir zeytin üretiminin ve buna bağlı sanayinin çöktüğü bir İspanya ve İtalya düşünün, bunu onlar değil ben bile tasavvur etmek istemiyorum; yani bu dünyanın bir rengi, bir lezzeti kaybolur. Meselâ, gene aynı şekilde Yunanistan gibi henüz ekonomisini denkleştirememiş, kamu masraflarını ayarlayamamış, enflasyonist politikaların baskılarını ortadan kaldıramamış bir ülkenin Portekiz'le birlikte Maastricht bünyesinde velev bulunsalar dahi yaşamaları mümkün değildir. Nitekim aynı şey İngiltere için de geçerli olduğu için "Bu yürümeyecek" dendi ve girilmedi. O zaman ortada şöyle bir sorun vardır: Aslında tarihî bakımdan geç antikiteden beri oluşan bir Avrupa vardır ve bu Avrupa'nın oluşmasında iki önemli heyet, iki unsur söz konusudur: Birisi doğrudan doğruya Papalıktır; çünkü o zaman tamamen Katolik bir Avrupa dünyası söz konusuydu; ikincisi, İspanya'nın kuzeyinden başlayan Charlemagne imparatorluğuydu. Çünkü Avrupa'nın güneyi Endülüslü Arapların elindeydi. İmparatorluk İtalya'nın, Fransa'nın, bugünkü Almanya'nın, Macaristan'a kadar, bütün Polonya'ya kadar, bütün Bohemya arazisinin kontrolünü elinde tutuyor, belirli bir hiyerarşiyle idareyi kuruyordu ve bu dünyadaki anlaşma dili Roma'nın mirası olan Latince idi. Zira Roma İmparatorluğu'nun Asya kesiminde Latince yaşamamıştır; Yunanca yaşar. Hellenizm ortak anlaşma görevini yüklenmiştir; ama tabii Hellenizmin yanında öbür eski kültürler çok kuvvetli olduğu için Sami diller, Sami kültürler ve Ermenice gibi Aryen diller, Aryen kültürler de yaşıyordu. Hellenizm ortak anlaşma dili olmanın ötesinde yoğunluk olarak o derecede hâkim bir unsur değildi. Halbuki Avrupa'nın bu kesiminde kabile yaşamında barbarlığın üstünde Latinler büyük bir kültürel birleştiricilik rolü oynamıştır; yani daha doğrusu bu kavimler Roma'nın fetihleri sayesinde tarih sahnesine çıkmıştır; ondan evvelki tarihleri kayıtlı değildir. Açık bir şeydir ki hukukî yapıları bununla oluşmuştur ve dinlerini tabii bu medeniyete borçludurlar. Bu birlik dolayısıyla bir Avrupa'dan zaten söz etmek mümkündür ve bu Avrupa değişik zamanlarda ortaya çıkmıştır. İlk defa 1956 ve 1960'la; yani Adenauer ve Charles de Gaulle'ün bir araya gelmesiyle değil, değişik zamanlarda bu birlikten söz etmek mümkündür; bunun ideolojisi de mühim değildir. Fransız İhtilâli'nden sonra Napolyon Avrupa'yı birleştirmek istemiş, kısmen de birleştirmiştir; yani bir Avrupa medeniyeti safhası kurmuştur. Ondan evvelki Avrupa neydi? Ondan evvelki Avrupa, Fransa'nın Avrupası idi. Voltaire *XIV. Louis Asrı* adlı eserinde çok açık şekilde söylüyor: "Bundan sonra bütün Avrupa Fransız medeniyetini takip edecek."[49]

Öyle oldu; çünkü okumuş insanlar Fransızcayı kendi dillerinden iyi biliyorlar. Prusya Kralı Friedrich'in Almancası son derece berbattır. Bir Alman grubuna kral olduğu halde, meselâ askerlerin karşısına

49 Voltaire, *XIV. Louis Asrı*, c. I-IV, MEB Yay., İstanbul, 1946.

Belgrad kuşatması (Süleymanname).

Tiepolo, Apollo ve kıtalar, 1752/53,
Würzburg Dukalık Sarayı'ndan tavan freski, 19 x 30,5 m.

Kurze Beschreibung der In Europa Befintlichen Völckern Und Ihren Eigenschafften.				
Namen.	Spanier.	Frantzoß.	Wälisch.	Teutscher.
Sitten	Hochmütig,	Leicht sinig.	Hinderhaltig.	Offenherzig,
Natur Und Eigenschaft	Wunderbarlich	Holdselig Und gesprächig	Eifersichtig.	Ganz Gut,
Verstand	Klug un Weiß.	Fürsichtig.	scharffsinig.	Wizig,
Anzeigung deren Eigenschaften	Mänlich,	Kindisch,	Wie iederwill,	Uber Allmit
Wissen-schaft	schrifftgelehrt	In Kriegssachen	In Geistlichen Rechte	In Weltlichen Rechte
Tracht der Klaidung,	Ehrbaar,	Unbeständig	Ehr sam,	Macht alles Nach
Untugent,	Hoffärtig,	Betrügerisch	Geilsichtig.	Verschwenderisch
Lieben.	Ehrlob und Rüm	Den Krieg,	Das Gold,	Den Trunck.
Krankheiten.	Verstopfung,	An Eigner	An bösser seüch.	An bodogrä,
Ihr Land.	Ist fruchtbaar	Wohlgearbeith	Ergözlich Und Wohllistig.	Gut,
Krigs Tugente	Groß Müthig,	Arg listig,	Fürsichtig,	Uniberwindlich
Gottesdienst	Der aller beste,	Gut,	Etwas besser,	Noch Andächtiger
Erkennen für Ihren herrn	Einen Monarchen	Eine König	Einen Patriarch	Einen Käiser.
Haben Überfluß	An Früchten,	An Waren	An Wein,	An Getraid,
die Zeit Vertreiben,	Mit Spillen,	Mit betrügen	Mit schwätzen,	Mit Trincken,
Vergleichung Mit denen Thiren	Ein Elöfanthen	Ein Fuchsen,	Einen Luchsen,	Einen Löben,
Ihr Leben Ende	In Böth,	In Krieg,	In Kloster,	In Wein,

18. yüzyıl başlarına ait bir Avusturya halk resmi: "Avrupa'da Bulunan Milletlerin ve Özelliklerinin Kısa Tasviri"

Etrafında Türk hanının olduğu Büyük Kanal (Canale Grande), Venedik, Canaletto.

"Böyle bir kıta, nasıl oluyor da birdenbire bizim önümüze siyasî birlik ve barışla çıkabiliyor? Bu hava kuşkusuz iki büyük dünya savaşının, hem de en gelişmiş silâhlarla yapılan tahripkâr dünya savaşlarının neticesinde meydana gelmiştir."

Brandenburg Kapısı, Berlin. İkinci Dünya Savaşı yılları ve günümüz.

E. Delacroix, Haçlıların Konstantinopolis'e Girişi.

çıkıp sert direktifler vermek dışında bütün yazdıkları Fransızcadır. Meselâ Alman İmparatoru Şarlken (V. Karl) hiç Almanca bilmiyor; Saksonya elektörü Friedrich, onun uzaktan dayısıdır, amca-dayı arasında hiç Almanca yok. İspanyolcası çok iyi, Fransızcası çok iyi ve o zamanki Avrupa'nın dilleri bunlar, zaten o dönemin İspanyası bir kültürel birleştirme rolü oynuyor, ondan sonra Fransa bunu ele alıyor.

Napolyon'un getirdiği bir Avrupa fikri var ve bir Avrupa oluşumu var; Napolyon öldü, o kuvvet dağıldı; ama bu fikir ölmedi, kıyafetine modasına kadar devam etti ve Avrupa Birliği'nden söz eden ve bunu kısmen gerçekleştiren ilginçtir, Nazilerdir. Fransa ile Almanya'nın ilk birliği de Gaulle ile Adenauer'ın değildir, Hitler'le Mareşal Pétain'indir. Yani çok açık bir şekilde Fransa ve Almanya'nın bir Avrupa'nın, Charlemagne'ın çocukları oldukları, onlara yabancı bünyenin, Anglosakson maymunlar olduğu ("ada maymunları" derlerdi onlara), bu birliğin içinde Latinlerin de İtalyanlar dolayısıyla yerini aldığı, Slavların tıpkı bugün itiraf etmeden söylendiği gibi geri ve aşağılık ırklar olduğu, madenlerde çalışmaları gerektiği de o zaman ifade ediliyordu ve bu tarafı bizde hiç öğretilmez; hiçbir zaman ele alınmaz. Hitler Devrindeki Avrupa'nın; yani Fransa ve Almanya ile bu Benelüks dediğimiz bölgenin Avrupa düşüncesinde bugünkü Avrupa Birliği'nin beceremediği kadar önemli işleri vardır. Bunlardan biri, muhasebe sistemlerinin aynîleştirilmesidir; yani Alman işgali Fransa'ya mütekâmil ve standardize edilmiş bir muhasebe ve bütçe sistemi bırakarak gitmiştir, bunu bugün daha yapmaya çalışıyorlar ama, şimdi asrın icabından olarak Amerikan işletme yöntemleri hâkim. Bu yöntemleri de çok ustalıkla getirebildikleri şüphelidir.

Birtakım teknik konularda işbirliği ve ideoloji süratle geliştirilmiştir; Avrupa'yı Bolşevizm'den korumak başta gelir. Çünkü Bolşevizm iptidaî Slavlıkla (!) aynı gösterilmiştir, dolayısıyla onun karşısındaki ideolojiye dayanan, ortak üretime dayanan, ortak işletme metotlarıyla tekâmül ettirilen ortak tarih ve ideolojiye dayanan bir Avrupalılık o zaman da söz konusudur. Faşistler de bunu yapıyor ve nihayet 1950'lerden sonra bunu o zamanki bildiğimiz soğuk savaş şartları içinde kendisine hür Avrupa diyen grup yapıyor, bunun öncüleri de sosyal demokrat partilerden önce muhafazakâr partilerdir; yani Adenauer, de Gaulle ve İtalya'daki Hıristiyan Demokratlardır, işin öncülüğünü onlar yapmışlar, onlar götürmüşlerdir ve çok önemli birtakım hususlar o zaman halledilmiştir. Ama bunun dışında getirilen teklifler, bazen havanda su dövmek kabilindendir.

Meselâ bir örnek verelim: Avrupa'nın bir kültürel ilmî birlik olduğu, çocukların aynı dünyada eğitileceği gibi bir zehaba kapıldılar ve biliyorsunuz "Erasmus Programı"nı geliştirdiler. Son derece büyük bir hayal bu; meselâ bir Alman genci önce Nürnberg'de, Köln'de vs eğitime başlayacak, oradan ortaçağ talebeleri gibi (hani "her şeyimi yanımda taşıyorum", "*Omnea mea mecum porta*" deyip, her an, bir kat çamaşır, cübbe ve lûgatiyle gezen talebeler gibi) Viyana'ya gidecek, Viyana'dan Roma'ya sarkacak, ondan sonra dönecek Paris'te okuyacak; nihayet Rotterdam'dan mezun olacak. Tabii Avrupalı olarak... Bütün Avrupa onun vatanı, bütün dilleri biliyor. Bu, hayalî bir öğrenci olarak kalır. Bu program hiç yürümüyor; öyle istemekle olmuyor, bunun için çok ciddi programlar lâzım, rafine bir üniversite sistemi lâzım, rafine bir kütüphanecilik lâzım, rafine bir altyapı kurmak lâzım ve eski Avrupa liseleri lâzım...

Şurası bir gerçek: 1899'un Fransası dünyaya hükmediyordu. O zamanki Fransa'nın düşünürleri, matematikçileri her yerde takip ediliyordu. Bugünkü Fransa, aynı rol ve yoğunluğa sahip değil. Bugünkü Almanya düzgün bir endüstri yürütebiliyor; ama artık o bir asır evvelinin mühendisler, mucidler, yaratıcılar sanayii değil. Bu sadece iyi, belirli standardı tutturan bir sanayi ve yüz sene sonra ne olacağını bilmiyorsunuz. Devrimiz madem enformatik toplumuymuş, madem bilgisayar çağıymış kim üretiyor bu kadar şeyi? Herhalde Fransızlar, Almanlar ve İtalyanlar değil, çok açık bir şey. Artık teknolojik bakımdan öncü değil, izleyici toplumlarla karşı karşıyayız. Bu izleyici toplumla iktisadî alışverişimiz ön plandadır; yani en büyük partnerimiz Almanya'dır. Ardından Amerika, İtalya geliyor. Şüphesiz ki Türkiye'nin hiçbir şekilde bu birliğin dışında kalması, bilhassa iktisadî bakımdan düşünülemez. İktisadî bakımdan iç içe olduğumuz bir bünye ile hukukî bakımdan da kendimizi devamlı uyum içinde tutmak zorundayız. Bu, Türkiye'nin bugün için zayıf bir tarafı; yani Avrupa hukukunu bilmiyoruz; ama öğreneceğiz. Öte yandan kültürel açıdan bazı şeylere dikkat etmemiz gerekir. Bünyesine girmek istediğimiz dünya eğitimde gerilemektedir, hatta İngiltere hariç geride kalmakta, eski mirasından uzaklaşmaktadır. Tabii bir üçüncü dünya ülkesi, yani UNESCO'nun yardım programlarına ihtiyacı olan bir ülke ve dünya bölümü değildir; ama bu toplum kendisini güçlü bir şekilde üretememektedir. Yani bunların hem Amerika'da ve İsrail'de olduğu gibi genç nüfusu yoktur, hem de genç nüfusunu en iyi şekilde eğitememektedir. Bu bakımdan, hassaten bu noktada, Türkiye'nin kendisini bu dünyadan uzak tutması, başka yönlere bakması, başka programları takip etmesi gerekir.

Maalesef kendini üretemeyen bu dünya, gençliğine de sahip çıkamamaktadır, bizim için en önemli hususlardan birisi zannediyorum budur. Bunun dışında bazı noktalarda Türkiye bu ülkelerin teknolojik olarak gerisinde olduğu gibi bazılarının da önündedir ve önüne geçeceği de tartışılmaz. Şunu herkes çok açıkça söyler ve bilir: Bugün bu memleketteki mühendislik birçok Avrupa ülkesinin önündedir, buradaki mühendisin yaratıcı kapasitesi, örgütlenmesi ve icraatı birçok Avrupa ülkesinin önündedir, bunun örnekleri bilinmektedir. Bu meselâ tıp için de böyledir; "Hastaneye gittim de ameliyat olurken mikrop kaptım, az kalsın ölüyordum" gibi şikâyetlerde bulunmayalım, bu memleketteki belirgin araştırmalar ve uzman yetiştirme kapasitesi, öğrenimi ve akademik kadrolar yönünden öndedir. Bu ülkede birtakım dallarda, ziraî teknolojide atılımlar yapılmaktadır, bu çok önemli bir yapısal zenginliktir Türkiye için. Ama hiç şüphesiz çok geri olduğumuz dallar da vardır. Bunların en başında –bir Avrupa bünyesine intibak etmek istiyorsak bizim bu dallardan söz etmemiz gerekiyor– hukuk, filoloji ve tarih gelir. Maalesef zamanımızın Türk toplumu ve Türk entelijensiyası, bu dallarda Avrupa'ya entegre olup da onlarla yarışacak kapasitede değildir. Açığı süratle kapatmamız gerekiyor ve bu kapanabilir. Bunlar nasıl gerçekleşebilecektir, bunların üzerinde durulması herhalde en önemli unsuru meydana getirmektedir.

Bütün bunların dışında bir konunun önemine işaret etmek istiyorum. Çok uzun bir zamandır, "Türklerin Müslüman olduğu, Avrupa'nın o yüzden Türkleri dışladığı" gibi sloganlar tekrarlanagelir. Bu sloganlar özellikle Avrupa'yı tanımayan muhafazakâr çevrelerde tekrarlanageldiği için bıktırmaya başlamıştır. Bilir bilmez her şeyde Türk düşmanlığı aranması sağlıklı düşünmeyi de önlüyor. Şimdi gerçek ne budur, ne de öbürüdür. Gerçek ikisinin ortasındadır. Tarihi itibariyle Avrupa dünyasının tanıdığı Müslüman kuvvet ve Müslüman dünya Türklerdir; çünkü İspanya'daki Endülüs hâkimiyeti uzak mazide kaldı; toplumun millî devlet şuuruna ulaştığı safhada İspanya çoktan Araplardan ve Yahudilerden arındırılmıştı; ama tam o çağda Avrupa'nın ortalarına kadar giden, devamlı bir tehdit oluşturan ve o dünyada oturakalan Osmanlılardır, Türklerdir. Dolayısıyla Türk İslâmlığı dediğimiz zaman Avrupa'nın gözünde militan, fetihçi, kavgacı bir İslâm canlanmaktadır; yani İranlı dediğiniz zaman görüntü, nefis İran şiiri çevirileridir, Hayyam'dır. Araplar dediğiniz zaman da geometridir, matematiktir vs... Ortaçağın *Binbir Gece Masalları* ve Kur'an bilinmektedir. Arapça hoş bir dildir. Avrupa oryantalizmi bir nebze olsun bu insanları tanıtmıştır, olumsuz yönleri de çok fazla kimseyi rahatsız etmez. Deve, harem gibi imajlar basit halk için hoştur; fakat Türk demek başka bir şeydir ve bu militan davranışlı, bu fetihçi, bu yıkıcı (!) ama aynı zamanda bu idareci, kalıcı zümre Avrupa'nın imajından kolay kolay silinmez, bu konuların ele alınması hiçbir şekilde basit bir milliyetçilik ve *xénophobie* (yabancı düşmanlığı) değildir, bu açık bir problemdir, bunun üzerinde durmak lâzım. Bu dönemin bıraktığı bir miras var ki bu Avrupa'yı meşgul etmektedir, yani Tuna ve bir Bosna vardır, Balkanlar'da Arnavutluk vardır, Bulgaristan'da önemli bir Türk ve Müslüman nüfus vardır. Her zaman için kendimizi başkasının yerine koyarak düşünmeliyiz; yani Bulgar devlet adamı olsak, Bulgar profesör olsak bu sorunlara nasıl bakarız? Bu çok önemli; bir milyon Türk var Bulgaristan'da ve bu Türklerin öyle sizinle bütünleşmeye, karışmaya falan da pek niyetleri yok. Hâlâ evlenirken, kız alıp verirken düşünüyorlar, çok az karma evlilik var. Meselâ: Aynı İstanbul'daki

Rumlarda olduğu gibi eski imparatorlukta yaşıyorlar, kendilerine göre sloganları var. Bosna aynı. Meselâ, çok önemli bir keyfiyet: Laiklik gelmiş, Bosnalılıktan vazgeçmemiş. Aynı dili konuşuyorlar Sırpla, ama ruh ve yapıları tamamıyla farklı. Bir yerde bütün bunlar çok düşündürücü unsurlar ve nihayet unutmayalım ki Almanya'da entegre olamamış kalabalık bir proletarya var. Entegre olmaya da niyeti yok. Bu çok önemli, korkutucu bir unsurdur. Kendinizi o Almanın yerine koyun; karşısında entegre olmamış, olmaya da niyeti olmayan kalabalık bir proletarya bulunuyor. Tabii Almanın da bütünleşmeye niyeti yok. Problemler problemleri kovalayarak gelişiyor ve bunların hepsini birlikte dikkate almak zorundayız. İyi niyetle ve belirli bir söylemle bunu çözmemiz mümkün değil. "Avrupalı olacağız, hepsi de halledilecek" saçmalığı var. Niye halledilsin? Onun için bunların üzerinde durmamız gerekiyor.

Şimdi burada bir doküman vererek meseleyi kapatmak istiyorum. Bir okul ansiklopedisinde (*Musisches Lexicon*) Firdevsî "İranlı şair" maddesine bakıyorsunuz. Okul ansiklopedisi şöyle bir hata ile işe giriyor: 654'te "Türkler İran'ı fethedip İslâmlaştırdıktan sonra, Farsça tamamıyla unutuluyordu. Firdevsî bu dili diriltti." Firdevsî gerçekten o dili diriltti; ama 654'te orayı fetheden Türkler değil ve oraya İslâmizasyonu getiren de Türkler değil, o tarihte haberleri bile yok İslâmlıktan. Bu vahim hatayı okul ansiklopedisi nasıl yapıyor? Çok açık bir şey; çünkü bir yeri fethedip İslâmize etmek Türkler gibi belâlı (!) adamların işidir! Almanya'da ve Orta Avrupa'da imaj budur, bunun kolay kolay değişmesi mümkün değildir. Maalesef memlekette seçkin tabakanın insanları kendilerini orta, alt orta sınıfların ve ayak takımının yerine koyarak düşünme alışkanlığını elde edememişler; yani diplomatımız diplomatça konuşuyor; çünkü tanıdığı Avrupalı diplomat arkadaşlarıyla konuşuyor: "Efendim" diyor, "Almanya'da ırkçılık bitmiş." Nereden bitmiş, kaç işçi tanıyorsun, kaç öğretmen tanıyorsun? Belki tanıdığın profesörler var; ama ortaokul öğretmeniyle tanışıklığın var mı? Bu boş bir sözdür; yani buna inanmak için safdil olmak lâzım. İşadamıyla konuşuyorsunuz, size başka bir Avrupa çiziyor. Kendi işadamı arkadaşları ve onlarla gittiği lokantalara ve mehafile göre... Doğrudan doğruya bütün bir toplumu inceleyen ve kendisini onların yerine koyarak düşünmeyi iş edinen uzmanlar sınıfımız yok. Maalesef kamuoyumuzu bunlar etkileyemiyor ve bazı dallarda itiraf etmek gerekir ki, bu görevleri yerine getirmesi gereken gazetecilik Türkiye'de gerekli görevi her zaman yapmıyor, yapamıyor; çünkü zannediyorum onlar da bu dünyaya yeterince açık ve girgin değiller. Bundan dolayı ben en büyük sorun olarak, Avrupa dünyasının incelenmesi meselelerinin o açıdan ele alınması üzerinde durdum.

Zaten Avrupa meselesini Avrupalılar tartışıyorlar, onun üzerinde durmadım; malî bakımdan, iktisadî bakımından, para birliği bakımından birçok sorunu halledememişler. Lâfını ediyorlar, el süremiyorlar; fakat Avrupa bilinci bakımından bu kıtanın büyük bir aşama kat ettiği çok açık. Yani, birtakım insanlar ve birtakım sınıflar meselâ şöyle bir söylem geliştirmişler: "Ben Almanım, Fransızım" demiyor, "Ben Avrupalıyım" diyor. Hatta şunu söyleyeyim: İş olsun diye yapılan karışık evlilikler var; yani evliliği de artık o kadar gözünüzde büyütmeyin, insan kendini zorlayınca şartlanır. Yani "Ben illa Fransız kızla evleneceğim, Alman koca bulacağım veya Fransız kadın daha iyi oluyor" diyen Alman var, Fransız var. Böyle karışık evlilikler artıyor, bunları istatistikler gösteriyor; yani Avrupalılar her zaman karışık evlilik yapmışlar; ama bu başlangıçta aristokratların işiydi biliyorsunuz, sonra entelektüellere doğru taştı, bugün ise "işçi takımı" diyeceğimiz insanlar bile bu işi yapıyorlar. Artık bu ilginç bir avunum, insanlar bir şekilde ne yapıp edip komşu dilleri öğrenmeye kalkıyorlar, bu çok önemli.

Bunlar hepsi belirgin görünümler ve bu ilerleme, bu tip bir bütünleşme Avrupa'da tartışılıyor. Başkent, Bonn'dan Berlin'e taşınacağı zaman Almanya'da kıyamet koptu, literatür bunu ele aldı: "Bonn'dan Berlin'e gidersek ne olur? Almanya daha Doğulu bir toplum olur, gitmeyelim" dediler. "Avrupalı olarak kalmamız için Ren bölgesinde, Ren kıyısında kalmalıyız" dediler. Böyle tezler var; sosyolojide bütün bunlar var; fakat maalesef bu dünya bunu Balkanlar'la, Balkanlar'ın ötesindeki Türkiye ile yapmaya hazırlıklı değil.

Yani bu yabancılığı biz tartışmıyoruz; ama onlar hiç tartışmıyor, bu çok hazin bir şeydir. Jacques Delors'un lâfını hatırlıyorsunuz. Birkaç sene evvel: "Biz bu Müslümanlarla ne yapacağız?" dedi. O mühim değil, bence çok büyük bir gaf daha yaptı, çok kaygılandım o zaman; meslektaşlarına ve gazetecilere: "Biz bunlar hakkında bir şey bilmiyoruz" diyor. Yani düşünebiliyor musunuz? Bunu diyen bakan, Avrupa Birliği Genel Sekreteri... Şarkiyat etütlerinin ülkesinde yaşıyor; yani bunlar hepimizin bildiği gibi Şark dünyasını, İslâmlığı en modern metotlarla incelemiş, Hafız'ın güzelim şiirlerini Voltaire'in diline aktarmış insanlar ve onların politikacısı böyle diyor.

Alman ülkesinden Kohl diye bir başbakan, "Biz bunları ne biliriz?" diyor. 18. yüzyılın sonunda, bunu hiç çekinmeden söylerim, birçok Müslüman ulusal dile göre edebî bakımdan daha kaliteli bir Kur'an çevirisi yapılmış bir ülkede bunu söylüyor adam! Haberi yok o mirastan, o büyük oryantalist mirasından; yani biz de tanımıyoruz, onlar da tanımıyorlar, tanımamakta ısrar ediyorlar. O vakit tabii, Avrupa ile bütünleşme meselesini sadece iki zümre taşıyor: Birincisi diplomatlar ve ikincisi de işadamları, bu en kesin şeydir.

Bir nakille konuya girmeliyiz.[50] 16. asrın sonunda 1587'de, Fransa'nın İstanbul'daki sefiri Jacques Savari –unvanı Senyör De Lancosme– ile Avusturya sefiri Bartholomeus Pessen arasında Galata'nın en büyük kilisesi olan San Francesco'da Pazar ayininde şeref locasında kim oturacak diye kavga çıkıyor. Burada bir parantez açalım: Avusturya sefiri yanlış bir tabir; çünkü bunun adı o zaman Alman İmparatorluğu'dur, Mukaddes Roma-Germen İmparatorluğu'dur. Gerçi ne imparatorluktur ne mukaddestir; sadece Almandır. Birtakım devletçiklerin, dükalıkların, şehirlerin birleşmesinden oluşan, üstelik sayıları yüzleri bulan, büyük bir konglomeradır. Bunun başında Avusturya büyük dükaları bulunduğu için bizim kitaplarımızda Avusturya diye yazıyor. Niye bilmiyorum, ama hep öyle yazıyor. Bu bir realiteyi ifade ediyor; doğrudur. Avusturya'dır; fakat hukuken doğru değildir: Almanya'dır. O yüzden de bizim "tarihî

50 Markus Köhbach, "Ein diplomatischer Rangstreit in Istanbul", Mitteilungen des Öst. Staats Archiv 36/1983.

Belgrad kuşatması (Süleymanname).

Alman dostluğu" biraz boş bir lâftır; çünkü biz bu imparatorlukla savaşmayı 1791 Ziştovi Antlaşması ile bıraktık. Biliyorsunuz Belgrad'a girmişti Avusturyalılar ve 18. asır boyunca Avusturya ile Rusya hep müttefik olarak bizim karşımızdadır. 18. asır boyunca biz Rusya ve Avusturya ile teke tek hiç güreşmedik. Hep ikisi karşıdadır, bu tarafta da Osmanlı vardır.

Şunu da belirtmeliyim: Avusturya ve Rusya'nın en parlak askerî dönemi 18. asırdır, yani o dönemdeki askerleri, subayları, generalleri tarihte bir daha gelmemiştir. Osmanlı Prens Eugen gibi büyük komutanlarla baş etmiştir. Zaman zaman yenilmiştir, zaman zaman muharebelerde püskürtmüştür. Belgrad iki kere elimizden çıkmış, sonunda iki kere alınmıştır. Muahedede tabii. Bir yerin alınmasının nedeni var, düşmanın eline geçmişken öbürünün de takati kesilmiş, onu gösterir. Dolayısıyla okulda öğretilenler yanlıştır. 18. asırda imparatorluğun çöktüğü okullarda öğretiliyor. Tabii, devlet toprak kaybediyor; ama cemiyet kendisini yeniliyor ve imparatorluk 18. yüzyıl boyunca ordularını ve bazı müesseselerini yenilediğini, gelişme kabiliyetine sahip olduğunu göstermiştir. Avusturya'nın 1791'de, Fransız İhtilâli patladığı için artık Türk ordularıyla savaşacak kabiliyeti yoktu; koalisyon savaşları başlamıştı. Bunu da böyle yazmıyorlar meselâ; çünkü Türkiye'de tarih düşüncesi senkronik olarak beslenemiyor. 1791'deki Ziştovi Antlaşması'ndan önce, Aralık 1790'da Avusturya ile mütareke imzalanmış, Ocak 1791'de, bir ay sonra Yaş Antlaşması'yla Rusya ile sulh yapılmıştır ve bu, Avusturya ile son savaşımızdır. Ondan sonra tabii Birinci Cihan Harbi dediğimiz meşhur savaşta, gene Almanya ve Avusturya ile ittifak söz konusudur ama, bizim tarihî Alman dostluğumuz falan yoktur. Onu size söylemek istiyorum.

"Tarihî Fransız dostluğumuz" olabilir; çünkü Fransa ile ciddi savaşmamışızdır. Kırım Savaşı'nda müttefikimizdir Fransa. 1914 Büyük Harbi'nde ise Çanakkale'ye zırhlılarla girmeyi denediler, ama olmadı. İki zırhlısı battı ve ondan sonra Balkanlar'da son zaman hariç hiçbir cephede Fransa ile karşı karşıya gelmedik; yani Birinci Cihan Harbi'nde Fransa ile ciddi olarak karşı karşıya geldiğimiz cephe

Gelibolu; yeniliyor çekiliyor ve son safhada Balkanlar'da var; ama orada da daha ziyade Sırpların ve Yunanlıların safında Bulgarlarla savaşmak zorunda kalmışlardır. Romanya müttefiklerin tarafındaydı, Almanlar ve Türkler tarafından işgal edilmişti, Romanya'yı kurtarmak için Fransızlar Balkanlar'a girmişlerdir; fakat buralarda Türk ordusunun savunmadaki rolü o kadar ağır değildir. Zaten bizim topraklarımız değildi. Biz Birinci Cihan Savaşı'nda İngiltere ile çarpıştık. Mezopotamya, Filistin, Sina ve Gelibolu cephelerinde İngiltere ile, Galiçya ve Sarıkamış'ta Rusya ile çarpıştık; fakat Birinci Cihan Savaşı ağırlıklı olarak İngiltere savaşıyla geçti. Son derecede güç bir olaydır; çünkü İngiliz İmparatorluğu 19. yüzyılın en büyük devletidir, en büyük donanma onlardadır, ordularının teknik donanımı fevkalâdedir ve İngilizler, göstermeseler de iyi askerdirler. Yani daha çok Almanların gürültüsünü bilirsiniz, halbuki İngilizler iyi askerdirler; iyi çarpışırlar. Kendilerine göre centilmen kuralları vardır. Demokratik yapılı bir ordudur olabildiği kadar. Büyük Atatürk'ün, hayran olduğu demeyelim, tasvip ettiği, model aldığı ordular Fransa ve İngiltere'dir. Bunu da, hiçbiri yazılmasa bile, muhtelif sohbetlerinde ifade etmiştir. Bu savaştaki konumu yüzünden Türkiye'de bir İngiliz aleyhtarlığı vardır. Bu tamamen Birinci Cihan Harbi'nde ortaya çıkmış bir vakadır. Birinci Cihan Harbi'nin de tarihi yanlış yazılmaktadır. Biz bu savaşa gereksiz olarak girmişizdir. Tarz-ı izahı da, efendim, "bizi paylaşıyorlarmış". Öyle, kimse bir yerleri paylaşamaz, boş lâftır. O akıl ve iman bir arada olması lâzım; yani kimse bizi gelip paylaşamaz. O noktada, "Harbe girmeyiz. Saldırırlarsa savunuruz, bunu yaparız" diyeceksiniz. Bunu diyememiştir İttihat ve Terakki; çünkü maluldürler. Bizim devlet idaremizdeki, daima bir büyük kuvvetin yanında yer alma görüşü sakattı. Gerçi büyük kuvvetin yanında yer almak çok ustaca bir politikadır, ama nereye ne kadar gideceğinizi bilmek lâzımdır ve meselâ yakın tarihte aklıma bunu becerebilen iki adam geliyor. Çok da sevimli tipler olmayabilir. Biri General Franco'dur. Malûmunuz içeride İtalya ve Almanya'nın desteği ile kazanmıştır; fakat savaşta Hitler, "Gel bakalım bizimle müttefik ol" dediği zaman yan çizmiştir. Serserilerden, hapishane artıklarından ve maceraperestlerden oluşan bir "Mavi Tümen", gönüllü bir tümen teşekkül ettirmiş, onu yollamıştır Rusya'ya. Devleti bağlamayan gönüllü bir tümendir, başka hiçbir şey yapmamıştır. İspanya, Yahudilerin sığındığı bir memleketti; yani İspanya ve Portekiz'i iki diktatör idare ediyor; ama ikisi de savaşta Yahudilerin sığındığı ülkeydi ve harbin içinde Mihver devletlerine katılmamış, yani Mussolini'nin hatasını tekrarlamamışlardır.

Yabancı ittifakla böyle dans etmeyi bilenlerden biri de Sultan Abdülhamid'dir; yani dışarıya karşı Almanya bizim müttefikimiz, işler çok iyi gidiyor; halbuki dönemi incelediğiniz zaman görüyorsunuz ki Almanları konuşturuyor; fakat işlerin içine karıştırmıyor. Meselâ, Gazi Osman Paşa engellerden birisi. Sokmuyor Almanları ordunun iç çemberine. Halbuki İttihatçılar bunu yapamadılar. Ordunun içine Alman soktular, bu çok tehlikeli bir yaklaşımdır ve nitekim zorlamayla değil, biraz gönüllü olarak harbe girmişizdir. Yoksa, Türk ordusu bir ıslahat geçirmiştir, kimse gelip de bu memleketi paylaşamazdı. Osmanlı Devleti'nde buna direnecek bir ordu vardı. Zaten, Birinci Cihan Harbi'nin sonunda da hepsinin takati tükenmişti, kimsenin bir yeri paylaşacak hali de yoktu; çünkü Birinci Cihan Harbi'ne giren devletler bir şeyin farkında değillerdi: Bu savaş onların tahmininden daha uzun sürecekti. 1914 dünyasının önünde hangi topyekûn savaş örneği vardı ki? Böyle bir model, Amerikan İç Savaşı olabilirdi. Ama kurmaylar onu öğrenip değerlendirmediler.

Balkanlar için kısmen söylenebilir; ama orada çok büyük yanılgıları olmuştur. Balkanlar'da II. Abdülhamid'in politikası milleti millete kırdırmaktı; yani Bulgarlara Rum kilisesi yaktırır, Rumlara Bulgar mektebi bastırır; bu arada öğretmenler öldürülürdü ve onlar birbirini yedikçe, güvenliği ve bütünlüğü sağlayan bir politikayla idare ediyordu. İttihatçılar böyle bir şey yapmadılar. Bir vatan birliği sağlamak için kavga sebeplerini kaldırdılar. "Kiliseler kanunu" çıktı, kiliselerin kavga ettikleri mal varlıkları tespit edildi. Ardından da Balkan devletleri tarihte ilk ve son defa birleştiler. Bu olacak iş değildi. Bulgar, Yunan, Sırp, hatta Karadağlılar, tarihte ilk ve son defa Balkan devletleri olarak birleşiyorlar, görülmeyecek bir şey! Ordumuz son derece hazırlıksızdı. Bunlar açık şeylerdir. Türkiye'de birtakım amatör yazarlar iddia ediyor diye, ciddi değil deniyor. Halbuki ciddi bir iştir bu. Askerler arasında siyasi ihtilâf vardı. İttihatçı takımın derdi, Balkan ittifakından çok; Kâmil Paşa kabinesinin zafer kazanmış görünmesini önlemekti. Garip gelse de böyle politika yapılıyor; çünkü serde İttihatçılık var, Jön Türklük var; politika daha önemli bir şey. Birtakım yerlerde politika yüzünden subayların ve komutanların birbirlerine kin tutup emir dinlememeleri söz konusu; yani baştaki subaylar paşaya, miralaylara önem vermiyor. Orduya tamamen politika girmiş. O yüzdendir ki Mustafa Kemal Atatürk ve bazı zabitan, ordunun politikadan çekilmesinin üzerinde ısrarla duruyorlardı ve Türkiye Cumhuriyeti'nde çok uzun zaman subaylar seçim sandığı çevresine subay olarak yaklaşamazlardı. Sivil kıyafetle gidip rey verirlerdi ve politika konuşmak yasaktı, bugün de yarı yasaktır. Politika, hiyerarşi çerçevesinde yapılır. Daha çok nihaî ultimatom verilir.

Bugün de konuşulan politika, particilik çerçevesinde olmaz askerî mehafilde. Konuşulan şeyler, politika olarak yapılan şeyler; yani, Atatürkçülük, laiklik gibi söylemler bu anlamda politika sayılmıyor. Orduyu politika dışında tutma Cumuhuriyet'i kuranların son derece dikkat ettiği ilkelerden birisidir, oradan kalmadır. Balkan Savaşı bir anlamda topyekûn savaştır, cephe bozulmuştur; fakat Avrupa bunun farkında değildir. Olayı incelememiştir ve zannetmişlerdir ki Türk ordusu da çağdışı. Onda da çok yanıldılar; çünkü Balkanlar'dan sonra iki sene içinde toparladı ordu kendini ve ordu olduğunu gösterdi yeniden. Bunu da İngilizler anladılar. Anladıkları için de İstiklâl Savaşı boyunca İngiltere'de sivil politika ile askerî mehafil birbirinin karşısındaydı; çünkü İngiliz askerî çevreleri Türklere saygı duyarlar, bu çok açık bir durumdur; vesikalardan da tahlil ettiğiniz zaman, işgal kuvvetleri komutanı başta olmak üzere ciddi İngiliz askerî çevrelerin Türklere saygı duyduğunu; centilmen rakipler, iyi savaşçılar olarak kabul ettiklerini görürsünüz. Sivil mehafilin ise, çeşitli politik eğilimleri ve yaklaşımları vardır. 1919-1922 savaşı boyunca İngiltere'de, matbuatta da cemiyet hayatında da devlet hayatında da bunu görmeniz mümkündür; yani bir diplomat devlet adamlarına saygısızlık ederken İngiliz askeri daha başka türlü yaklaşır.

Bizim Avrupa'da ne yerimiz var? Çünkü müşterek bir tarih yaşanmıştır; bu aşağı yukarı dokuz asrı kapsar. Avrupa'nın en eski düzenli arşivi Vatikan arşivleridir. 1135 yılından itibaren bütün raporlar, kayıtlar, yazışmalar sistematik olarak sıralanmıştır. Ondan evvelki kayıtlar da vardır; ama parça parçadır ve orada her safhada, her sayfada Türk dünyasından haber almak mümkündür. Biz henüz tetkik etmediğimiz için tarihi de yazamıyoruz; ama Türkler Avrupa'nın içindedir. Kilise sizin düşmanınızdır; ama ordu düşmanınız değildir. Çünkü asker olarak bakar size, ciddi olarak. Sivil sektörle aranız bambaşkadır, iş çevreleriyle bambaşkadır, bugünkü raporları da okuduğunuz zaman bunu göreceksiniz. Sosyalist Parti'nin ve insan hakları derneklerinin birtakım raporlarıyla, iş çevrelerinin birtakım raporları birbirini tutmayacak ve bu arada çok daha ilginç bir şey vardır: Türkiye'yi Batı mehafilinde tutan çevreler genellikle Yahudiler ve ateist sağ çevrelerdir; bu çok gariptir.

Şimdi küçük olayımıza, Galata'da, San Francesco kilisesindeki Pazar ayini kavgasına dönelim: Kilisenin mihrabına yakın bir yerde seçkin bir loca var, "Senyör konumundaki zat burada oturur" deniyor. Sefir Bartholomeus Pessen, "Almanya sefiri olarak ben burada otururum; çünkü ben Mukaddes Roma-Germen İmparatoru'nun sefiriyim, buradaki şeref locasında oturmak benim hakkım" diyor. Öbürü de Hıristiyan kralın, Fransa Kralı'nın sefiri Jacques Savari: "Orada biz otururuz" diyor ve Pazar günü öbürü daha kiliseye gelmeden evvel maiyyetiyle gidip oturuyor oraya, öbür sefir geliyor: "Bu deliyle baş edilmez" deyip terk ediyor kiliseyi ve Pazarı kendi sefaretinin şapelinde geçiriyor. Ertesi hafta gene o locaya yerleşmek istiyor, bu sefer Savari adamlarıyla geldiğinde Avusturya sefiri içeride; Galata'nın ahalisi ise, yerliler, Hıristiyanı, Musevisi, Türkü toplanmış seyrediyor bunları; yani "elin kâfirleri" kilisede yer için kavga ediyorlar. Bu Müslümanlar için de yerli Hıristiyanlar için de çok eğlenceli bir olay, çünkü kimsenin onlarla ne organik ne de ruhî bağı var; çünkü bu memleketin Hıristiyanı için Batılı zaten zındıktır, rezildir; gelip burayı yakıp yıkmıştır, kan içicidir, vs. Meşhur lâftır: "Frenk'in ekmeğindense Türk'ün kılıcı" diyorlarmış bir zamanlar. Bu, 1204 Haçlı Seferi'nden sonra söylenen bir söz.

Vakaya dönelim: Daha sonraki hafta kapattırıyor kiliseyi Sadrazam Paşa; "Bu delilerle mi uğraşacağız!" diye; fakat bunu bilmeyen Fransız sefiri Savari gelip, "Kapıları açın" diye güm güm yumrukluyor, tam bir eğlence. Şimdi bu küçük olayı size niye anlattım? Mekteplerimizde bizim diplomatik ilişkiler kurmadığımız, kendimizi büyüttüğümüz, başkalarını küçümsediğimiz ve modern diplomasiye geç girdiğimiz gibi şeyler öğretiliyor. Şu küçük episod bile bunların ezbere lâflar olduğunu gösteriyor; modern diplomasi ağı dediğimiz şey aslında bir yerde 1648 Westphalia Antlaşması ile kurulmuştur; çünkü Almanya'da çıkan din savaşı derhal beynelmilel bir savaş halini almıştır. Çok uzun safhası vardır Otuz Yıl Savaşları'nın, onları okumak biraz pösteki saymak gibidir: Bohemya Savaşları, Saksonya Savaşları, İsveç Savaşları diye üç safhada incelenir. 1648'de diplomatik kurallar tespit edildi ve bu tespit edilen kuralları Osmanlı Devleti 1699'dan itibaren kabul edip uyuyor, uymak zorunda; çünkü Karlofça Antlaşması'nı yaptığımız zaman, artık eski Osmanlı gibi tek taraflı ahitname veren, antlaşmaları ona göre hazırlayan bir devlet değildik, olmaktan çıktık. Westphalia prensipleri içinde devletlerarası bir muahedeyi imzaladık ve yürüttük. Bunu yürüten Reisülküttab Rami Mehmed Paşa o kadar ehil bir adamdı ki, bundan sonra Osmanlı Devleti'nin diplomatik sistemini yürütecek adam olduğu için, bir ara sadrazam da olmuştu. Devletin içinde birdenbire Reisülküttab denen memurların önemi artmıştır, onun için dışişleri bakanı deniyor Reis efendiye, yoksa unvan olarak dışişleri bakanı değil. Bunların bazıları baş vezirliğe kadar, sadrazamlığa kadar da çıkmışlardır.

Asıl çağdaş diplomasiyi temsil ve tespit eden 1815 Viyana Kongresi'dir, 1856 Paris Barışı'dır. Bunlardan Viyana'ya katılmadık; ama sistemi kabul ettik. Paris Barışı'nda zaten taraflardan biriydik; onun için Türkiye'nin diplomasi dünyasına, Batı dünyasına geç kaldığı gibi okul efsanelerinin hiçbir gereği yoktur. İkinci mesele, geç Avrupa düşüncesini, medeniyetini Türkiye'de iyi tanımamaktan dolayı gözde büyütmektir. Daha önce söz ettik; ilk sefirlerimizden Mustafa Sami Efendi'nin –Tahran sefiriydi, diğer mukim elçiliklerde müsteşar olarak bulunmuştu– kaleme aldığı *Avrupa Risalesi* yayımlandı, buna bir göz atın: Avrupa'yı göklere çıkarıyor, hatta olmayan bir Avrupa yazıyor; fakat bu zat-ı muhteremin en büyük talihsizliği hiçbir Avrupa dili bilmemesi;[51] yani dilini bilmediği bir medeniyetin neredeyse hayranı olmak gibi bir özelliği var. Bu, Türklere çok yakışan bir tutumdur! Aynı şeyi meselâ, Birinci Harp'ten sonra paylaşma antlaşmalarında ismi geçen (18791919) Mark Sykes'ın kitaplarında, Türklerle ilgili tasvirlerde bulursunuz. Hatırlayacağınız üzere, küçümseyerek bir kaymakam tipi tarif eder. O kaymakam da pek batıcı, devrimcidir ama, Batı dili falan bilmez.[52] Şimdi bu bir çıkmazdır. Buna karşılık, Batı dillerini bildiği, Batı'yı bildiği halde çok infiratçı bir politika izleyen insanlar vardır Türk toplumunda ve Batı merkezlerini görmeden, yaşamadan Batı hayatını getirmek isteyenler vardır. Bunlar, bu memleketin iki asırlık normal çalkalanmasıdır, Türklere özgü değildir; Rusya'da da aynı şey vardır, İran'da da aynı şey vardır.

Avrupa ile bütünleşme safhamız hukuk alanında 1699'da başlar. İster istemez diplomatik ilişkilerinizi kurmuşsunuz, karşılıklı muafiyeti tanırsınız, beynelmilel hukuk dediğimiz devletler hukukunun ilkelerine iki taraf da uymaya başlamıştır, bunu çok açık bir şekilde görürsünüz. Yerli bürokrasi bu kuralları zaman zaman ihlâl etse, tanımak istemese de uymak zorunda kalır. Meselâ, Galata'daki voyvoda, sefaretin açtığı fırını kapatmak istiyor, derhal arkadan "Yapamazsın" diye bir irade çıkıyor; veya Fransız sefirinin Tekirdağ'dan topladığı şaraptan bölgenin subaşısı "hamır resmi" almak istiyor, çünkü hamır resmi beş kuruş vergidir ve ona verilmiş; ama "Alamazsın, o sefirdir" deniyor. Milletlerarası hukukla tıpkı bugün olduğu gibi bir bütünleşme süreci Karlofça'dan sonra başlamıştır. 1856'dan beri Avrupalıyız, örneklerini söylemiştim; Avrupa devleti olduğumuz için bunun verdiği imtiyazlar da kullanılmıştır.

---

51 M. Fatih Andı, *Bir Osmanlı Bürokratının Avrupa İzlenimleri*, 2002.

52 Mark Sykes, *The Caliphs' Last Heritage*, s. 315-316.

Bir nokta üzerinde kesinlikle durmak gerekir; kapitülasyonlar tek taraflı bir yükümlülük değildir, onu çok yanlış tekrarlıyoruz. Kapitülasyonlar karşılıklı bir imtiyazdır, siz bunu kullanamadığınız takdirde öbürü kullanıyor. Doğru, biz kullanamıyoruz; yani ne oraya satacak malımız var ne de bugünün aksine orada yerleşip iş görecek tüccarımız, müteahhidimiz var; onlar için Avrupa'da nasıl mahkeme kuralım? Tabii böyle bir durum söz konusu değil. Manzaranın bu tarafını tamamlayamadığınız zaman, sadece öbür tarafı ortada kalıyor ve kapitülasyonlar bizim başımıza belâ oluyor. Bu doğru; ama bunun tek taraflı olmadığını bilmek lâzım.

Nitekim II. Abdülhamid devrinde Panislâmist bir organizasyon ve propaganda güdüldüğü için buna başvurulurdu. Hint'te, meselâ Cava'da bir sürü çocuğa, gence Osmanlı pasaportu veriliyor, bizim tebaadan oluyorlar, o zaman Avrupalı oluyorlar.[53] Tıpkı bizdeki kapitülasyon haklarından yararlanma gibi, onlara da Hollanda idaresi müdahale edemiyor. Böylece bu gençler Cava'da milliyetçilik yapıyor, elini süremiyor Hollandalılar; çünkü Avrupa devletlerinden birinin vatandaşları var karşısında. Avrupa ile Türkiye'nin birlikteliği de hep tartışılmıştır, bunun üzerinde durmuştuk. 1735'te İtalyan asıllı bir rahip olan Kardinal Alberoni –ki İspanya başbakanıydı, Olivarez'den sonra en etkili tipidir İspanya tarihinin ve son derecede müraî bir din adamıdır. Ama son derecede yetenekli biridir ve birisi Habsburglar İspanyası'nın, öbürü Bourbonlar İspanyası'nın tarihî devi sayılır–bir Avrupa Birliği'nden söz etmiştir. Burada Türkiye'nin yeri yoktur tabii. Daha 1623'te Rusya ve Osmanlı'nın dışında tutulacağı bir Avrupa Birliği'nden söz edilmiştir. Rusya ve Osmanlı'nın dışlanması, siyasî bir yaklaşımdır, fakat elit siyasî yaklaşım değildir; çünkü halk bunu böyle istemektedir. Viyana Etnografya Müzesi'nde, sayın Mete Tunçay'ın çıkardığı *Tarih ve Toplum* dergisinde ilk defa yayımladığım, bu kitap içinde de önceki bölümlerde yer verdiğim, milletleri tarif eden bir halk resmi var (bkz. s. 12-13). Türkler

53 Azmi Özcan, "Sultan II. Abdülhamid ve Hindistan Müslümanları", *Sultan II. Abdülhamid ve Devri Semineri,* İÜEF, İstanbul, 1994, s. 132-136. Aynı yazar, *Panislamizm, Osmanlı Devleti ve Hindistan Müslümanları,* İstanbul, 1992, s. 80 ve 160 vd.

ve Ruslar, bilhassa da Ruslar Avrupa'nın en sevilmeyen tipleridir; bu Hıristiyanlık meselesi değildir; sadece bir kültür kalıbıdır ve halk da sevmez. Onun için Rus'un Avrupa'da yeri yoktur; ama Emeric Cruce gibi bazı aklı başında tipler 1623'te yeni Avrupa düzeninde, Avrupa milletlerinin bir çatı altında toplanmasını, Papalık ve Türklere iki müstesna veto hakkı verilmesini öngörüyor; çünkü bunlar iki ayrı kuvvettir ve Avrupa'da artık Müslümanların yeri vardır; çünkü bunu kabul eden son derece laik, Romanist hukukçu düşünceli bir yaklaşımdır.

Dolayısıyla, Avrupa'da Türkiye'nin yeri, ikisinin iç içeliği hem hukukta, teoride hem de tatbikatta çok eski bir vakıadır. 1856'dan beri de biliyorsunuz Osmanlı İmparatorluğu Avrupa Konserti'nin bir üyesidir ve büyük devletlerden birisidir. Mekteplerde düvel-i muazzamadan bir yanda, Türkiye'den öte yanda söz ediliyor, bu da hukuken yanlıştır; çünkü düvel-i muazzamanın biri de Osmanlı İmparatorluğu'dur. Tabii onların içinde sıralama vardır; yani bunların içinde İngiltere İmparatorluğu en kudretlisidir; en yaygınıdır. 19. asırda İngiltere'nin her istediği olur diye bir şey yok, buna rağmen, İngiltere bir şey istemez ise o olmaz. Örnekleri vardır bunun; herkesin bildiği gibi İngiltere'nin istediklerinden biri çok açık bir şekilde Amerika kıtasının konumuyla ilgiliydi; bu olamadı. İngiltere de her istediğini yapamamaktadır. Ondan sonra İrlanda meselesi var. İkinci Cihan Harbi'nden evvel İrlanda kopardı kendini ve hiçbir zaman Commonwealth üyesi de olmamıştır. Sonradan da ilk defa Avrupa Birliği olarak bir araya geliyorlar. İngiltere'nin her istediği meselâ Balkan meselesinde de olmamıştır; ama istemediği şey olmazdı. Düvel-i muazzama içinde İngiltere'nin ardından Fransa gelir, ama onun her istemediğini yaptırmama gücü de yoktu. Ardından Avusturya-Macaristan ve Rusya gelir. Osmanlı İmparatorluğu'nun ise her işe karışabilir büyük devlet olarak söz hakkı vardır; ama karışmamayı yeğlemiştir, 19. yüzyılın politikasını ve dengeleri kollayarak yürümeyi tercih etmiştir. Bu devletler birbirlerine büyükelçi yollarlardı. Büyükelçi teatisinde bazı görüşmeler büyükelçiler düzeyinde yapılırdı. Bu tartışmalara öbür devletler katılamazdı, ortaelçili (legation) ülkeler katılamazdı; onlara haklarındaki kararlar ve izlenecek politikalar tebliğ edilirdi.

Çok garip bir şey, bunlardan bazıları büyük devletti ama, her yerle büyükelçi teati etmezlerdi. Amerika Birleşik Devletleri'ne âdeta yalvarılmıştır bir dönem, "Bize büyükelçi yollayın" diye. İspanya'nın bir sürü yerde büyükelçisi vardı, bizde yoktu, böyle bir ilişki kurmamışız onlarla. Nihayet Japonya'yı imparatorluk döneminde cumhuriyete kadar ısrarla tanımamışızdır, böyle bir kudret gelip içimize yerleşmesin, o sistemin içine girmesin diye. Dolayısıyla 19. yüzyıl dünyasında da bu gibi ittifaklar, yaklaşmalar, karşılıklı yükümlülükler vardır; fakat bunların bir kısmından kaçınmak mümkündür.

Önce şu konu üzerinde durmalıyız: Evvelâ Avrupa ile birleşmemizdeki sorunlardan biri etnisitedir. Bunun üzerinde ciddi olarak düşünmek zorundayız. Manasız, boş sloganlarla hiçbir şeyi halledemezsiniz. Bu sloganlardan biri, bizim memleketimizde sosyalist liberal çevrelerin lâfıdır; şöyle başlar: "Efendim, adamlara Türkçe bile öğretememişiz." Adamın Türkçeyi öğrenmeye ne kadar niyeti vardır onu düşünürsün, Türkçe öğreniyor mu onu düşünürsün, niçin öğreniyor onu düşünürsün. Bugün için Türkçeyi öğretememişsiniz gibi bir problem artık söz konusu değildir; bölge memleketin iktisadî hayatı ile bütünleştiği için insanlar sen istesen de istemesen de Türkçeyi öğreniyorlar. Kim öğrenmiyor? Okuması, yazması olmayan kadınlar. Çok tipik bir olaydır; çünkü iş hayatına atılmakta erkek unsur önde geldiği için o safhada onların eğitimine öncelik verilir, öbürü de arkadan gelecektir.

İkincisi, bölgeyi çok ihmal etmişiz kalkındıralım, gibisinden boş lâflar... Ne gibi yatırım yapılacağı tamamen hesap, kitap işidir; olmayacak yerlere olmayacak iş yapılmaz. Daha dün, gene matbuatta, yazarlarımızdan, "muharrirelerimiz"den biri bilir bilmez tekrarlamış: "Siirt'e hiç yardım yapılmıyormuş." Yapılsa ne olacak? Ucuz faizle kredi veriyorsun, anında İstanbul'a aktarılıyor; yani bu yapıları bilmek gerekiyor. Bazı şeylerin üzerinde dururken yazarken boş lâf edilmemeli. Üçüncüsü, beş lisandan oluşan Kürtçe meselesi. Şurası çok açık bir şey: Bugün Kürtçülük yapan, Kürt eğitimini öne süren, Kürt dilinin okutulmadığını, öğretilmediğini öne süren zümrelerin hiçbirisi Kürtçe bilmiyor, bunun farkında değil insanlar. Yani 19. yüzyıldaki Avrupa milliyetçiliğinin tersine, bu milliyetçiliği yürüten zümrelerin hiçbiri bu memlekette o dili bilmiyor. İsveçliler de Fince öğretmediler Finlilere. Macarlar Hırvat okulu, Slovak okulu açmadılar, daha evvelde Avusturyalıların Macar okulu açmaması gibi... Fakat bu memleketlerin münevver ve elit takımları bu dili, bu tarihi öğrendi, tetkik etti ve öğretti.

Biz, Bulgar okulu açtık mı hiç? Ahalisi Rum-Ortodoks dediğimiz Fener Patrikhanesi'ne bağlı idi, yani Patrik Efendi cenapları orada nasıl okul açılır, nasıl yürütülür, ona karar veriyor, Ortodoks oldukları için... Tabii o da suret-i katiyyede Bulgarca okula, Bulgarca eğitime, Bulgarca ibadete cevaz vermiyor, o yüzden de Bulgar milliyetçiliği, tarih boyunca Babıâli'deki Türk'ten çok Fener'deki Rum ruhbana düşman olmuştur. Ama Bulgar münevverleri Bulgarcayı öğrenip, azınlık okullarını açtılar, eğitimini gördüler, tarihlerini tetkik ettiler. Osmanlı İmparatorluğu'nun etnik unsurları içinde Bulgarlar millî tarih ve millî dillerini tetkikte herkesten yoğun ve süratli çalışmışlardır. Yunanlılardan da önde gitmişlerdir. Aslında Yunanlıların millî eğitim ve uyanışı Bulgarlardan çok daha önce başlamıştır. Bugün de bu durum böyle devam ediyor. Bask modeli deniyor. Baskların sayısı bir milyon ile sınırlı ve bunlar İspanya'nın en sanayileşmiş bölgesinin insanları. Çok tipik kentsel ve endüstriyel cemiyet kalıpları var; meselâ hangi televizyona, hangi radyoya, hangi gazeteye baksan Basklar öne çıkıyor; iletişim dünyasını ele geçirmişler. Bu bir gösterge değil midir? İkincisi, reklam dünyasını ele geçirmişler; bu bir gösterge değil midir? Üçüncüsü, tabii kuzeydeki şehirler sanayileşmiş bir toplum. Dördüncüsü, nüfusları artmıyor ve beşincisi, her türlü değişime herkesten evvel bunlar ayak uyduruyor. Meselâ bütün bilgisayarcı, sistem programcıları, sibernetik takımı hepsi Bask. Bu bir tesadüf değil, çok üzerinde durulacak bir konu ve sayı az dediğim gibi, son senelerde bilhassa Fransa'dakilerle olan iletişimin artması dolayısıyla Baskça lehçeler ortadan kaybolmuştur ve ortaya bir millî Bask dili çıkmaktadır ve bu fakir dil de zenginleşmektedir.

Sonra tabii, bu Bask modeli diye tartıştığımız, önerdiğimiz, bilmeden konuştuğumuz şeyin pek de öyle önleyici bir şey olmadığı son zamanlardaki bombalı suikast olaylarından da açıkça ortaya çıkmaktadır. Bu Türkiye'deki terörden daha vahimdir. Türkiye'nin sınırları bakımından, içindeki problemler bakımından Batı Avrupa modelleriyle benzeşir yanı yoktur; bunun üzerinde durmak gerekir. Türkiye'nin kendi bünyesinde çözmesi gereken sorunları maalesef böyle bir AB vahyine bağlaması çok tipik bir olaydır; bizde bu alışkanlık hep vardı. Sosyalizm gelecek, sabahtan akşama bütün problemler halledilmiş olarak yatıp uyuyacağız! Böyle bir inanç. Bütün okulları vereceksin, özel okul fevkalâde olur diyor bazıları. Bütün üniversiteler özel olacakmış; ama herkes de çok iyi biliyor ki özel okulla eğitim sorunu halledilmiyor. Çünkü insanın çamurunun içinde, bünyesinin içinde ne varsa, özel okulda da o devam ediyor. Yani özel okulla bir memlekette medeniyet ve akademi meselesi halledilmiyor; süreç o kadar kolay değil.

Akşam Avrupa Birliği'ne gireceğiz, sabaha insan hakları meselesini halledeceğiz! Vodyena civarındaki (adını Edessa yaptılar) Makedonyalılara sorun; Yunanistan'da Yanya'daki Arnavut kalıntılarına sorun, Eflaklılara sorun, halledilmiş mi insan hakları ve etnik haklar meselesi, Yunanistan'da Batı Trakya'dakilere sorun. Bazı sorunların nasıl bir sorun olduğu veya gerçekte bir sorun olup olmadığı da tartışılabilir, dolayısıyla bu gibi meseleleri insanların beynelmilel ihalelere çıkartarak çözmesi mümkün değildir. Bu anlayışın her şeyden evvel memleketin kendi içinde yerleşmesi gerekir ve şunu ısrarla söylüyoruz: Vatandaş inisiyatifi alışkanlığı olmayan bir toplumun insan haklarında ikincil gruplarla mucizevî çözümler beklemesi de zaten normal değildir.

Başka bir çözüm teorisi de, bir dostumuzun, parayı *euro money*'ye çevirdiğimiz an kurtuldu para işimiz, demesidir. Hem tarihten hem halden, moneter politikalarla çok şeyler yapılabildiğini biliyoruz; ama o kadar da değil. Onun da arkasında yatan birtakım unsurlar var, yani memleketin üretim kapasitesi, bölüşüm durumu ve hatta iktisat dışı unsurlar; biliyorsunuz ki tüketimi tayin eden kalıpların hepsi pür iktisadî değil. İktisatta bunların biçimlendirilemediği malûm; bunların biçimlendirmediği bir ortamı akşamdan sabaha *euro money*'i alırım, Frankfurt'taki para basma kararlarıyla da işler iyi gider diyemezsiniz. Ortaya öyle hastalıklar çıkar ki kendimiz bile şaşırırız. Binaenaleyh bu "hazır reçetecilikten" de kurtulmamız gerekir.

Burada mühim meseleler vardır. Bunlardan biri, Türkiye 19. yüzyılda çok garip nüfus dengesi olan bir ülkeydi, Müslüman nüfus azalıyor gibiydi, büyük hastalıklarla, çarpıklıklarla maluldü, bunu bizde yazmazlar. 19. yüzyıl tarihi dediğimiz zaman, Tanzimatçıların alçaklığı veyahut falancıların doğuculuk veya batıcılığı, yok musikimiz üzerinde durulur. Bunlar da lâzım, ama bazı şeylerin üzerinde hiç durulmamıştır ve buna ecnebîlerin el atması çok üzücüdür. Meselâ, 19. yüzyılda bu memlekette frenginin durumundan hiç bahsetmezler. Frenginin bu ülkenin nüfusunu nasıl kasıp kavurduğundan kimse söz etmez. Veremden bahsedilir, halbuki veremden çok frengi önemlidir ve o yüzdendir ki burada bayağı çarpık, yani dejenere olmuş bir nüfus vardı. Dolayısıyla Abdullah Cevdet gibi bir adamın damızlık nüfus getirmekten söz etmesi, basit bir çılgınlık değildir, ona böyle gülüyorlar, ama bir yerde mazur görmesek de anlamak lâzım. Çünkü A. Cevdet hekim, yani ümitsizlik içinde, bu durum nasıl düzelir, diye düşünüyor. Hakikaten bugünkünden çok farklı bir hekim sınıfı. Cumhuriyet'in başındaki idealist insanlar bunu hallettiler; antibiyotikten evvel Türkiye'de tıp bu kalıntıları temizledi. İkincisi, imparatorluğumuzun bitmeyen bereketi; kuruturken bereketli, yıkılırken bereketli. Birdenbire, Rumeli'den, Kafkaslar'dan gelen onbinlerle, yüzbinlerle ülke doldu. Giderek bu karışık evlilikler dolayısıyla Türk ırkı düzeldi. Irkçılık anlamında söylemiyorum, Türk ırkı düzeldi, sıhhate kavuştu. Bir kere genetik olarak tipler değişti, zekâ değişti. Beslenme sorunu imparatorlukta da yoktu, yani Batı endüstri inkılâbına nazaran, Türkiye'de köy ve şehirlerin endüstrileşme öncesi çağında da büyük bir beslenme sorunu yoktu, bu yüzden ortaya sağlıklı bir nüfus çıkabildi. Bu nüfus, 21. asrın ortasında da dinamik olacak, vakıa doğum sayısı artmayacak zaten. Batı Anadolu'da şimdiden azalmıştır, Doğu'da da azalacak. Fakat doğum oranı artmamasına rağmen genç nüfuslu bir ülke olacağız; onun için bizim bu genç nüfusu harcama hakkımız yok; birtakım iktisadî bütünleşmelere giderken bunun üzerinde akıllıca düşünmek zorundayız. Şunu söylemek istiyorum: Bu dinamik nüfusla Türkiye etraftaki pazarlara yayılır ve ülke zenginleşirse iyidir. Fakat diğer bütünleştiğimiz ülkelerin yükünü alırsak, o zaman işin üzerinde düşünmek gerekir. Türkiye bugünkü bölgesel dengesizlik ve sosyal sınıflar arasındaki uçurumla Batı Avrupa'ya giremez, bunun üzerinde durulmalıdır; nitekim herkesin bildiği gibi Batı Avrupa –*Lorenz eğrisi* diyoruz iktisatta ifade edildiği biçimiyle– iktisadî eşitlik ve bölüşüm bakımından eşitsizliğin bugünkü dünyada asgariye indirildiği sağlam bir nüfus yapısına sahiptir, bunu Yunanistan'da da görüyorsunuz. Yunanistan'ın bu memleketten üstün bir tarafı yok; bir kere Türkler kadar teknoloji falan bildikleri yok. Bizim memleketteki hekim ve mühendis başarısı, sayısı, kapasitesi Yunanistan'da yok oran olarak. İktisadî üretkenliği buradakinden çok daha düşük, fakat Yunanistan burası ile mukayese kabul etmeyecek kadar iktisadî bölüşümün musavata yakın olduğu, sınıflar arasındaki dengesizliğin daha aza indirildiği bir ülke, sağlam bir bünyesi var, bunun üzerinde durmamız gerekmektedir. Birtakım sanayi dallarımız ölecek, birtakım dallar gelişecek. Esasen Türkiye Avrupa Birliği'ne girmeden de büyük sanayi atılımları yapan, teknoloji transferini yapabilen bir ülkedir. Girdiğimiz, gireceğimiz birliğin içinde iktisadî ve siyasî bakımdan rakip olan ülkeler vardır, bunların hesaba katılması gerekmektedir. Nihayet, Türkiye şu anda iktisadî ve askerî bakımdan Avrupa Birliği'ne göre aslında daha avantajlı ittifaklar içindedir: Batı Avrupa birliğinin içine girdiğiniz zaman en önemlisi kültürel sorunlarımız olacaktır, kültürel sorunların halli diye bir şey söz konusu değildir, böyle bir şey düşünülemez, yani karayolu yapar gibi, duyuru yapar gibi, telefon komünikasyon şebekesini kurar gibi, kültürel sorunları halletmekten söz edemezsiniz.

Ama şurası çok açık ki, Türkiye kültürel bakımdan anarşi içinde yaşayan bir ülkedir, yani tarihî mirasına sahip değildir, çevreyi kültürel bilinçle koruma sistemlerini geliştirememiştir ve asıl üzerinde durulacak konu, Türk kimliği kültürel bakımdan 20. yüzyılda iyi çizilmiş bir portre değildir. Buna kendimiz de karar verememişiz, kendi portremizi de tanıyamamaktayız, bir büyük birliğin içine girerken galiba en çok üzerinde durulacak konulardan birisi budur. Türkiye vergi toplayamayan bir ülkedir, yani bütün Akdeniz ülkeleri, Kıbrıs, Yunanistan gibi, "çok zengin halklı fakir devletlerden" biridir. Vergi toplayamayan bir devlet yapısının sadece teknik bakımdan değil, ideolojik bakımdan ciddi çarpıklıklar içinde olduğu açıktır. Burada vergi toplanamaması, sadece maliyeci takımının bilgisizliğinden, beceriksizliğinden değildir; burada ideolojik, siyasî bakımdan çarpık bir yapılanma, popülizm vardır ve bu ciddi bir devlete yakışmamaktadır, çünkü vergi toplayamayan devlet, devlet vasfına sahip değildir. Bunun en uç örneği Rusya'dır. Komünizmden kurtulan ülke vergi toplayamıyor, 500 milyar dolar kadar bir varlığın dışarıya kaçırıldığı ve buna ilaveten her sene 50 milyar dolara yakın varlığın yurt dışına kaçırıldığı ileri sürülüyor, hesaplar bu civarda birleşiyor. Sonra o devlet, koca Rusya, onun-bunun kapısından 10 milyar dolar dilenerek hakarete uğruyordu. Şimdi petrol gelirleri arttı ve rahatladı. Bu, vergi toplayamamanın en uç örneğidir. Tabii biz bu durumda değiliz. Ama hiçbir şekilde de kalkınmış bir malî yapımız olmadığı açık.

Öbür uçtaki yapılar da çok tuhaftır: Amerika Birleşik Devletleri'nde vergi kaçırınca ne olur biliyorsunuz. Asayiş ve adaletin dağıtımı bakımından Türkiye, size çok gülünç gelmesin ama, hiç de olumsuz puan alacak bir yapıda değildir, bunun üzerinde durunuz. Gerilla savaşı kazanmış bir ordu var. Etkin bir dış ilişkileri örgütü var. Ama asıl önemlisi, etkin ve rafine çalışmasını bilen bir polis kuvveti yoktur, vergisini toplayamayan bir devlet söz konusudur ve bütün bu mekanizmalarını geliştirirken de kendini ortaya koyacak bir yapılanma söz konusu değildir, çünkü Türkiye'deki İçişleri Bakanlığı, imparatorluktaki Dahiliye Nezareti'nin sağlamlığına, duyargasına sahip değildir. Bu bakanlık, ısrar ile meseleleri öğrenmemeye, tetkik yapmamaya, mensuplarını yetiştirmemeye devam etmektedir. Bu son derece hazin ve insanı isyan ettiren bir durum. Yani birtakım adamlar eskisine nazaran daha iyi maaş alıyor; imkânlar veriliyor altlarına. Bugünün kaymakamı, dünkü kaymakamın sıkıntılarına maruz değildir; bugünün kaymakamı, dünkü kaymakamın ihmal edilmişliğine maruz değildir, tutup en iyi burslarla Avrupalara lisan öğrenmeye dahi yolluyoruz ve bürokrasi buna rağmen isteneni veremiyor.

İçişleri Bakanlığı bu memleketin coğrafî bilincine bile sahip değildir, bu bir faciadır! İçişleri ıslah edilmesi gereken devlet teşekküllerinin başında gelir. Çünkü burası çok önemli bir devlettir, çok kritik bir bölgede yaşayan bir devlettir ve bazı meselelerini çok bilinçli bir şekilde halletmesi gerekir. Yani eğer memlekette Fener'deki patrikhanenin Fatih kaymakamlığına bağlı olduğunu söyleyen ses bu çevrelerden geliyorsa, orada üç kere düşünmeniz gerekiyor. Buna rağmen bu bakanlığın elinde etkin bir nüfus haritası olmadığı da anlaşılıyor. Burada her şeyden evvel, bir ciddiyet yoktur; zira mesele, bazılarının söylediği gibi faşist olmakla ilgili değil; birtakım gayriciddi çevrelere sorarsanız İçişleri Bakanlığı ve iç idare faşistmiş, sorun oradan ileri geliyormuş. Her şeyden evvel bürokrasinin bazı şeyleri bilmesi gerekir. Bilgi edinme, sırf totaliter baskı için değil, vatandaşa kanun ve hukuk uygulamak için de gereklidir.

Bu memlekette herkes Türktür, demek bir şey ifade etmiyor. "Ne mutlu Türküm" demek, Türklerin mutlu uyumaları ve tembellik yapmaları için söylenmemiş! Evet Türküz, ama ne olduğumuzu da bilmemiz gerekir. Coğrafî verilerini bilmeyen bir ülke olabilir mi? Bunu siz yapmadığınız takdirde, Thübingen Atlas Grubu yapar ve çok doğru da yapmaz; onu da söyleyelim. Meselâ, Peter Alford Andrew İstanbul Edebiyat Fakültesi Antropoloji bölümünün dosyalarını kullanmış, ama onları eserinde doğru dürüst zikretmiyor bile. O kaynağı, yani o dosyaları daha evvel başkaları kullanmadı, o da bir soru; niye o tip dosyaları başkaları hazırlamadı, bunlar hep bir sorudur. Birtakım şeyleri gizlemekle hiçbir şeyi halledemezsiniz, açıkça bilinmesi gerekir. Bu açıkça bilmek birtakım meseleleri biçimlendirmek için gereklidir, herhalde en çok üzerinde durulması gereken budur. Özetle söylememiz gerekirse, Avrupa Birliği Türkiye için tarihî bir olgudur, çünkü, Türkiye dokuz asırdır bu Avrupa dünyası ile itişe kakışa çekişerek, bazen ittifak halinde bir arada yaşamaktadır. Bu gelişmeyle Türkiye'nin çok büyük yerlere gideceğini kimse ummasın, çünkü Avrupa eskiyen bir dünyadır, kendini üretemeyen bir dünyadır, aslında eğitimi gittikçe geriliyor, eğitimde istenilen verilememektedir.

Şunu açıkça belirteyim ki; bazı Türk üniversitelerinin bazı şubeleri, Avrupa'daki üniversitelerden çok daha iyidir. Avrupa üniversitelerinin hiçbir şekilde İsrail, Amerika ve Japonya ile mukayese edilemeyecek bir eğitim yapıları vardır, geriliyor Avrupa mirası, daha doğrusu ananesi ile geçiniyor, nüfusu kendini yenileyemiyor, kendini üretemeyen bir toplumdan gelecekte fazla şeyler bekleyemeyiz. Ama anlaşılan, bu dünyanın dışında da kalacak değiliz, bunlara girerken de bazı şeylerin üzerinde durmamız gerekiyor.

Avrupa Birliği'nin Geleceği

Avrupa Birliği'nin içinde çekişmeler ve çelişkiler var, güney kısmıyla Germanik blok dediğimiz kuzeyi arasında derin iktisadî farklar var, derin tarihî farklar var, derin alışkanlık farkları var, yani insanların demokratik seçim kalıpları, değerlendirmeleri, reaksiyonları bile birbirini tutmuyor ve bunların arasında nitelik farkı var. Yani, bir Alman İskandinav toplumuyla –ki buna Hollanda da dahildir– İtalya'nın ve İspanya'nın, hatta Fransa'nın aynı çizgide gelişmesini bekleyemezsiniz. İkincisi, bu dünya içinde politika farkları vardır, çünkü güneyi hiç ilgilendirmeyen bir konu kuzey için hayatîdir. Maalesef Almanya Doğu Avrupa'ya, Orta Avrupa'ya doğru genişlemek isteyen bir siyasî-iktisadî güçtür. Türkiye ile de bu konuda rakiptir aslında. Bu da, birliğin içinde ileride parçalanmalara sebep olacaktır. Ben şöyle görüyorum: Çok yakın bir mazide, hani bir Avrupa Konseyi vardı, biz de üyesiydik, bugün battal bir kuruluş haline dönüşmüştür. Bu Avrupa Birliği dediğimiz kuruluşun içinden de iktisadî bakımdan, içtimaî kültürel bakımdan birbirine yakın olan grup öbürküleri terk ederek şöyle biraz yükselecek ve ayrı bir gruplaşmaya muhtemelen gidecektir. Yoksa o kadar romantik olmayalım, otuz devletli bir Avrupa'nın olmayacağını herkes biliyor.

Bunların müşterek dış politikaları falan da yoktur, bu dünya suret-i katiyyede en büyük güç haline gelemeyecektir. Çünkü ne Amerika'nın, ne Uzak Asya'nın, hatta ne küçük İsrail'in kendini nüfus bakımından yenileme kapasitesine, kültürel bakımdan kendini üretme kabiliyetine sahip değildir, yakın gelecekte bu yeteneği daha da azalacaktır. O yüzden bu gibi birliklerin içine girmek gerekir; fakat bunlara fazla bağlanmamalı, yani her an bavulunu toplamaya hazır iç güveyisi durumunda girmelisiniz ki, bir kriz anında evi kolayca terk veya hayatınıza devam edebilesiniz. Bu gibi birlikteliklere çok dikkat etmek gerekiyor. Türkiye'de toplumsal olarak da buna dikkat etmek gerekiyor, çünkü maalesef biz planlamayı çok sevmeyiz. Bazı şeyleri otomatiğe bağlayarak, Avrupalı olsak ne iyi olur, evdeki kavgalar bile biter diye düşünürüz. Bu o kadar basit bir iş değildir, çok uzun bir süreçtir ve renkli bir süreçtir. Öyle bahsedildiği gibi bir dünya da zaten yoktur.

Hiçbir zaman bir İspanyolla bir İsveçlinin, bir İtalyanla bir İngilizin birtakım şeyleri müşterek olmayacaktır, mümkün değildir. İşte ilk sıkıntı Maastricht Antlaşması dolayısıyla paradan ortaya çıkıyor. Böyle sıkı bir para politikasını bunların hepsi takip edemezler, bunun kaçamakları vardır her zaman; hele hele Almanya'nın kendi nüfuz bölgesi için istediği birtakım devletçiklerin, milletlerin bu birlik içinde problem yaratmadan bulunması mümkün değildir. Çünkü istikbali olan bir yer değildir, bir kere süratle nüfus kaybetmektedir. İçlerindeki etnik meseleler sorun çıkarır.

Avrupa Mevzuatına Uyum

Yüzbinlerce sayfalık mevzuat, ki her gün neredeyse binlercesi veya yüzlercesi daha ekleniyor, bunu çevirmek için müteahhit firmalara ihaleye verdiler. Fakat müteahhit firmalar mütercimleri gökteki meleklerin arasından çağırmıyor, bu memleketin lisan bilenlerinden bulacak, onların da ne olduğunu biliyoruz. Türkiye'de mütercim şu demektir: Zamanında yabancı okullardan birinde okumuş, neden sonra muhtelif işlerde çalışmış, şimdi emekli olmuş canı sıkılan bir beyefendi, ben tercüme yapayım, diyor ve ortadaki tercümelerin %90'ı ele alınmaz vaziyette. Biz bu konuda, bırakın Avrupa ülkelerini, İran'ın fersah fersah gerisindeyiz. Yani İran'da bizimkinden çok daha kalifiye, çok daha ciddi ve son derecede kalabalık, bizimkinin şöyle on misli sayıda bir mütercim ordusu var, görüyorsunuz yapılan tercümelerden. Bazen müşterek çevrilen şeyleri alıp karşılaştırıyorum, onlarınki çok daha güzel. Adamlar Farsça biliyor ve yabancı dil biliyor. Şimdi bu tip insanlar gene işte bu şirketler tarafından istihdam edilecek ve ucuza istihdam edilecek. Kim onu kontrol edecek? Edemeyecek.

Bürokrasimiz maalesef, hatalara "burada bir çıkıntı var" diyecek bir bürokrasi değil. Bu gibi sorunlar maalesef olacak; otuz senedir Avrupa Birliği'ne gireceğiz diyen memlekette doğru dürüst tercüme eğitimi yapılmadı, doğru dürüst Batı eğitimi yapılmadı, Almanya'yı, Fransa'yı, Hollanda'yı, Rusya'yı, İngiltere'yi öğretecek bir eğitime girilmedi. Meselâ, otuz sene önce Ermeni ASALA örgütü diplomat öldürmeye başladı, kriz büyüdü ama, memlekette Ermeni tetkikleri kurulmuyor. Düpedüz doğru dürüst Armenelog falan yetiştireceksin; bunu söylediğiniz zaman boşuna konuşuyorsunuz.

Devlet hayatında tabii uzun soluklu düşünmeden, vizyonun çok uzağına gitmeden ve biraz hayalperest olmadan olmuyor. Egemenliğimizden vazgeçebilir miyiz tartışması yapılıyor; egemenlik haklarının kullanılışı, karşılıklı vazgeçiş felsefî ve çok hukukî, derin bir konudur. Burada tartışılan bir mesele, hiç niyetli olmadığın ve bilmediğin halde kabul ettiğin bir şey: Heybeliada Ruhban Okulu'dur. "Canım, girmek için açıverelim gitsin." O okulu açmak istiyorsan, böyle bir şeye gönlün yatıyorsa ve inanıyorsan aç. "Açıverelim de AB'ye girelim" diye bakkal hesabı olmaz. Çünkü zaten okulu kapatırken de nasıl kapandığının farkında değildik. Herkes faşizmden kapattığımızı zannediyor ama alâkası yok. Nasıl kapandığını biliyorsunuz. Han katlarında para için kurulmuş bir sürü düzensiz yüksek okul vardı: özel gazetecilik, özel eczacılık... Millet onlara gidip diploma alıyordu. İş ayyuka çıktı. Anayasa'da da açık madde idi, "üniversiteler devlet eliyle kurulur" diye. Bu açık hüküm karşısında Anayasa Mahkemesi bu okulları kapattı. Kapattığı zaman bütün özel okullar kapatıldı; Ruhban okulu da özel okul olduğundan kapandı. Ne onu kapatan hâkimin, ne davayı açan partinin böyle bir amacı vardı; belki davanın sonuna kadar Heybeliada'da ruhban okulu olduğundan haberdar değillerdi.

Kapandı gitti, bu sefer hadi bunu yeniden açalım deyince, bazı bürokratlar "Dur bakalım" dediler. Tabii, böyle bir okul açılınca, oraya hiçbir zaman Rum ruhban falan gelmeyecek; Rusya'dan, Ukrayna'dan suret-i katiyyede kimse gelmez oraya, çünkü müthiş küçümsüyorlar, zaten kendi seminerlerini kurdular. Kimse Ruhban okuluna, Heybeli'ye çocuk yollamaz. Ruslar yetmiş yıllık yaralarını kendi açılarından kapatmak zorundalar ve bu nedenle rahib eğitimi çok önemli. Kim gelir buraya? İsveçli gelir, Alman gelir, Ortodokslar var, her gün hadise çıkar orada, o çıkan hadiseleri bizimkiler nasıl karşılar, onu da Allah bilir. Bunların hiçbirini düşünmüyoruz. Diğer yandan Ortodoksların soyu Güney Amerika'da artıyor; demek ki Güney Amerika'da İspanyolca konuşan rahip adayları İstanbul'da okuyabilir, bu düşünülmesi gereken müsbet bir yan.

VII
Tarihî Süreç İçerisinde Avrupa ile İktisadî Bütünleşme Sorunu

Başlangıcından 19. Asra Kadar

Osmanlı iktisadî tarihi, tarihî süreç içinde Avrupa ile iktisadî bütünleşme sorununu kapsar. Başka bir adı da yoktur zaten, çünkü son üç asrın iktisadî tarihine bir başlık koysak, bundan daha uygunu olamaz. İmparatorluğun son üç asırda Avrupa'dan başka bütünleşeceği, iktisadî bakımdan cebelleşeceği, buna mümasil siyasî, idarî değişiklikler geçireceği başka bir kuvvet de yoktur. Bu çok açıktır, çünkü Rönesans'tan itibaren artık dünya ekonomisi ve iktisadî yapısı Avrupa'dan yönlendirilmektedir; üretim bu kıtada yüksek seviyededir ve Osmanlı İmparatorluğu'nda da üretimin belirgin bir özelliği vardır ki; öyle zannedildiği gibi iktisadî bakımdan, yani sınaî ve ticarî bakımdan bazı müesseselerini ihmal etmiş bir imparatorluk görünümü değildir; bunun üzerinde daha çok durabiliriz.

Avrupa'da özellikle 18. ve 19. asırlarda bünye değişiklikleri vardır. Bütün mesele, özellikle 17. asırdan sonra, değişen Avrupa dünyasının iktisadî süreçlerine, yani üretim yapısına paralellik kuramamaktır. Aslında, imparatorluğun fabrika üretimi yok değil, burada mühendislik bilgisi yok değil, buradaki üretim organik enerjiden anorganik enerjiye hiç geçmemiş, gibisinden bir sorun söz konusu değildir. Şunu bilmeliyiz; Türkiye tarihinde mühendislik yetmiş yılda çıkmıyor, bu tip okul tarih bilgilerini çıkartmak lâzım hafızamızdan. Türkiye Cumhuriyeti tarihinde sosyal bilimlerde ilerleme vardır, ama bir toplum, mühendisliği yetmiş senede öğrenmez, bu mümkün değildir. Bu dalların hepsi ananesi olan mesleklerdir. Âdeta İngiliz çimi gibidir.[54] Bazı dalların memlekette tutunması en az iki asır ister. Eğer modern çağların gereklerine ayak uydurabilmiş bir ordu varsa, bu geleneği çok eski bir kurum olmasından ileri gelir. Onun üzerinde tartışılmaz. Hatta, bir memlekette bürokraside, meselâ evrakın kaybolmaması gibi –insanlar bunun farkında değiller, fakat Türkiye'de evrak kaybolmuyor– yazılan dilekçelere cevap verilmesi gibi –geç veya saçma cevap veriliyor olabilir, ama veriliyor– belirgin alışkanlıklar yerleşmişse, bunlar bürokrasinin de köklü bir geleneği olduğunu gösterir. Birleşmiş Milletler üyesi olan ülkelerin büyük çoğunluğunda böyle hukukî bir yapı ve kanun düzeni yoktur; şayet burada var ise, bir gelenek söz konusudur.

Şimdi şöyle bir gelişim üzerinde durmamız gerekiyor. 1848'de Avrupa'da Macaristan bağımsızlığını ilân etmiş ve demiş ki: "Bundan sonra Macaristan ayrı bir devlettir ve bir cumhuriyettir, Avusturya tacına bağlı değildir, resmî dilimiz de artık Latince değil, Macarcadır." (Çünkü Avusturya idaresinde iken resmî dil olarak Almancayı değil, Latinceyi kullanıyorlardı.) Aynı dönem içinde komşu bir memlekette, Polonya'da da Rusya'ya karşı ayaklanma başlamıştır. Polonya Krallığı artık Rusya'nın bir parçası olmayacak diye Polonyalılarla Macarlar karşılıklı yardımlaşma içindedir, yani dünyanın artık enternasyonalist bir döneme girdiği görülüyor. Gerici politikalar diyeceğimiz, monarşistler ve ihtilâlleri istemeyen devletler bir işbirliği içindedir. Avusturya, Rusya ve Prusya arasında kurulan "mukaddes liga"yı hatırlayın ve bunlar âdeta ortak bir politika takip etmektedirler; yani Avrupa'nın herhangi bir yerindeki millî ayaklanmaya karşı birlikte hareket edeceğiz diyorlar. Bu yüzden meselâ, Avusturya ve Prusya, Yunan ayaklanmasını desteklememişlerdir ve Rusya Çarı I. Nikola Yunan ayaklanmasını destekleyenlerin arasına katıldığı zaman da Metternich tarafından kınanmış ve hamakatla suçlanmıştır ve Rusya gerçekten de hamakatının bedelini ödemiştir.

54 Amerikalı bir yeni zengin İngiltere'deki lord arkadaşının çimine sahip olmak istiyor, Amerika'daki iklim aşağı yukarı yakın, aynı çim tohumları gidiyor, o yetmiyor aynı toprak taşıtılıyor gemilerle, aynı bahçıvanlar gidiyor; "Her şeyi yaptık daha ne lâzım?" diyor arkadaşına. Cevap geliyor: "Üç yüz sene!"

Osmanlının hükmündeki Yunanlılar ayaklanırsa, herhalde onlardan iki-üç gömlek daha ötede bir sosyal bünyeye sahip, millî eğitiminin anahatları tamamlanmış, millî hayatın esasları kurulmuş, devlet tecrübesi ve geleneği olan Polonyalılarla Macarlar esarette oturacak değildi. Nitekim 1830 ve 1848 ayaklanmaları bunun bir sonucudur. 1849'da bunların hepsi Avusturya-Rusya kuvvetleri tarafından püskürtülmüştür, ama Avusturya bu kuvvetleri bastıramamıştır. Rusya'dan yardım istemiştir. Rus General Paskieviç bunların hepsini püskürtmüştür ve bütün ayaklanan milletlerden, Kuzey İtalyan, Polonya ve Macaristan birlikleri ancak bazı yerlere sığınabilmiştir. Bir kısmı İngiltere'ye, ama asıl büyük kitle kapı komşusu olan Osmanlı İmparatorluğu'na sığınmıştır. Osmanlı İmparatorluğu, Avrupa ile Avrupa'nın standartları içinde bir çatışmaya girmektedir. Rusya ve Avusturya "Mültecileri geri veriniz" diyor; Osmanlı "Hayır vermiyoruz" diyor. Bu "Vermiyoruz" tavrını Fransa ve İngiltere destekliyor, alkışlıyor. Gelen insanlar çok kısa zamanda bu vatana sığınıyorlar ve içlerinde çok önemli Polonyalı ve Macar albay ve generaller asıl adlarını değiştiriyor, din değiştiriyorlar. İşte meselâ, Konstantin Borcezski, "Mustafa Celaleddin" adını alıyor. Bu zat sonra paşa oluyor. Karadağ muharebesinde general rütbesi ile şehit düşüyor. Bunun torunu Nâzım Hikmet. Diğer biri, Albay Kolciezski "Sefer Paşa" oluyor; Çaykovski diye bir albay "Sadık Rıfat Paşa" oluyor. Osmanlı İmparatorluğu'nda Kazak alaylarını teşkil ediyor ve bu alayların askerleri Hıristiyan ve Müslüman olduğu için de alayın bayrağının üzerinde haçla hilâl yanyanadır. Hayatımız birdenbire değişmeye başlıyor. İstanbul'un kibar muhitlerinde kadınlı erkekli suareler, ziyaretler, münasebetler oluşuyor. Çünkü kaçan insanlar Müslüman olmuşlardır, ama tarz-ı hayatları itibariyle İstanbul'un Müslüman muhitindeki yaşamı benimsemeleri mümkün değildir ve kendi ülkelerindeki yaşamı buraya getirmişlerdir. Birdenbire Tanzimat reformları Boğaziçi sefalarında, korular ve kırlardaki pikniklerde ve gezintilerde, Beyoğlu'ndaki kitapçılarda kadın erkek sohbetleriyle, tiyatro ve musiki seanslarıyla bu yeni zümre aracılığıyla kendini hissettirmektedir. Yaşam değişmektedir, daha önemlisi 19. yüzyılda bir salon geleneği çıkmıştır. Bu Mısırlılarinkinden farklıdır. Bu salon geleneğinin başında birtakım hanımlar yer almaktadır. Bunlardan meselâ Şaire Nigâr Hanım, Macar Süleyman Paşa'nın kızıdır.

Bu önemli olay (mülteciler olayı), Osmanlı İmparatorluğu'nun ordularını, teknolojisini ve idare hayatını reforme etmeye yardımcı olmaktadır; artık maaşla tutulan eski maceraperest insanların yerine yenileri ortaya çıkmaktadır. Bu yeniler, kalben bu devlete ve millete bağlı olan insanlardır; yeni vatan ve yeni milletlerinin kuruculuğuna katılmaktadırlar. Sözünü ettiğim Mustafa Celaleddin Paşa, *Les Turcs anciens et modernes* (1869) adlı kitapta Türk milliyetçiliğini yeni bir bakışla ele almaktadır ve bu 19. yüzyılda çağdaş anlamda, ve söylemekte mahzur yok, etnik ırkçı anlamda bir Türk milliyetçiliğinin ilk el kitabıdır. Onun oğlu olan Ferik Enver Paşa da benzer eserler yazmıştır. Torunu Celile Hanım'dır, torununun oğlu da Nâzım Hikmet'tir. 1900 yılına geldiğimiz zaman İstanbul batılılaşan, Batı hayatına entegre bir üst sınıfa sahiptir.

Bu olayın öbür yanı üzerinde de durmak gerekir: Rusya ile başlayan gerginleşme, devleti 1853'te Sinop faciası dediğimiz, Amiral Nahimov'un baskınıyla filonun yok edilmesi olayına sürüklemiş ve 1853 Kasımı'nın otuzuncu günü cereyan eden bu olaydan sonra Devlet-i Aliyye, Rusya'ya harp ilân etmiştir. Mençikov'un tehditleri ve Sinop faciası üzerine İngiltere ve Fransa Osmanlı İmparatorluğu'nu destekledikleri için, Mart 1854'te onlar da Rusya'ya harp ilân etmişlerdir. Modernleşen Türk ordusu Silistre müdafaasını büyük başarıyla yürütmüştür (Namık Kemal'in *Vatan yahut Silistre* adlı piyesi bu olayı yansıtır). Yeniçeriliğin kaldırılmasından beri reformları tamamlayamayan ve Avrupa tarafından ilk anda küçümsenen Türk kıtaları, Kırım'ın Gözleve limanında karaya çıkarak şehri işgal ve fethetmişlerdir. 17 Şubat 1855'teki çıkarma ile, 1783 yılından beri Türk ordularının ilk defa kaybolan bu vatana adım atmalarıyla da şevk ve gayret gelmiş, İslâm dünyasında yeni bir Türkiye imajı ortaya çıkmıştır ve bu olay tabii Rusya'da çok büyük sarsıntılara neden olmuştur. Ardından, Şubat 1856'da müttefik kuvvetlerle birlikte Sivastopol'un (Akyar) tekrar alınması bu gelişimi devam ettirmektedir.

Burada, Batı ile bütünleşmenin çok önemli bir safhası rol oynamaktadır. İstanbul'a, Kuzey İtalya'dan, Fransa'dan, İngiltere'den birlikler geliyor, genç askerler gemilerle Kırım'a gidiyor bu insanlar ya sakat dönüyor ya da dönmüyor. İlk defadır ki Müslümanlar birtakım genç Frenklerin (!) kendileriyle birlikte kol kola, omuz omuza "Moskof"la çarpıştığını ve hayatlarını verdiğini görüyorlar; dolayısıyla imajımızdaki "gâvur" ve Batılı değişmeye başlıyor ve 1856 Paris Kongresi'nde Batı'yla bütünleşme konusunda verilen birtakım tavizlerin ideolojik ve hissî temelinin de oluştuğunu görmekteyiz. Kimse burada birkaç paşanın sefaretlere yaranmak için birtakım tavizlerde bulunduğunu ve hıyanet ettiğini düşünmesin, ortam çok hazırdır. İkincisi, modernleşen, modernleşmesini tamamlayan Osmanlı İmparatorluğu, o tarihte artık % 60'ı itibariyle Hıristiyan devletlerin hükmü altında yaşayan İslâm nüfusu için yeni bir ümit kapısı haline dönüşüyor. O tarihten sonra Kırım'da, uzak Kazan'da, Sibirya'da bir müddet sonra işgal edilecek Orta Asya hanlıklarında, Kafkas'ta (çünkü aynı yıllarda Şeyh Şamil ayaklanmaya başlamıştır), nihayet Hollanda idaresindeki Endonezya'da; İngiliz idaresinde bir imparatorluk olarak Britanya'ya ilhak edilen Hindistan kıtasında ortaya bir Türk Halife Sultanı, bir Türk devleti imajı çıkmaktadır, bu çok önemli ve unutulmaması gereken bir noktadır. Yani Batı'yla bütünleşme safhalarında birtakım tavizler verilmesi yanında, yeni bir imaj, yeni bir dünya ortaya çıktığı da açıktır.

Paris'te toplanan kongrede bilindiği gibi Osmanlı azınlıklarına yeni haklar verilmesi teminat altına alınmıştır ve ardından da verilmiştir. Bu yıllarda artık imparatorluğun köylerinde çokça alınan izinlerle kiliselerin tamir edildiğini ve yenilerinin yapıldığını görüyorsunuz. Bulunduğunuz şehirlerin topoğrafyasını bir gözden geçiriniz, camilerden daha büyük kiliselerin yapıldığını görürsünüz, meselâ Orta Anadolu'da Sivrihisar'a gidin görürsünüz, Bursa'ya gidin görürsünüz, büyük kilise yapıları hep Paris Kongresi'nden sonra ilân edilen Islahat Fermanı ile ortaya çıkmıştır. Devletin idaresinde başlayan bir eğilime dikkat edelim: Gayrimüslim milletlerden alınan memur sayısı görülür derecede artmaktadır. Meselâ, Ermenilerin arasında Dadyan, Düzyan, Serveryan, Balyan gibi birtakım varolan amira hanedanlarına yenileri ilave edilir. Bunların içinden valiler, büyükelçiler, hatta bakanlar ve müsteşarlar çıkmaktadır. Artin Dadyan Paşa, Hariciye Nezareti müsteşarı olarak devlete otuz yıl hizmet etmiştir, aynı şey Fenerli Rum beyleri için söz konusudur. Devletimizin Londra'daki büyükelçisi Kostaki Musurus Paşa otuz sene orada kalmıştır, yetmiş yıla yakın imparatorluğun başında bulunan Kraliçe Victoria'nın, âdeta genç kraliçelikten büyükanne olana kadar, Londra'da gözünün önünden hiç kaybolmayan ve çok sevdiği biri varsa, o da Türk büyükelçisi Musurus Paşa'dır. Victoria'nın iltifat ettiği elçiliklerin başında bizim büyükelçilikteki balolar geliyor; Musurus Paşa, Fenerli bir Rum beyidir fakat katiyyen Hellen milliyetçisi değildi.

Osmanlı İmparatorluğu 1856'dan itibaren, Batı'nın artık bir parçası, bir üyesi olma durumundadır. Bunun ne gibi somut görünümleri var? Meselâ bir örnek; birtakım gençler Rusya'dan, Hindistan'dan, Cava'dan geliyor, burada okuyorlar. Sonra Osmanlı pasaportu veriliyor kendilerine ve bunlar ülkelerine döndükleri zaman, mahalli makamlar bunlara çok eziyet edemiyorlar; çünkü bunlar bir Avrupa devletinin tebaası olarak belirli bir dokunulmazlık sahibidir. Dolayısıyla, en çok sürülüp atılabiliyorlar. Meselâ, Hollanda idaresinin aleyhinde çalışmış Cavalı bir Müslüman münevver, Osmanlı olduğu için ne fazla hapsedilebiliyor ne de ağır bir cezaya uğruyor, belki sürgüne gidiyor, yani bizim hoşumuza gitmeyen kapitülasyonların mütekabili de bir ölçüde orada işliyor; çünkü Osmanlı İmparatorluğu 1856 Paris Barışı'yla Avrupa Konserti'nin üyesi olmuştur.

Batı ile Türkiye toprakları arasındaki kültürel ve iktisadî ilişkiler şüphesiz Haçlı Seferleri'nden başlar. Haçlılar Ortadoğu dünyasının ve bugünkü Türkiye'nin belirgin bölümlerine 12. asrın sonunda yerleşmişler, Urfa'da bir kontluk kurmuşlardır ki bu aşağı yukarı bugünkü Urfa'nın belirli bir bölümünü içine alan bir topraktır. Antakya'da bir prenslik kurmuşlardır ve nihayet Kudüs'te bir krallık teşkil etmişlerdir; bu da aşağı yukarı bugünkü İsrail'in topraklarını, kısmen de Batı Şeria'yı içine alır. Okul kitaplarında tekrarlanan,

Haçlılar Doğu'da İslâm medeniyetinin üstün niteliklerini öğrenerek geri dönmüşler ve Avrupa'da müthiş bir medenî değişiklik meydana gelmiştir, görüşü tetkikata dayanmayan, ucuz bir hükümdür. Türkiye'de tarihçilikte çok şey "olsa olsa" metoduyla kaleme alınır; halbuki tarihte "olsa olsa" değil, olmuş olan önemlidir ve olanlar da çoğu zaman "olsa olsa"yla çatışır, çünkü insanoğlu mantıkî bir mahlûk olmakla birlikte aynı zamanda mantıksızdır da ve yaşamımız da onun için kimyevî bir reaksiyona veya kimya elementlerinin birbiriyle olan kaçınılmaz ilgi ve düzenine uymuyor; çok büyük terslikler meydana geliyor. Matriks doldurarak tarih yazmak mümkün olmuyor. Haçlıların Şark'taki hayatını, İsrailli tarihçi Joshua Prawer çok iyi inceledi.[55] Bunlar hiçbir şey öğrenmiyorlar Şark'ta; giyimleri değişmiyor, temizlik alışkanlıkları değişmiyor, yemek, hatta dil öğrenmiyorlar. Hayatları geldikleri gibi devam ediyor, kendi feodal nizamlarını getirip yerleştiriyorlar, kendi kilise hiyerarşileri aynen kalıyor; Doğulu Hıristiyanlarla, Yahudilerle, Müslümanlarla araları kötü. Çocuklarını okutmak istedikleri zaman katiyyen o devre göre mükemmel olan Şark medreselerinde değil, gene Avrupa'ya yollatıp okutuyorlar ve buradan geldikleri gibi gidiyorlar. Bu önemli; zira, Batı Avrupa'nın barbar zihniyet ve yaşamında bazı müesseselere kıskançlıkla sahip çıkılır ve bunlar değişmez, bunu kimse aklından çıkarmasın.

Batı dünyası bugün de aynı şekilde bir dirence sahiptir, kabile yapısını –o da kısmen– iki şey değiştirebilmiştir: Birincisi, Roma İmparatorluğu'dur, çünkü bu ülkeleri Roma fethetti ve Roma medeniyeti tarihe açtı, yani Romalıların kayıtlarıyla ve işgaliyle biz Batı Avrupa'yı tanıdık; ondan evvel burası tarihöncesi çağlardır. Roma kültürü burayı sınırlı ölçüde değiştirdi. İkinci değişiklik de bu dünyayı etkileyen Amerika'dır, bunun çok kimse üzerinde durmaz ama 20. yüzyılda, bilhassa İkinci Cihan Harbi'nden sonra buraya giren Amerikan kültürüdür. Çokça bahsedildiği gibi, sadece Coca Cola ve blue jean kültürü de değildir; muhasebedir, işletmedir, hastanedir, mühendisliktir, hatta üniversite sistemleridir. Fakat şunu itiraf

---

55 Joshua Prawer, *The Crusaders, Kingdom-European Colonialism in the Middle Ages,* Phoenix Press, Londra, 2001.

etmek lâzım ki, Amerika'nın üniversite üzerinde etkisi çok sınırlıdır ve Uzak Doğu ve Ortadoğu ile kıyasladığınız zaman, Avrupa'daki Amerikan etkisi aslında çok sınırlıdır. Dolayısıyla karşımızda değişmeye müsait olmayan, kültürel alışverişe hazırlıksız bir camia vardır. Bunu Avrupa ile entegrasyona girerken göz önünde bulundurmanız gerekir. "Orada iki milyon işçimiz var, kültürel alışveriş yoluyla Avrupalılarla iç içe girerler, çok da iyi olur, biz de öğreniriz, onlar da öğrenirler" gibi yüzeysel gözlemlerle o toplumlarla Türkler arasında bir kültürel kaynaşmanın çok çabuk vukua geleceğini düşünmemek gerekir; çünkü karşımızda inatçı bir toplumsal yapı vardır. Bunu dikkate aldığınız takdirde Avrupa ile ilişkilerinizde daha sağlıklı karar verirsiniz. 1960'ta insanlarımız Almanya'ya gittiler. Bugün üçüncü nesil yetişkin vatandaş olmuş, dördüncü nesle gidiliyor ve daha hâlâ iki toplum kaynaşmış değil ve şimdi Almanya'daki Türkler ne diyor biliyor musunuz? "Vatandan koptuk, bizi istemiyorlar artık, Almancı olduk; burada da Almanlarla kaynaşmaya niyetimiz yok, sizin de yok. Biz sizin toplumunuzdan değiliz, size paralel bir toplum olduk" diyorlar. Paralel toplumdan söz ediliyor; yani orada çalışacak, üretecek; çarşıdaki, pazardaki malı mümkün mertebe alıp tüketecek, ama hiçbir şekilde o toplumla fazla bağdaşmaya niyeti yok. Almanlar bu deyimden dehşete düşüyorlar, ama bu "paralel toplum olayı" bir gerçek. Türk toplumunun bu gerçeğini sadece sokaktaki işçi arasında değil, okumuş yazmış çocukların arasında da görüyorsunuz. Bu öğrenciler bir grup teşkil ediyorlar meselâ, anavatanı daha yakından tanıyalım diye buraları ziyarete geliyorlar. Meselâ, üniversitelerde okuyan Türk gençleri kış ortasında buraya geliyor, bizim derslere girip dinliyorlar. Gözlemlerimiz pek iç açıcı değil; Almanya'da oturanların içinde Venedik'i, Paris'i ancak birkaç kişi görmüş, ama oralarda eğitim gören hemen hiç yok. Yani bunlar Avrupa'yla bütünleşememişler, fakat orada olmak niyetindeler. İşte Türkiye'nin burada yapacağı bir şey var: O insanları Avrupalı Türk olarak yetiştirmek. Bunu yaptığı takdirde hem kendisine daha çok bağlar, hem de Avrupa'nın bir bölümündeki yerellik karşısında sarsılmaktan kurtarırsanız, Türklüğe daha yararlı insanlar ve aydınlar çıkar.

Osmanlı İmparatorluğu Batı'ya doğru büyüyen bir imparatorluktur ve daha 15. asra, yani 1400'lere girerken bu devlet ne bir Anadolu, ne de bir Ortadoğu devletidir; Anadolu devleti bile değildir, doğrudan doğruya bir Balkan imparatorluğudur. Bunun üzerinde durmak gerekiyor; Balkan imparatorluğu oluşumuz dolayısıyla da biz Timur istilâsından çok kolay yakayı kurtarmışızdır; çünkü Timur'un yakıp yıkabildiği Orta Anadolu'dur, Doğu Anadolu'dur. Oradaki siyasî yapıyı, Türkmenleri dağıtmış, bizim hâkimiyetimizi parçalamıştır, ama Balkanlar'a hiçbir şekilde tesir edemediği için devlet kendisini çok kısa zamanda derleyip toparlayabilmiş ve fütuhata devam edebilmiştir. Dolayısıyla, bu bir Rumeli imparatorluğudur ve bunun niteliği de bir anlamda Roma İmparatorluğu'dur. Zaten devlet kendini o adla anıyor başından beri, mirasına sahip olmak istediği Roma İmparatorluğu'nun adıyla "Rum" diye takdim eder kendini (İklim-i Rum vs.). İlk Roma pagan, ikincisi Hıristiyan, üçüncüsü Müslüman Roma İmparatorluğu'dur. Bu devletin Avrupa ile olan iktisadî ilişkileri son derece kuvvetlidir. Çünkü yaptığımız üretimi sattığımız birinci nokta Garb'dır; Şark'tan gelen malları depolayıp naklettiğimiz birinci nokta gene Garb'dır ve bazı önemli malzemeyi de gene Garb'dan alıyoruz, özellikle sanayide ve bilhassa askerî teknolojideki ihtiyaçlarımızı tamamıyla oradan karşılıyoruz ve bunun için belirli imtiyazlar veriyoruz, bu kaçınılmazdır. 1517'de Yavuz Sultan Selim Mısır'ı aldığı vakit, oradaki Akdenizli tüccarların bir konsolosu vardı; buna *Consulato del Mare* denirdi, konsoloslar ticarî temsilcilerdir. Mısır'daki *Consulato del Mare* bir Katalandı; kendisine Memluk sultanlarının verdiği imtiyaz ve müsaadeleri Yavuz Selim'e gösterdi, hükümdar da olduğu gibi tasdik etti. 1536'da Kanuni Süleyman devrinde, Avusturya ve İspanya Habsburgları'nın, yani bütün Avrupa'nın karşısında Fransa bizim müttefikimiz olduğu için kendilerine geçici bir ticarî *konsesyon* verildi, bu 1569'da yenilendi ve devamlılık kazandı. 1580'de aynı imtiyazlar İngiltere'ye verildi, çünkü İspanya ve Avusturya blokunun, Alman İmparatorluğu'nun karşısındaydılar. Nihayet 1612'de aynı gerekçe, aynı siyaset ve diplomasiyle bu haklar Hollanda'ya verildi.

Çok önemli bir olay söz konusudur: Osmanlı İmparatorluğu evvelâ siyasî bakımdan, ikinci olarak bazı hammaddelerin kullanımı bakımından ve üçüncüsü de bazı malların sevkıyatı bakımından belirli Avrupa ülkelerine ticarî imtiyaz ve haklar vermektedir. Buradaki kalıplar eski Bizans'a da uygundur; vergiler genellikle kırkta bir esasına, yani %2,5'e istinat etmektedir. Bazı ahvâlde bunlar %10'a çıkartılmakta, bazı ahvâlde de hiçbir mal satılmamaktadır, yani klasik Osmanlı İmparatorluğu'nda çıkışı yasak mal sayısı girişi yasak maldan çoktur. Bunlar stratejik mallardır; gemi üretimine, gemiciliğe yönelik malzemenin, baruta, silâh üretimine yönelik malzemenin, hammaddenin, meselâ tiftik ve keçenin ihracı yasaktır. Bu yasak, gemi kerestesini, bazı madenleri kapsar; ama kumaş ve deri satımı için hiçbir zaman aynı şey söz konusu değildir ve bu gelir getirir; hiçbir zaman için tahıl satımı teşvik edilmez, çünkü kıt ve stratejik bir maldır, bazı yiyecekler de bu ölçünün içerisindedir.

Devletin içinde, himaye altındaki bazı devletler ticarî teşvik görmektedir. Bunlardan biri, bugün Hırvatistan'a bağlı olan Dubrovnik'tir. Adriyatik kıyısında gayet sempatik ve Venedik modeli üzerine kurulmuş bir Hırvat şehridir, tüccardır. Meselâ, Dubrovnik gemilerinin seyrüseferi son derece teşvik görür, çünkü bu sayede Osmanlı İmparatorluğu, Venedik ve Cenova'ya karşı bir denge yaratmaktadır, bu en önemli unsurdur. Akdeniz ticaretinde bir kuvveti öbürüne karşı kullanarak kuvveti elinizde tutmuş olursunuz. Bütün bu ölçümlerin içerisinde, Batı ile temaslar bir yerde aynı sistemin içine girecektir. Ne zaman? 1699 Karlofça Antlaşması ile. O vakte kadar Osmanlı İmparatorluğu biriyle bir akde girdiği vakit, tek taraflı bir ahitname veriyor. Yani bir muahede tekniği söz konusu değil, sizinle sulh yaptım, senin gemilerine izin verdim dolaşsınlar vs. Bu usul tek taraflı imtiyaz bahsi halinde bir ahitnamedir. 1699'da ise, mahiyet artık değişmektedir. Osmanlı İmparatorluğu milletlerarası diplomasi sistemine girmektedir, karşılıklı kontrat söz konusudur ve bunu da tayin eden artık ne Hıristiyan, ne de İslâm hukukudur. Laik Roma hukukunun prensipleridir, Hugo Grotius'un *de Iure Belli ac Pacis, Savaş ve Barış Hukuku* adlı eserinde va'zettiği hususlar; doğrudan doğruya Roma hukuk sistemi prensipleri, müesseseleri üzerinde gelişen anlaşmalardır ve buna göre artık Osmanlı İmparatorluğu elçi kabul ettiği zaman bir inayetle değil, fakat doğrudan doğruya gelen elçinin statüsünü bir diplomatik mütekabiliyet sistemi içinde tasdik etmektedir. Vakıa 1710'lara kadar bazı ülkeleri (Venedik, Rusya vs.) gene bu statünün dışında tutmuştur; meselâ, savaş ilân ettiğinde Venedik elçisini hapseder, Rusya elçisini hapsetmiştir (biliyorsunuz bize ilk gelen devamlı Rus elçisi Pyotr Tolstoy'dur, büyük yazar Tolstoy'un büyük dedesidir). O, İstanbul'a gelen ilk daimî büyükelçidir ve 1711 Prut savaşında onu Yedikule'de hapsettik; çok çalışkan bir elçiydi, birçok uzun rapor yazardı, her raporu yüz, yüz elli, iki yüz sayfa yazıyor; Rus bürokrasisinin özelliğini bilirsiniz değil mi? Sadede gelemezler. Eski devirde, meselâ, banka sistemini ıslah ediniz, deniyor. Merkez bankası nasıl kurulacak bir rapor yazınız, diye emir verilir; başlarlar, Sümerlerde ve eski Mısırlılarda banka var mıymış, eski Yunanlılar nasıl yaparmış, tabii ondan sonra İtalyan şehirlerinin bankaları üzerine yaz, ondan sonra İsviçre'de bu nasıl oluyor, Alman dükalıklarında nasıl oluyor, Fransız bankaları nasıl, yaz. Buna karşılık Osmanlı raporları çok kısadır, uzun söz edilmez.

18. yüzyıldan itibaren Osmanlı İmparatorluğu büyükelçi yollamaya başlıyor, vakıa her zaman yolluyordu, fakat artık belirgin bir sistem dahilinde yollamaya başlıyor; hükümdarların veladeti ve cülusu tebrik ediliyor, daha uzun anlaşmalar için yolluyor ve gelenlere de belirli muafiyetler tanıyor. Meselâ, oturacakları yeri koruyor, satın aldıkları domuz etinden, tahıldan, içkiden resim almıyor, fırın kurmalarına izin veriyor. Bu noktada Avrupa ve Asya tarihinin ayrılıkları ortaya çıkmaktadır; Osmanlı İmparatorluğu da sistem itibariyle Batı ile bütünleşmektedir. Mallar belirli gümrük noktalarına geliyor, oradan dağılıyor; belirli gümrük noktalarına gidiyor, oradan dışarı çıkıyor; burada yabancı tüccar olduğu gibi bizim tüccarlarımız da var. Avrupa dışında bu mesele çok incelenmeyen bir şeydir. Osmanlı ticaretten anlamaz, sözü boştur. Dışarıda bizim bir sürü tüccarımız vardı. Türkü var, Rumu var, Sırpı var. Bunların çok ilginç hayatları var; meselâ, Venedik'te büyük kanalın (Canale

Canaletto, "Canale Grande"

Grande) etrafında; Almanların hanı var (*Fondaco dei Tedeschi*); bir tarafında *Fondaco dei Turchi* (Arapça finduk'tan geliyor), yani Türk hanı var. Türk hanında Osmanlı tüccarlar mallarıyla oturuyorlar ve Venedik'e mal alıp götürüyorlar. Hepsi buranın adamı. Bir Venedik tablosu yoktur ki o asırda, meydanda sarıklı adamlar geziyor olmasın. Batı Avrupa ülkeleriyle Türkler arasında diplomatik ilişki için belirli bir mübadele sistemi var; elçiler mübadele edilirken, o sınıra geliyor, bizimki sınıra gidiyor; o buraya geliyor, bizimki oraya gidiyor. 1648'den evvelki sistemde büyükelçiler çok farklı karşılanırdı. Osmanlı İmparatorluğu'na gelen İran ve Avusturya elçilikleri çok mutantan bir şekilde, büyük kervanların başında gelirler; ülkeye girdikleri an, sınırdan itibaren her şehir bunları besler, bunun için hususî vergi alınır, herkese ne ikram edilecek bellidir. Kaç koyun verilecek, kaç sığır kesilecek; ne kadar buğday, arpa verilecek, onların karşılığı vardır. İran için de öyledir, İranlılar çok şaşaalı heyetlerle gelirler, tabii onlar da öyle karşılanır; meselâ elçi Mirzakulu Han, Kanuni devrinde gelmiştir. Kendisini Üsküdar'da karşılamakla mükellef olan vüzeradan Şemsi Paşa (yani orada camii olan zat) onu yeniçeri birliğiyle karşılıyor; başlarında tüylü külahlarıyla peykler dediğimiz altın sırmalı giyimli mutantan bir heyet karşılıyor. Mirzakulu Han alay ediyor; "Sultanım, nedir bu?" diyor, "Gelin alayı mı?" Şemsi Paşa da, "Beli Sultanım," diye cevap veriyor, "Çaldıran'dan gelen gelini karşılarız!" Aynı protokol, Alman İmparatorluğu yani Avusturya için de söz konusu. İşte bütün bu kurallar bir yerden sonra değişecektir ve 18. asırda, hele 1815 Viyana Kongresi'nden sonra yeni kurallar vardır, büyükelçiler nerede oturur, nasıl karşılanır, bunların hepsi bellidir, tartışmalar biter.

17. asrın ortasına kadar Avrupa'da İtalyan devletleri yani Venedikliler, Toskanalılar, Papalık temsilcilikleri hariç, diplomatik temsil, diplomatik ayrıcalık, diplomatik müzakerat usulleri tespit edilmemişti (bizde, Türk hariciyesi geç kurulmuştur, diyorlar; biz ilk defa 18. asırda daimî büyükelçi yolladık. Öbür tarafın durumu da daha iyi değil). 1815'ten sonra hiç şüphe yok ki Osmanlı İmparatorluğu bir sistemin içindedir, diplomatik ve iktisadî ilişkiler bakımından artık belirli kuralların içerisine kapanmıştır; gümrük vergileri anlaşmalarla belirlenmiştir; diplomatlar birbirleriyle nasıl temasta olacaktır, büyükelçilikler nasıl kurulacaktır; bunların muafiyetleri nedir, konsolosluklar nedir, hepsi tespit edilmiştir ve üzerinde önemle durulmalıdır, bütün bu imtiyaz ve statü, bizzat tek taraflı olarak Avrupa devletlerine verilmiş değildir. Meselâ, bizde mektepte şöyle okutuluyor: 1774 Küçük Kaynarca Antlaşması ile Rusya her yerde konsolosluk açacakmış; evet ama, Osmanlı da açabilirdi ve de açmıştır, ama bunun üzerinde durulmuyor. Osmanlı hariciye listesine baktığınız zaman kalabalık bir konsolosluk listesi yer alır; Rusya'nın doksan küsur yerde konsolosluğu var ama, Osmanlı İmparatorluğu'nun da otuz küsur yerde var ve daha da açmasına da mani yok (Bakü'de var, Gence'de var, Batum'da var, Tiflis'te var, Odesa'da var, Kırım'da iki yerde var, San Petersburg'da var, Rostov'da var, Moskova'da var, Buhara'da var, vs.). Buradaki konsoloslarımız da Ruslarınkilere benzer, onlardan aşağı kalmayan faaliyetler içindedirler. Etraftaki Müslümanları örgütlemeye ve bilinçlendirmeye gayret eden, Hicaz demiryolu için para toplayan, mektep kurdurtan, Panislâmizm adına birtakım faaliyetlerde bulunan bu memurların

bir kısmı *persona non grata* ilân ediliyor, atılıyor, yerine daha şedidi gidiyor. Binaenaleyh tarihî imajı çizdiğimiz zaman, bütün bunlara çok dikkat etmemiz gerekiyor. Çok edilgen bir tarih, bir zavallı üçüncü dünya ülkesi veya çürüyen Bizans gibi artık elini kaldıracak hali olmayan bir son asır Türk devleti tarihi çizmek gerçeğe uygun değil. Türk toplumunun, Türk devletinin dinamizmi devam ettiğine ve Türkler yeni asırlara uyduğuna göre, uyumda bazen zayıflıklar oluyor, intibaksızlıklar oluyor ama başka unsurlara ve zamana bakmak gerek. Vakıa o konsolosların arkasında büyük bir ticaret, büyük bir endüstri yok; yani o memurlar orada mal satan tüccarlar adına da iş görse iyi olur ama, nafile bir bürokrasi şeması çizilmesin.

Avrupa ile ilişkiler dediğimiz zaman, meselâ imtiyazlar vermişsin ama, aynı şey senin için de söz konusu, yani sen de git, kullanılabilir mukabil imtiyazı kullan. Yaptığımız zaman olmuş, yer olmuş, yapamadığımız da olmuş.

Okul kitaplarında ve bazı kitaplarda, Osmanlı çürüyor, düveli muazzama devleti paylaşıyor diye bir kategori de vardır. Düvel-i muazzama dediği devletler arasına Türk İmparatorluğu da katıldı. Tabii her büyük devletin sözü aynı derecede geçmez, bazısınınki pek az geçer. Büyük devletlerin sayıları 19. yüzyılın sonunda yedidir. Bunları saymaya geçmeden önce, bunlardan biri olan Avusturya bahsini açıklığa kavuşturalım. Maria Theresa ve II. Joseph zamanında adı Mukaddes Roma-Germen İmparatorluğu idi; yani bugünkü Avusturya ve bütün Almanya'dan oluşuyordu. İçinde prenslikler ve serbest şehirler vardı; sayıları üç yüz küsurdu. Bu yapıyı tanımak lâzım, bizim mektep kitaplarında mütemadiyen bir Avusturya sözü gidiyor, düşmanımız diye; onun adı Avusturya değil, o Alman İmparatorluğu'dur, yani Mukaddes Roma-Germen İmparatorluğu... Bunu da Voltaire çok güzel tarif etmiş: "Bu ne mukaddestir, ne Roma'dır, ne de imparatorluktur, bir alay Alman" demiştir. Avusturya, bu imparatorluk içinde bir üyedir. İlginç olan yalnız Avusturya'nın toprakları oraya bağlıdır, bir kısım toprağı değildir; nasıl biz NATO'nun üyesiyiz, ama Ege Ordusu NATO'ya dahil değil, onun gibi bir şey. Tarihî düşmanımız Avusturya ile hele 18. asır boyunca ikide bir gırtlaklaşmışız ve en son savaş Ziştovi Antlaşması'yla 1791 Ağustos'unda bitmiş, ondan sonra harp etmemişiz. Avusturya Berlin Kongresi'nde geçici olarak işgal ve idare diye Bosna'yı almıştır, 1908'de ilhak etmiştir. Versailles'da kurulan Alman İmparatorluğu tabii bu tasarrufun dışındadır, bizimle dostluğu Birinci Dünya Savaşı öncesidir. Ama Almanya'nın da tarihî dostumuz olduğu sloganı doğru değildir.

Almanya 1809'da Napolyon tarafından yıkılınca, Avusturya adını aldı. Ayrı bir imparatorluk olarak eski Roma-Germen İmparatorluğu'nun yerine geçti. Bu yüzden yeni devlet kurulunca, Mukaddes Roma-Alman İmparatoru II. Franz da Avusturya İmparatoru I. Franz oldu (Bu devlet 1861'de Macarların ayaklanması sonucu iki isimli oldu, Avusturya-Macaristan adını aldı).

Şimdi 19. yüzyılın son çeyreğindeki yedi büyük devleti sayalım: İngiltere, Fransa, ardından Avusturya-Macaristan; bunlar eski imparatorluklar, Rusya dört, yeni kurulunca Almanya beş, İspanya'yı biz hiçbir zaman büyük devlet olarak tanımadık, ama büyük devlettir. Nihayet yeni İtalyan birliği ve sonra da asrın sonunda Japonya. Biz imparatorluk döneminde Japonya'yı tanımadık.

Bu büyük devletlerin aralarındaki ilişki de yoğundur ve büyüktür, yani bunlar büyükelçi teati ederler. Meselâ, Londra İstanbul'a büyükelçi yollar, İstanbul Londra'ya büyükelçi yollar, Viyana ile İstanbul büyükelçi teati ederler. San Petersburg İstanbul'la büyükelçi teati eder. Birbirini bu düzeyde tanıma tarihleri de değişiktir; meselâ Avusturya, Fransa, İngiltere'ye eskiden beri büyükelçi yollarız. Rusya ile 1860'ların başında büyükelçi teati ettik, ondan evvel ortaelçilik ilişkimiz vardı. Alman İmparatorluğu ve İtalya ile Versailles Barışı'ndan sonra 1871'de büyükelçi teati ettik. Bunların statüleri değişiktir yani *fevkalâde yetkili büyükelçiler*'dir bunlar. Bir kere temsilde öncelikleri vardır, muayedeye önce bunlar girer, öbür ortaelçiler arkada kalır. Biz Papalığı II. Abdülhamid'e kadar tanımadığımız için, papanın *nuncius'u* (elçisi) de yoktur o arada. Büyük devletler bir araya gelir konuşurlar, kararlar alırlar; bu karar kapıda bekleyen, ilgili ortaelçiye tebliğ edilir. Ortaelçi müzakereye falan alınmaz, ona karar tebliğ edilir sadece. Bugün ise, her ülke temsilcisi büyükelçi düzeyindedir.

Osmanlı Devleti de büyük devletti ve ister istemez her sorunun içine girerdi. Meselâ Çin'de Bokser ayaklanması dediğimiz olay var. Yabancıları istemeyen bazı Çinliler ayaklanmış; Çinlilerin içinde çok önemli bir Müslüman nüfus var, gerçi Çin bizi hakikaten hiç alâkadar etmiyor, ama Avrupa'da deniyor ki: "Ya müdahale et ya da Müslümanları uyaracak bir heyet yolla, Müslümanlar ayaklanmaya katılmasın." Bizimkiler kem küm ediyor, ama bir şey yapmak lâzım, hiç değilse bir "nasihat heyeti" yollayıp Çin Müslümanları'na "Ayaklanmayın" deniyor. Osmanlı Devleti 1856'da da hepinizin bildiği gibi *Concert Européen* dediğimiz Avrupa Konserti üyesi olarak, resmen büyük devletlerden birisi ve Avrupa devleti olmuştur; dolayısıyla gerek iktisadî süreç gerekse diplomasi süreci içinde Avrupa ile bütünleşmemiz söz konusudur.

Modern Zamanda Avrupa

Bazı şeylerin üzerinde ısrarla durmak gerekmektedir, Avrupa ile iktisadî bütünleşme dediğimiz zaman kabul edeceğimiz sistem hukuktur. Romanist sisteme geçişimiz Medenî Kanun'un kabulüyle mümkündür, hukukçular biliyorlar ki medenî hukuk ve kodifiye Medenî Kanun hukukun temel taşıdır, yani bireyin hukukudur. Fakat Osmanlı Devleti'nin hukuk alanındaki Avrupalılaşması, bu ticarete ve diplomasiye paralel olarak çok daha önceden başlamıştır. Yani daha Tanzimat devri başında deniz ticaret hukukunu ve kara ticaret hukukunu Avrupa'dan uyarlamışız; bu demektir ki bir malın bir yerden taşınışı sırasında Avrupa hukukunun hükümlerine tâbiyiz, yani o malın sigortasıydı, kaybıydı, tazminiydi gibi sorunları artık o hukuk açısından mütalaa etmek durumundayız ve bu keyfiyet hiçbir şekilde İslâm hukukunun esasını da rahatsız eden bir unsur değildir; ikisinin uyumu pekâlâ mümkündür. Gider ayak ceza hukukunu kabul ediyoruz ve idarede belirgin sistemleri, usulleri birbirinin üzerine bağlıyoruz. Dolayısıyla, 19. yüzyıldan itibaren

Osmanlı İmparatorluğu beynelmilel ilişkilerinde ve hayatın belirli dallarında, özellikle kamu sahasında Roma hukuku sistemine adım atmıştır ve hatta geniş ölçüde bunun içindedir.

Bütün bunların üzerinde duruşum şundan ileri gelmektedir: Türkiye bugün iktisadî bakımdan, hukukî bakımdan, diplomatik ilişkiler bakımından, hiç kimsenin tereddüt etmeyeceği bir şekilde Avrupa dünyasıyla bütünlük içindedir ama, Avrupa ile iktisadî bütünlüğün dışında siyasî birlik (ki çok önemli bir unsurdur) üzerinde durmamız gerekmektedir. Bizim bu dünyayla daha büyük bir birliğe girerken tüccar olarak, iktisatçı olarak düşünmemiz gereken konuların başında nüfusun kompozisyonu gelir. Eğer birliğe gireceksek, son derece ihtiyar bir dünyayla bütünleşmek zorundayız. Bir toplum kalkıyor, dinamik nüfusuyla ihtiyar bir Avrupa'nın içine giriyor, yani %60'ı elli yaşın üstünde olan bir Avusturya toplumunu biz nasıl taşıyacağız, bu mümkün mü? Demografik tetkikler gösteriyor ki, 2030 ve 2040 yılında Türkiye artık nüfus artışı azalan, ama genç nüfusu kalabalık, yani harika yapılı dinamik bir toplum olacak.

Nüfusu fazla artmayan ama genç nüfusu kalabalık, yani çoğunluğu meydana getiren, üretken, dinamik toplumu eğitmemiz lâzım; en mühim konu eğitimdir. Türkiye'de maalesef Avrupa toplumu bu konuda örnek olamaz. Çünkü 19. yüzyılda Avrupa bizim modernleşen eğitim sistemimiz için numune olmuştu ama, şu bir gerçek ki, bugün Avrupa üniversiteleri son derece kalabalık, üretimi düşük, öğrenci sayısı arttıkça öğretim üyesi sayısı azaltılan; eğitimi, kütüphaneleri, laboratuvarları yetersiz ve Japonya'nın, Amerika'nın, İsrail'in fersah fersah gerisinde kurumlardır. Binaenaleyh bu dinamik nüfusunuzla Avrupa ile bütünleşmeye giderken Avrupa'yı yeniden gözden geçirmek zorundasınız. Amerikalılar ve İsrail devamlı göçmen alarak genç nüfus oranlarını koruyorlar. Gelen göçmen o toplumla üye olarak bütünleşiyor. Avrupa göçmen alsa da, üye olarak içine alamıyor. Çünkü milliyetçilik ve muhafazakâr yapılanmalar buna mânidir. Dinamik toplumların bu gibi ihtiyar, kendini yenileyemeyen toplumlarla bütünleşmesi son derecede zararlı ve zordur. İş hayatında yeni dinamik bir şirket; gençlerden oluşan, yeni sistemler bilen bir şirket; parası, mal varlığı ve şöhreti olsa bile, ihtiyar bir şirketle kaynaşmak istemez, kaynaşsa bile onu yutmak ister, yani "Siz işe karışmayın." diye pazarlık yapar. Maalesef bunu devlet ve millet olarak düşünemiyoruz ve bir histerya içinde oraya kapanıyoruz, bu da pazarlık gücümüzü azaltıyor. Önemli unsur nüfustur; geçen asırlardaki Avrupa'nın dinamik, gelişen, genç nüfusu bugünkü Avrupa'da yoktur, oysa Türkiye'de vardır, bunu kimse hesaba katmıyor.

Geçen asrın Türkiye'sindeki nüfusun kompozisyonu şudur: Tahılla beslenen, iptidaî yapılı, bütün kırsal toplumlar gibi, Türkiye'nin de nüfusu artıyordu. Her kadın beş çocuk doğuruyordu; ne var ki bu doğan yeni nüfus için şöyle bir problem vardı: Türkiye'nin meselâ, Batı Anadolu ve Rumelisi'nde bulunan birtakım Hıristiyan nüfus daha sağlıklı gelişiyordu, daha sağlıklı besleniyordu, birtakım hastalıklara daha az maruz kalıyordu; bunda büyük ölçekte misyoner eğitiminin ve sağlık hizmetlerinin de yardımı oluyordu. Nüfusa hastane gidiyordu, doktor gidiyordu. Hıristiyan anne, özellikle büyük merkezlerde çocuğunu doğururken mutlaka tecrübeli bir ebenin elindeydi. Sivas'taki fakir Ermeni de aynı durumdaydı, çünkü misyonerler örgütlenmişti ve dolayısıyla Osmanlı milletlerinin nüfusu artmasına rağmen, Türkiye'de özellikle belirli bölgelerde toplanmış olan gayrimüslim nüfusun daha sağlıklı bir yapısı vardı, yaşam standardı daha yüksekti, erken ölüm oranı daha düşüktü. Türk Müslüman nüfusun sağlık hayatı daha geriydi, daha beterdi. Bunu seyyahların gözlemlerinden de anlıyoruz; hatta bazı seyyahlar bu durumu çok haince ifade ediyorlar; "Bunlar eriyor, bitiyor, dejenere oluyorlar. Türkiye'nin geleceği Hıristiyanlardadır" diyorlar.[56]

Artık bu trajik durum sona erdi. Geçen asırlarda başladığımız modern tıp ve tabib hareketi, Cumhuriyet'teki iyi örgütlenme ve ideolojiyle ilk semerelerini verdi, Türkiye'nin fakir Cumhuriyeti sıtma savaşını kazandı, verem savaşını kazandı ve çok kişi bilmez frengi savaşını kazandı. 20. yüzyılın başında Türkiye'nin birçok bölgeleri frengiden muzdaripti; bir yerden bulaşmış olan o illetin ileri

56 Olivier, *Olivier Seyahatnamesi. 1790 yıllarında Türkiye ve İstanbul*, çev. O. Gökmen, Ankara, 1977.

safhalarında, biliyorsunuz, çirkin, yamru yumru nesiller çıkıyor. Bir sürü eyalet ve sancakta, meselâ Sis'de (bugün Kozan oldu; aslında Sis'le Kozan ayrıdır, yani birbirlerine kum saati gibi bitişiktirler, çünkü dağdan inen Afşar Türkmenleri Kozan'a yerleşmişler. Sis ise Katogikosluk, yani Çukurova/Kilikya'da çok önemli bir Ermeni merkezi) millet okuyor, mektepleri iyi, üretim iyi ama frengili bir toplum. Sis Ermenileri frengiden kırılıyorlardı. Anadolu'da böyle merkezler çoktu. Türkiye antibiyotik kullanımından önce ve harpten sonra da antibiyotikler sayesinde, sağlıklı bir döneme girdi, o yüzden hakikaten sağlıklı, iyi beslenen, dinamik bir nüfus ortaya çıktı. Böyle bir ülkenin potansiyelini ihtiyar nüfuslu bir bünyenin içine entegre etmenin zorlukları vardır ve kârlı değildir.

Türkiye dünyaya kültürel bakımdan da açılmak zorundadır. İşadamlarımızdan bahsedildi, doğrudur. Fakat şimdi dünyaya açılan okullar var, öğretmenler var, münevverler var, o da çok önemli bir unsurdur. Bu gelişme, Türkiye'nin tarihinde yenidir ve bunun sadece birtakım cemaatler tarafından götürülmesi gerekmez, herkesin yapması gerekir, Türkiye asıl ondan sonra önemli bir yerlere gelebilecektir zannediyorum.

17. asırdan itibaren Türkiye, evvelâ nasıl bir iktisadî açılımla ve örgütle Batı'yla temasa geçti? Bunun yanı başında, nasıl bir dinî kültürel faaliyet dolayısıyla Batı'yla bir örgütleşim içine girmiştir? Mühim olan imajdır; yani 19. yüzyılın Türk'ü için Avrupa hakikaten görülmemiş, son derece değişik bir dünyadır. 20. yüzyılın ikinci yarısındaki Türk için, Avrupa artık o kadar değişik bir yer değildir. İlginç tarafları vardır, ama bazı şeyler burada bile bazen güzel olabilmektedir; meselâ İstanbul, artık mukayesede bazen kefenin üstünde kalan bir şehirdir, bazı ilişkileriyle büyük değişiklikler meydana gelmektedir, ama halen Avrupa dünyasının Türkiye'ye nazaran değişik bir yanı vardır, o da dünyaya açılma ve onu tanımaktır. Avrupa geçen asırlarda girdiği dünyaya açılma, dünyayı tanıma sürecini büyük ölçüde muhafaza etmektedir ve Türkiye'nin bu tarafı zayıftır; bunu dikkate almamız gerekmektedir.

20. Yüzyılda İktisadî Değişim

Türkiye pazar ekonomisine aşağı yukarı yüz yıl önce geçen, yani paranın köy ekonomisine kadar girdiği ve köy üretiminin millî pazara ve beynelmilel pazara açıldığı bir ülkedir. İşin temel noktalarından biri, daha doğrusu bizim tarihçiliğimizin karar veremediği nokta, bazı üçüncü dünya ülkeleri gibi doğrudan doğruya kapitalist içtimaî nizama geçişimizdir. Nedir bunun özellikleri? Madde bir; köy otarşik bir ekonomik yapıdan, kendi için üretimden kurtulmakta, pazar için üretime açılmaktadır ve köylülük bitmekte, çiftçilik başlamaktadır. Malûm, para ekonomisinin girdiği ve köyün pazar için üretime başladığı bir yerde artık köyden değil çiftçilikten söz etmek mümkündür, sosyolojinin deyimiyle *peasantry* bitmiş, *farmer* başlamıştır.

Bunu Avrupa tarihinde bir geçiş kademesi olarak görürüz, çünkü köylülüğün geçmişi vardır; Amerika, Avustralya, Kanada gibi yerlerde göremezsiniz, çünkü oralarda doğrudan doğruya çiftçilik başlamıştır, doğrudan doğruya kapitalist bir cemiyet ve içtimaî nizamının tesisi söz konusudur. Bizim ülkemizde ise hiç şüphesiz ki eski dünya gibi kırsal kesimde köylülükten bir çiftçiliğe açılım söz konusudur, bu geçen asırda başlamıştır ve tartışma da burada başlıyor. Çünkü iki tip açılım söz konusudur; birinci kategori ülkelerde doğrudan doğruya kırsal kesimde çözülme ve köylülüğün dağılmaya başlaması görülür. Diğerinde ise açılım, kapitalist Batı dünyasının müstemleke veya iktisadî nüfuz siyasetiyle mümkün olmaktadır; yani Hint, Çin, Cava gibi ülkelerde üretim, Batı'daki pazarların talebine göre şekillenmektedir ve oradaki pazarlar bu yerlerdeki kırsal yapıyı açılıma sunmaktadır. Aynı dili konuşan, aynı coğrafyada yaşayan insanlar arasında ve millî pazar teşekkül etmeden, beynelmilel pazara açılma söz konusudur. Böyle ülkeler vardır ve bunlar bildiğiniz gibi bugün nüfusça ve yüzölçümüne baktığımız zaman hacimce de dünyanın çoğunluğunu meydana getirmektedirler. Bunlara literatürde kısaca "üçüncü dünya" diyoruz. Diğer Avrupa ülkeleri millî pazarın ihtiyaçlarına göre kırsal kesimin değişmesiyle, pazara açılma olayıyla bugünkü ekonomilerini şekillendirmiştir.

Türkiye için bu münakaşalı bir konudur. Biz üçüncü dünya modeli içinde miyiz? Acaba Osmanlı İmparatorluğu 19. yüzyılda sömürgeleşiyor denirken bütün üretim talepleri dışa yönelik miydi? Hayır, pek öyle görünmüyor, bir millî pazarın teşekkülü meselesi var ve bir ölçekte sanayi de böyle kuruluyor, hatta tarım da böyle geliştiriliyor. Bunu özellikle 19. asırda görüyorsunuz. Talep sahibi en mühim unsurlardan biri de ordudur.

Türkiye'nin millî tarihinde ordunun çok önemli yeri vardır; militer, hatta militarist bir yapı Türk toplumunun, Türk tarihinin içindedir, onun iskeletini teşkil eder. Ordu sayesinde Türk devletinde, Türk toplumunda Türkçe her zaman hâkim dil olmuştur. Geçmiş asırlarımızda, meselâ İran Selçukî Devleti'nde, Suriye Selçukî Devleti'nde Türkçenin kançılaryada, hatta yüksek zümre edebiyatında bile kullanılmadığı zamanlar vardır, ama Türkçe her zaman ordunun komuta dili olmuştur ve o yüzden de o devlet Türk karakterini muhafaza etmiştir.

İkincisi, idarî yapıda ordu çok hâkimdir. Biliyorsunuz klasik Osmanlı çağında idareci demek asker demektir; beylerbeyi mareşaldir, sancak beyi mirlivadır, tıpkı bugünkü tuğgeneral, tümgeneral gibi bir rütbe ve bütün hiyerarşide dibe kadar indiğin zaman rütbeler askerîdir, hatta asker olmayanlar bile askerî sınıfın azası sayılmaktadır; meselâ, müderris, meselâ, Hıristiyanların başpapazı, Yahudilerin hahambaşısı; bunlardaki memurlar da askerî sınıftan; yani vergi vermeyen, vergiden muaf olan idareci sınıftan sayılıyor.

Üçüncü safhaya geçtiğimiz zaman ki, bu sınaî ve iktisadî, ziraî modernleşme dönemidir. Vakıa modernleşme çok muğlak bir kavramdır, mod değiştirme yani kip ve aşama değiştirme anlamı vardır. Tabii bu söz bir şeyi ifade etmez, yani totolojidir. Gömleğiniz niye beyaz? Duman rengi, siyah ağardı da öyle oldu gibi bir deyim dahi değil. Modernleşme, totolojik, içeriği boş, fazla bir şey ifade etmeyen bir kavramdır, fakat işin tehlikesi gömleğin beyazlığı kadar saf bir kavram değildir, çok da oynanır üzerinde bu yüzden. Tamamıyla oynak bir deyimdir ve bunu kullanırken son derece dikkatli olmanız gerekir. Tabiat değişir, toplum değişir, insan değişir; değişiklik tabiatın ve insanlığın kaderidir. İnsanın öbür mahlûkata nazaran farkı da bu değişikliğin farkına varmış bir yaratık olmasıdır, çünkü etrafımızdaki diğer mahlûkat tabiatta cereyan eden değişmenin farkında değillerdir, halbuki insanoğlu bu değişikliğin bilincindedir. Biz etrafımızdaki koşuşan hayatı ve ölümlülüğümüzü biliyoruz, doğumumuzu biliyoruz, fakat bütün bu değişmez gibi görünen hayatın işleyişinin de değişeceğini biliyoruz. Modernleşme de maalesef aslında fazla anlamı olmayan bir kurum. Çünkü insan cemiyetinin değişmesini belirli kalıplarla izah etmeye kalkan, fakat bu izahın ötesinde de cemiyeti inşa etmeye kalkan bir görüşü ifade eden bir sözcük oluyor. Onun için bunu çok dikkatli kullanmamız lâzım; maalesef toplumların hiçbir şekilde *social engineering* için müsait olmadığı, sosyal mühendisliğin sınırlı olarak mümkün olabileceği çok açıktır.

Evvelâ, toplumda bir problem çözülmez, problemin çözümü problem yaratır ve zincirleme gider, bu keyfiyeti bazıları anlamaz. Oysa, toplumsal sistemde halledilme diye bir olay yoktur, açıklama söz konusudur. İkinci bir sakatlık da mutluluktur. Feministe veya devrimciye soruyorsunuz, mutlu olmak için hareket ediyor, bu bir saçmalıktır. Yani mutluluk tarifi ancak edebiyata has bir şeydir, bilimde mutluluk tarif edilmez, hele mutluluk hiç ölçülmez. Mutluluk motifi 18. yüzyıl ihtilâlci düşüncesinin bir ürünüdür. "İnsanlığın mutluluğu için" diye sloganlar atılır. Oysa böyle bir mutluluk ne demek? Bunun sistemle, düzenle, sosyalizmle, kapitalizmle, cumhuriyetle, monarşiyle alâkası yoktur. Bazı kadınlar ve adamlar vardır ki ne yapsan mutsuzdur, etrafı karartır. Bazısı da vardır ki mutludur. Binaenaleyh Fransız ihtilâlcilerinin sloganı halkın mutluluğu için cumhuriyet rejiminin ilân edildiğiydi. Oysa cumhuriyet rejimi mutlu olmak için değil, siyasî katılımın genişlemesi için ilân edilir. İdare tıkanmıştır, kaynakların dağıtımındaki karar mekanizmaları işlemez haldedir, binaenaleyh burada yeni bir rejimle yeni karar mekanizmaları yaratırsın; bunun adı cumhuriyet olur, keyfiyet bu kadar açıktır.

Sosyal bilimlerin konusu da birey ve toplumun nasıl idâme-i hayat *(survive)* ettiğidir; yoksa mutluluk ölçmek değildir. İnsanlar nasıl idâme-i hayat ediyorlar? Bunu toplumbilimler inceler. Nasıl idâme-i hayat edeceğiz, nasıl etmeliyiz? Siyasî hareketin programı da budur, yoksa mutluluk aramak değil. Modernleşme ile aslında yeni tip bir insan ortaya çıkması ve gerçek anlamda bir ilerlemenin söz konusu olması mümkün değildir, çünkü ilerleme dediğimiz şey aslında izafî bir olaydır, yani yeni dünyanın şartlarında yeni teknolojik düzenlemeler ve örgütlenmeye gidiyoruz; otomobil ortaya çıkıyor, bilgisayar ortaya çıkıyor. Bilgisayar insanlığın zekâ ve dehasının ilerlemesi falan değildir, öyle abes sözün gereği yok! Bilgisayar dediğiniz, eski Asurîlerin de kullandığı abaküsün yeni bir tekniğidir, yani elektrik enerjisi uygulanmış, daha hızlı hesap yapan bir alettir.

İlerlemecilerin *(progressist)* aşırı tasvirleri vardır; meselâ ortaokul öğrencisi Aristo'dan daha bilgiliymiş. (!) Evet, lisedeki çocuk Aristoteles'in haberi olmayan cebir problemlerini çözüyor, ama ölçmeye kalksan hangisinin kafası ve bilgi birikimi üstün gelir? Sonra Leonardo da Vinci veya Ömer Hayyam gibisi artık yok. Bu tipte bir münevver yetişmiyor. Ömer Hayyam büyük edipliği, şairliği, tarihçiliği yanında, çok da büyük bir matematikçiydi. Leonardo da Vinci aynı şekilde çok büyük bir matematikçi, fevkalâde anatomi biliyor, tıp biliyor, mimarî biliyor. Bu tip insan yok artık. Onun için bu tip ilerleme çizgileri üzerinde düşünürken, çok dikkatli olmak gerekiyor.

Modernleşme dediğimiz kip değişimi üzerinde duruyorduk; sözü çok fazla saptırmadan gene başladığım noktaya dönüyorum.

Üçüncü safhanın, Türk Devleti'nin sanayileşme ve çiftçileşme safhası olduğunu söylemiştim. Modern asırlarda bunlarda da gene ordunun büyük rolü olmuştur; çünkü kurduğumuz sanayinin, mamulatın pazarı, hem de garantili pazarı ordudur. Tarımsal gelişmeler 19. yüzyılda buna yönelik olmaktadır. Eskişehir'e[57] demiryolu hattı çekilmesi ve onun etrafına insanların yerleştirilip orada tahıl üretiminde bir artışın vukua gelmesi, tiftik üretiminde bir artışın vukua gelmesi de ön planda buna yöneliktir. Dolayısıyla Türkiye'nin bürokrasisinde, devlet yapısının gelişmesinde, iktisadiyatında, askerî

57 İ. Ortaylı, "19. yüzyıl Ankara'sına Demiryolu'nun gelişi ve Bölgedeki Üretim Eylemlerinin Değişimi, Osmanlı İmparatorluğu'nda İktisadî ve Sosyal Değişim", *MakalelerI*, Ankara, 2004, s. 109-120.

sistemin çok büyük rolü vardır. Bunu hiçbir zaman unutmamak gerekiyor.

Şimdi 19. yüzyılda modernleşen insan tipi nedir? Bu bir yön değiştirme gibidir. Bu yeni insan tipi eskinin Arapça, Farsça bileninin dışında, Fransızca bilen olarak anlaşılıyor, böyle tarif ediliyor. Hazır öğretilmiş kültürel kalıpların üzerinde şüpheyle durmamız gerekir. Meselâ, Osmanlı insanı Arapçayı ve Farsçayı çok iyi bilen biri değildir; yani tipik Osmanlı münevveri bunları bilen adam demek değildir; orada bir yanlışımız var, çünkü geç ortaçağın ve Rönesans Avrupası'nın özellikle Latince ve bazısının da Yunanca bilgisine istinaden mukayese yapan bizim kültür düşünürlerimiz, "Osmanlı da Arapça, Farsça bilen adam" diyorlar. Böyle bir tip yok maalesef, yani Arapçayı bu toplumda çok az insan biliyordu, devletlilerin ve ulemanın içinde bile bunların sayıları azdı; vardı fakat azdı ve bilen de bunu gösterirdi. Meselâ *Koca Nişancı* dediğimiz Celalzade Mustafa'nın kaleme aldığı fermanları, adaletnameleri okuyunuz. Mutlaka orada bir vesile ile Arapça bilgisini gösterir Celalzade Mustafa. Anadolu'ya, Rumeli'ye giden fermanlarda, hadislerin yanında, yakası açılmadık Farsça elkab ve de yanına simetrik üslûpla Türkçesini de koyuyor. Aslında Farsçanın kültürümüzde yeri çok ağırlıklıdır, fakat münevverler arasında Farsça daha da azdır. Buna rağmen çok ilginç bir nokta: Hafız'ın şerhlerinin en alâsını da Türkler yapar ve hatta Türklerin 15. asırda fethedip de Müslümanlaştırdığı Bosnalılar daha da iyisini yapar; çünkü Bosnalılar bu havalinin Prusyalıları gibi adamlardır; neye el atsalar sonuna kadar iyi götürürler, bu işin de içine iyi girmişlerdir. Fethin üzerinden henüz elli-altmış sene geçmiş, Sudi-i Bosnevî gibi bir adam çıkmış, en iyi Hafız şerhini yazmış, daha iyisi yok. Hafız'ı şerh etmek çok mühim bir iştir; bütün İslâm kültürünü, bütün Arap-Fars edebiyatını çok iyi bilmek gerekir. 19. yüzyılda da Osmanlı, Batı dillerini öğrenmeye başladığı zaman gene çok benzer, fakat daha köksüz bir densizliğe düşüyor; Fransızca öğreniyor ama, Latince ve Yunanca ile ilgisi yok. Batı medeniyeti dediğiniz zaman, Batı dili dediğiniz zaman, İskenderiye veya Kahire'de turist rehberi, otel resepsiyonisti değil de, hakikaten Batı kültürünü almaya uyarlamaya hazır adamlar olduğunuz iddiasındaysanız; Fransızcayı öğrenen bir adamın Latince ve Yunanca bilmesi gerekir. Bu çok açık bir şeydir. Oysa hiç böyle bir tasaları yok, hiçbir zaman da olmamış, dolayısıyla o medeniyetin köklerini kavramamışlar demektir.

Bu ihtiyacı Türkiye ne zaman hissetmiş? Cumhuriyet'ten sonra bazı girişimlerde bulunmuş. Meselâ, birkaç lisede Latince sınıfı açılmıştır, bu sınıflar ilginç sınıflardır. Fakat bu sınıflar çok kısa bir dönem mevcut olmuş ve bu romantik bir yaklaşım olarak kalmış, çünkü burada da hümanizmi ve hümanist eğitimi iyi tarif edememişler insanlar. Türkiye gibi bir toplumda hümanist eğitimi Latince ile sınırlı tutan adamların hiçbir problemi anlamadıkları açıktır, çünkü bu tip bir yaklaşım her şeyden evvel tarihle doğrudan doğruya teması gerektirir. Tarihinizle doğrudan doğruya temas etmek; birincil kaynaklara inebilmek demektir, onun için de dili bilmeniz gerekir. O dilin Arapça, Farsça, Osmanlıca olduğu çok açıktır, dolayısıyla Türkiye'de *hümanist lise* diye bir şey kurduğunuz zaman, Latince ve Yunanca gibi (ki onlar uzak değil, çünkü biz o medeniyet dairesine mensubuz, yani Ortadoğu ve Akdeniz dünyası Hellen kültüre mensuptur), Semitik bir dünya da vardır, ona da mensubuz ve özellikle dinimiz dolayısıyla bunu da kavramak gerekirdi. Bu düşünülmemiştir, onun için Türkiye'de insanlar gerçek anlamda tarih şuurundan ve tarih bilgisinden yoksundur. Bu söylediğim tabii bütün milletin eğitimi için bir plan değildir. Hiçbir toplum bireylerinin yüzde yüzünü mükemmelen eğitmekle mükellef değildir ve lüzum da yoktur zaten; herkesi eğitip âlim yapmaya kalkan bir sistem gerçek ve akıl dışıdır. Böyle bir israfı kaldıracak toplum da yoktur. Mühim mesele, toplumların seçkinler sınıfını nasıl yetiştireceğidir. Seçkin sınıf dediğiniz zaman, illâ hukukçu, filozof, piyanist anlaşılmasın. Seçkinler sınıfına çok iyi bir mobilya ustası da girer. Seçkinler sınıfına sporcunun iyisi girer, bilgisayar programcısının iyisi girer. Bu derleme elit sınıf o toplumu taşır. Toplumu hareketlendiren bu elittir, dolayısıyla bunun eğitimi, bunun konumu, bunun nasıl şekillendirileceği bir *social engineering* ve eğitim konusudur. Bu bir nev'i göle maya çalmadır, istediğinizi de zaten yüzde yüz yapamazsınız. Yüzde yüz ne istediğinizi kendiniz de bilmezsiniz ama bazı neticeler elde edersiniz. Bunun üzerinde durmak gerekir.

Meselâ, kadınlarımızı siyasî hayata sokmak istiyoruz, çok güzel; ancak bu işlemi, yani elit kadın yetiştirmeyi İstanbul'daki yabancı okullara ihale ederek yapamazsınız. Bu okullara karşı değiliz, buradan çıkanlar içinde kıymetli insanlar olur; ama bir cumhuriyet ve koskoca bir millet (her zaman kalabalıktık çünkü on yedi milyon nüfus olduğu zaman da, o zamanki dünya şartlarında kalabalık sayılıyorduk; coğrafyamız genişti, tarihî rolümüz büyüktü, geleceğimiz parlaktı) seçkin kadın yetiştireceğim dediği zaman kendi özel seçkin okulunu kendisi kurar. Tanzimatçılar Galatasaray'ı kurdu. Öyle bir kız okulu yoktu. Oysa Büyük Petro daha 18. yüzyılın başında Rusya'da seçkin kadınları yetiştirmek için Smolniy Institut'u kurmuş; bunu yapmıyorsan, feminizm hedef ve politikaları da boş kalır. Bizde Japonya'nın modernleşmesi gibi bir sorun nasıl mütalaa ediliyor? Güya birdenbire Batı tekniğini almışlar ve kendi ananelerini de korumuşlar. Tamamen efsane. Japonya batılılaşmaya 19. yüzyılda başlamış değil, bir memleketin gümrük kapılarını dışarıya kapaması demek, dışarıyla temasının olmaması demek değildir.

Dışarıdan adam almamak, dışarıya adam yollamamak bir faciadır, bir kapalılıktır, bunu Sovyetler Birliği yaşadı ve zararlarını gördü, ama bu dışarıyla temasının olmaması demek değildir. Kaldı ki 20. yüzyılda böyle bir yasak çok büyük facialara neden olabilir ama, 17., 18. asırlarda dünya trafiğinin daha yoğun olmadığı, ülkelerin birbirlerinin içine çok girmediği bir dönemde o kadar da önemli değildir bu kapalılık. Buna karşılık Japonya, hatta ortaçağın sonundan itibaren, yani 16. asırdan beri Batı kültürünü takip etmektedir. Hanedanlar halinde babadan oğula geçen meslek olarak, mütercim orduları vardır. Batılı kitapları çevirmekte (özellikle tıp alanında), kadavra kullanmaktadırlar; yani o dışa kapalı dediğimiz Japonya, kadavra üzerinde tıp çalışmasına Rusya'dan ve Türkiye'den evvel başlamıştır. Bunu kimse pek dikkate almaz.

Sonra bu adamlar felsefeyi bilir, yani biz Kant'ı 20. yüzyılın başında bile Fransızca çeviriden tanıyorduk. Almanca okuyanımız yoktu ve de yanlış çeviriyorduk, ünlü felsefe kamuslarımıza bakın, yanlış çevrilmiştir. Halbuki Japonlar Kant'ı muasır olarak tanıyorlar ve düzgün çeviriyorlardı; açıkça felsefeyi de takip ediyorlardı, hukuku da takip ediyorlardı.

Biz, 1926'da medenî hukuk inkılâbı yapmak istiyoruz ve Almanca medenî hukuk metnini çeviremiyoruz. Çünkü bu metin bize ağır geliyor, hâkimler bunu kullanıp yorumlamaya hazır değil, bize göre çok soyut bir dil. Bu nedenle İsviçre Medenî Kanunu metnini tercih ediyoruz. Halbuki, Japonlar 1896'da Alman Medenî Kanunu'nu alıyorlar. Bu ikisinin arasında fark vardır. Çünkü onlar geçen asırlarda Batı hukukunu takip etmişlerdir. İncelerseniz eski Japonya'da iki ceza vardı: ya beraat ya idam; ara kademe yok, çok sade düşünceli hukukçulardı. Ama bu toplum hukuk eğitimi görmüştür. Bu toplumda modernleşme öyle herkesin zannettiği gibi, millet kimonosunu üzerinde taşımaya devam ederek olmamıştır; çok büyük kültürel davranış buhranları vardır. 19. yüzyıl şartlarının iptidaî operasyonlarıyla bile bir sürü Japon göz kapağını açtırıyordu. Kısık gözlü olmayalım. Batılı olalım diye. Çünkü batılılaşırken mühendis Batı tekniğini alır, filozof Batı felsefesini yorumlar, ama bir sürü aklı kısa kalabalık da Batı'yı gördüğü gibi taklit etmeye kalkar; gözünü oydurur, saçını kestirir veya kılık kıyafet değişimiyle yetinmeye kalkar. Herkesin kendine göre bir mod değiştirmesi vardır, Japon toplumu bunların hepsini yaşamıştır.

Şimdi üzerinde durulacak nokta, büyük devletler sorunudur. Geçmiş asırlarda Türkiye büyük devletlerdendir. Bunun üzerinde durmuştuk, hatta bunun kendine göre folkloru vardı. Meselâ Viyana kahvelerinde bir oyun vardır beylerle hanımlar arasında biraz *flörtçü* tipte bir oyundur, bunu yedi kişi oynar. Yedisi de büyük devletlerin adını alır, bunlardan biri Türkiye'dir. Binaenaleyh tarih edebiyatımızda; büyük devletlerin Türkiye'yi ezdiği gibi bir üçüncü dünyacılığı unutalım; tarihe böyle bakılmaz; bunu bizde milliyetçi sol yaptı, tarihçilikte üçüncü dünya tipi bir Türkiye yaratmak mümkün değil. Türkiye üçüncü dünya ülkelerinin kalıbına girmez. Ne geçmişiyle, ne haliyle mümkündür bu. Daha önce de üzerinde durduğumuz gibi, bu büyük devletlerin bazıları tabii daha büyüktür. İngiltere, tıpkı bugünkü Amerika gibi, büyük devlettir, ama her istediğini yaptıramaz, fakat istemediğini de yaptırmaz. Onun ardından Fransa, sonra Avusturya gelir; Rusya ise daha da alt derecededir.

Nihayet Türkiye gelir. 19. yüzyılda bunların içinde istediğini yaptırma, istemediğini de yaptırmama kapasitesi en az olanı Türkiye'dir. Osmanlı İmparatorluğu zayıftır ve hiyerarşide altta kalır, bu açıktır, ama demek değildir ki üçüncü dünya ülkesidir, her kılıca boynunu uzatır, öyle bir şey yok. Mevcut hukukî mekanizma da buna müsait değildir. Çünkü geçmiş asırlarda bu büyük devletler birbirleriyle istişare edip anlaşmak durumundaydılar. Tabii bazen zorlanır, ama ekseri denge oyunuyla kurtulmak mümkün olurdu.

Büyükelçiler kararlar alırlar, bu gibi toplantılara ve kararlara ortaelçiler iştirak edemez, onlara ilgili karar tebliğ edilir. Bütün Balkan devletleri, Güney Amerika devletleri böyle olduğu gibi, Amerika Birleşik Devletleri de böyleydi. Yani Amerika 19. yüzyıl boyunca küçük devlet gibi temsil ediliyordu. Hacmi büyük bir küçük devlet sayılıyordu, ama gelişmesi ortadaydı. Kendisiyle büyükelçi teati etmek isteyenleri, yani II. Abdülhamid'i reddettiği de biliniyor. Ancak Birinci Cihan Harbi'nde İstanbul'daki sefir Morgenthau büyükelçi rütbesine çıktı ve zaten Amerika'nın da büyüyüp patladığının son göstergesiydi bu. Bazı yerlerde ABD sefirleri daha evvel bu rütbeye geçmişlerdir. Büyük devletler dünyayı yönetirdi; aralarında bir konsert vardı, bütün mühim meselelerde bunlar karar verirdi ve sağa sola müdahale hakları vardı. Hatta bu görevdi. Osmanlı İmparatorluğu olarak, "Ben karışmayayım" diyebilirsin, o devletin kendi seçeneği, ama bir meseleye karışmak istediği zaman da kimse "ne oluyor" demez. Yani Almanya, Fransa, Fas buhranında kavgaya karışır, eğer Osmanlı Devleti kendine güveniyorsa, sonunda rezil olmayacağına kani ise, o da karışabilir ve onunla da bir pazarlığa başlarlar.

Dolayısıyla, Osmanlı İmparatorluğu geçen asırda kendi kudreti, kendi müesseselerinin müsaadesi nispetinde dünyanın bazı bölgelerinde, İslâm âleminde her yere müdahale etmiş, Panislâmizm propagandası yapmış, kültürel hayatı yönlendirmeye çalışmış bir devlettir. İşte o nedenledir ki hilâfeti ilga ettiğimiz zaman, Hindistan Müslümanları biraz buruldular, itiraz ettiler. Çünkü oradaki İngiliz idaresine karşı bir şey yapmak istemediklerinde, liderleri "Halifemiz istemez" yahut "Halifemiz ister" diye bir itiraz veya müracaatta bulunuyordu. Tabii Hindistan bağımsızlığına kavuştuktan sonra, orada da kimse buradaki halifeyle ilgilenmezdi.

Şimdi bu büyük devletlerden bugün Avrupa'da kalan yok. İngiltere ve Fransa zayıfladı. Kimse Güvenlik Konseyi'nde İngiltere ile Fransa'ya aldırış etmez, aynen Osmanlı İmparatorluğu'nun durumu; başka birinin arkasına geçip manevra çevirirlerse o takdirde etkili olabilirler. Siz hiç tek başına Fransa vetosu duydunuz mu? Mümkün değildir, mutlaka önemli bir konuda birini kışkırtır, onunla birlikte yer alır. İngiltere için de aynı şey söz konusudur. Bugün de Rusya'nın ve Türkiye'nin hali malûmdur. Bunlar, Avrupa'nın istemediği iki kuvvettir. Nedenini de Litvanyalı reisicumhurun müşaviri Ruslara açıklamış: "Sizi istemezler, Hıristiyansınız ama Asyalısınız; Türkleri de istemezler, onlar da Avrupalı ama Hıristiyan değiller." Avrupa'da bu ikisi istenmiyor; tabii bunun arkasında asıl çekinilen şey kalabalık nüfus ve bunların ülkelerindeki üretme potansiyeli. Dolayısıyla, Avrupa bu iki kuvvetten çekinir ve onları içine alıp eritmesi de mümkün değildir, fakat bütün bunlara rağmen bugünkü Avrupa'da eski büyüklerden kalan ve büyük devlet rolü oynayan tek kuvvet Almanya'dır.

Almanya'nın herkesin bildiği gibi sanayii, iktisadiyatı inkişaf etmiştir; fakat geliniz bir anatomi masasına yatıralım iktisadî yönden. Birincisi, birleşmeden sonra eski sınırları genişledi, ama bu çok mühim değil, çünkü Almanya çok geniş bir ülke değildi; ikincisi, bu sanayi çok mütekâmildir; İkinci Harp'te yıkıldığı için modern tekniklerle yeniden kurulmuştur. Bu yüzden İngilizler, Fransızlar der ki: Harbi biz, sanayii Almanlar kazandı. Evet, çünkü galiplerin tesisleri kaldı, bombalanmadı, kendilerini yenileyemediler Almanlar ise yeniledi. Marshall yardımıyla, eski teknik birikimleri de olduğu için devam ettiler. Bugün ihracatı dev bir ülke. Fakat burada bir şey dikkatinizi çekmelidir; bu sanayi artık dâhi mühendislerin sanayii değildir, yani 19. yüzyıl ve 20. yüzyıl başındaki büyük mühendislerin, büyük mucidlerin Almanya'sı yoktur, bitmiştir. Bugünkü Almanya ustabaşıların sanayiine dayanmaktadır, yani kalifiye işçisi, teknisyeni, ustabaşısı olan bir sanayidir, kaliteli mal yapmaktadır, ama Almanya artık büyük icatlar ülkesi değildir. Amerika'nın, Japonya'nın, ufuktaki Çin'in, her halükârda İsrail'in ve çok hantal ve çürük vaziyette yatmasına rağmen gelecekteki Rusya'nın icat kapasitesi Almanya'da yoktur. Aslında yüzyılın başında edebiyatı kadar hekimliği ve mühendisliği de yüksek olan Fransa da bugün o düzeyin çok gerisindedir. Üçüncüsü, aynı şekilde Almanya artık eski askerî güç değildir. Muhtemelen askerîleşse bazı atılımlar yapabilir, ama eski Alman ordusu yoktur.[58] Dolayısıyla, bu Avrupa büyüğünün kendine has noksanları vardır, öte taraftan harp ilân edildiğinde ve Nazizm iktidara geldiğinde Almanya edebiyatın, tarihçilerin, ilimlerin her dalının, uzay araştırmalarının, fiziğin, kimyanın, müziğin, felsefenin, matematiğin, hepsinin başını çeken bir ülkeydi. Bir talebe için Almanya'da okumak imtiyazdı. İnsanlar Oxford, Cambridge'i bitirir, ilerlemek için Viyana'ya, Berlin'e giderlerdi. İnsanlar oraya ihtisas için giderlerdi ve Almanca bilmek çok önemliydi. Bütün İskandinavya Almanca yazardı, bu Türkiye'de de böyleydi; yani Türkiye'de 20. asrın 1930'lardaki gerçek anlamda ilmî atılımı Almanya'ya talebe yollayarak olmuştur ve özellikle hukukta ve hukukun dışında fizikte, biyolojide, mühendislikte bu eğitimin etkileri görülmüştür. Oysa bugün için Almanya bu özelliğini kaybetmiştir. Nasyonal-Sosyalizm bir silindir gibi geçmiştir Alman ilminin, edebiyatının üzerinden, münevverler harcanmıştır ve artık Alman Rönesansı yoktur.

Alman bilginlerin bir kısmı bize gelmiş, üniversiteyi kalkındırmış, fakat asıl önemlisi Amerika'yı büyük ölçüde değiştirmişlerdir. Birleşik Devletler'de harpten evvel hiçbir ilimde bu derecede parlama yokken, birdenbire Amerikan üniversiteleri dünya biliminin merkezi haline gelmiştir. Hatta akademi dışında New York'u bile bir kültür metropolü yapan Alman-Avusturya ve Orta Avrupa burjuva Yahudileri ve aydın göçüdür. Almanya bu kaybı telâfi edememiştir. Ama

58 Durum değişiyor. Askerî bütçe artıyor ama durum izam edilmemeli.

edemediğinin de pek farkında değildir; bu çok ilginç bir tezattır. İnsan bünyesinin zaafıdır bu; hiç kimse gerilediğini ve cahil olduğunu kabul edemez kolay kolay, bugünün Almanyası da çöküşünü, hele geçmişe göre çok geri olduğunu kabul edemez. Dolayısıyla Alman üniversitelerinin bugünkü zavallı haline baktığınız zaman da bunun böyle olduğunu bilmek gerekir; bu iş idaresine de aksetmiştir. Hiçbir zaman Amerikan, Japon, İsrail ülkelerinde görülen *efficiency*, ehliyet ve işlerlik buralarda yoktur; olmadığı için de Avrupa Birliği bizim bildiğimiz Anglo-Amerikan sisteme göre geride kalmıştır. Bilim artık Avrupa tekelinde değildir, bunu herkes görmektedir. Bilim Avrupa'nın dışına taşınmıştır ve vakıa Avrupa'dan kaynaklanıyor olabilir ama, Amerika ve İsrail, Avrupa değildir, bu çok açıktır.

Bir Avrupalılık vardır; bunun tarihî temeli her şeyden evvel kilisedir; kilise çok parçalanmış ve mahiyet değiştirmiştir. 15. yüzyılın başında, daha henüz bütün Avrupa, Katolik kilisesinin dahilinde, Roma'nın ruhânî yönetimi altındayken; 19. yüzyılda artık sayısız tarikatlar ve mezheblerin içindedir. Nihayet Avrupa'da hükümdarlar bile kardeştir. Kraliçe Victoria 64 sene hükmetmiştir, bütün Avrupa hükümdarları kendisinin torunudur. Rus çarı da, İngiltere kralı da, sonraki Alman imparatoru da torunudur. Nitekim Osmanlı hanedanı asaletine, çok uzun ömrüne rağmen, Avrupa'da hükümdar aileleri arasında sayılmaz, yani *sovereign*'lerin meydana getirdiği camianın tabii bir üyesi sayılmaz. Tabii hiçbir zaman seçkin prens ve prenseslerimiz bu çevrelerde dışarıda bırakılmamıştır; meselâ, Fransa tahtının bugünkü vârisi olan Paris kontu veya Habsburglar, Şehzade Osman Ertuğrul veya Neslişah Sultan'la konuşmaktan, görüşmekten çok memnun olurlar. Şeref duyarlar. İngiltere hanedanı da gidip gelmeye herhalde bayılır ama Osmanlı hanedanı Avrupa milletler ve hükümdarlar ailesinin tabii bir üyesi değildir. Tarihî ve kültürel kişiliğiyle bir saygı görür. Dolayısıyla bu ülkenin Avrupa ile geçmişte Paris Konvansiyonu dışında pek bir müştereki yoktur; yani ne hükümdarlık müessesesi, ne din müessesesi, ne de ittifaklar sistemi bakımından geçmişle sağlam bir alâkası ve bağlantısı yoktur.

Buna rağmen, 1837, 1838, 1839 ticaret sözleşmeleri, 1839 Tanzimat Fermanı, 1856 Paris Antlaşması ve bunun arkasından çıkan Islahat Fermanı ile Türkiye, Avrupa'yla ittifaka girmiş; Avrupa diplomasisinin ve hukukunun birtakım temel kurumlarını kabul etmiştir. Beynelmilel ilişkide ve amme hukuku alanında kendini bu dünyaya ayarlamıştır. 19. ve 20. yüzyıllar boyunca, yani o zamanın kırsal Türkiye'sinde yapılan iktisadî atılımların önemli bir kısmı da Avrupa'ya aittir, çünkü en büyük atılım demiryoludur. Demiryolunun içinde kimin payı çok büyük? Fransa'nın. Almanlar ancak 19. yüzyıl sonu ve 20. yüzyıl başında büyük demiryolları döşediler ama Osmanlı İmparatorluğu'nda en büyük hisse Fransa'nındı. Demiryolculuk dili de Fransızca idi. Alman Anadolu demiryolu şirketinin de dili Fransızca idi. Demiryolunun arkasından liman, arkadan tramvay geliyor, elektrik, su geliyor; bunlar o zamanın Türkiye'sinde önemli yatırımlar. Zaten başka da bir yatırım yok. Dolayısıyla bu yatırımlar itibariyle de Avrupa iktisadiyatıyla bütünleşmiş olduk; ama şunu da unutmayalım ki, Cumhuriyet döneminde ilk demir-çelik tesislerini kurmaya başladığımız, demiryollarını millîleştirip kendimiz uzatmaya başladığımız andan itibaren, bu iktisadî katılım payı da süratle düştü ve bugün dahi bütün çabalara rağmen istenen ölçüde değildir.

Onun için, bu dünyanın durumunu düşünmek gerekiyor. Girdiğimiz ittifaklar sistemi itibariyle de son yıllarda en büyük ticaretimiz Avrupa ile olmasına rağmen, ticaret koşullarımız yavaş yavaş kayıyor. Avrupa'nın istediği bir kayma değil bu. Kaldı ki bir önemli unsurun da üzerinde durmak gerekiyor: Biz artık Şark'ın bir parçası değiliz, ama Avrupa kültür sisteminin de bir parçası değiliz. Halbuki asıl bunu gerçekleştirmeliyiz ve bunu Avrupa Birliği'ne girmek için değil, kendimiz için yapmalıyız. Çünkü mensubu bulunduğumuz ve murisi olduğumuz dünya, Akdeniz kültür çevresidir. Osmanlılık bunu gerektirmektedir yani bu memlekette Latin-Yunan medeniyetini tanımama, Batı medeniyetini tanımama ve onun kökleri olan eski Şark'a gidememe, tarih, coğrafya, filoloji ve gerçek

"Böyle bir kıta, nasıl oluyor da birdenbire bizim önümüze siyasî birlik ve barışla çıkabiliyor? Bu hava kuşkusuz iki büyük dünya savaşının, hem de en gelişmiş silâhlarla yapılan tahripkâr dünya savaşlarının neticesinde meydana gelmiştir."

anlamda bir hukuk bilgisine sahip olamama söz konusudur. Şunu açıkça söylemek zorundayım: Bugün bu memlekette yeteri sayıda devletler hukukçusu yoktur, bir elin parmaklarıyla sayılmıyor. Yani biz hukuk inkılâbını yapmışız fakat hukukçu olamamışız; bu çok önemli bir noksandır, bu eğitimi ıslah etmeli ve hukukçu olduktan sonra bu gibi girişimlerde bulunmalıyız, Türkiye'nin Avrupa ile entegrasyonda göze alması gereken en önemli hususlardan birisi de hukukçuluktur ve hukuk reformudur; yaptığımız hukuk reformunu maalesef tamamlayabilmiş değiliz, ilmî bakımdan böyle bir icraat ve nazariyatın gelişmiş olduğu söylenemez.

VIII
Avrupa Siyasî Birliği ve Avrupalılar

Doğu - Batı Sorunu

Esas konu, Avrupa Siyasî Birliği fikridir. Yani, Avrupalıların bizatihi kendi tarihidir. Bu konuya Avrupa Siyasî Birliği karşısında Türklerin konumuyla devam etmek durumundayız ve her zaman için üzerinde durmamız gereken önemli bir nokta, kültürel birliktir. Çünkü, anlaşıldığı kadarıyla, Türkiye teknik reformlarını yapmış bir ülkedir. Zaten aslında daha ileride de göreceğiz ki, teknik bakımdan Şark ve Garb, Türkiye ve Avrupa arasında ayırım olduğu bir efsanedir.

Nasıl bir ayırımdan söz ettiğimizin üzerinde duralım. Avrupa ile Afrika ve Avustralya'nın geri kalmış toplulukları diyebileceğimiz toplumlar arasındaki farktan söz etmiyoruz sadece. Çok rafine uygarlık sahibi bazı toplumların da aslında uygarlık anlayışı bakımından, uygarlığı yaratan bilim anlayışı bakımından Avrupa ile arasında farklar vardır ve vardı. Çinlilerin matematik anlayışı ve bilgisi Garblılarınki gibi değildi. Onlar bunu telafi ettiler.

Dünyanın bu kesimi, yani Ortadoğu bölgesi için ise, böyle bir şey söz konusu değildir. Bu konudaki birinci yanlış efsane, Şark'ın kendinden değil, Garb'dan gelmektedir. Burada farklı bir ilim anlayışı olduğu söylencesi çok yanlıştır; hiçbir şekilde fark yoktur. Her ikisi de Aristotelesçi fizik, Yunan geometrisi ve bunun orta zamanlardaki tekâmülü ve devamıyla aslında uygarlık bakımından bütünün parçalarını oluştururlar.

Öte yandan bu bilimsel ve felsefî uzaklık, ayrılık efsanesini ve bu kanaati besleyen, bizatihi Şarklılardır. "Biz geriyiz veya maalesef biz din dolayısıyla aynı şeyi tekrarlamış oturmuşuz (ka'ale geleneği)" veya "Onlar ilmî, biz metafizik safhadayız" gibi sloganlar mektep kitaplarına girmiştir; nesiller, bu kalıp düşünceyle yetişmiştir. İddianın aksine, bu resmî eğitimin sonucu değildir. Bürokrasi ve öğretmenlere has kahvehane ve sohbet kültürü (*oral tradition*) bu zihniyeti yaratmıştır. Okuyan, yazan, tarih bilen ve felsefe yapan kafalar için bu tabii önemsiz, yanlış bir düşünce gibi mütalaa ediliyor ve üzerinde durmuyoruz; ama düşünmemiz gerekir ki, toplumların yüzde sekseni tarih gibi, kültür tarihi gibi konuları ancak okulda öğrenirler; okul kitaplarından öğrenirler ve bir daha da bu konuların yüzünü açmazlar. Bu bütün toplumlar için böyledir; Türk toplumu için özellikle böyledir. Liseyi bitirdikten sonra bu konuları merak edip bir şeyler okuyan ve öğrenen insanların miktarı, Batı'nın en çok okuyan toplumlarında %10 ise (bu da galiba Germenler ve İskandinavlar oluyor), bizde meselâ %2'dir. Tam sayımı yapılmamıştır, ama kitap sayılarından, tercüme sayısından belli oluyor. Maalesef, bizim insanlarımızın kafasında mektep kitaplarında çizilen Avrupa ve Şark imajı kalmıştır, bu da tabii yanlış bir imajdır. Yani Şarklılar açısından bir farklı Batı kavramı çizilmiştir. Peki ama nedir bu Garb ile Şark arasındaki fark? Şüphesiz ki birtakım dinî ayrılıklar da vardır ve bu ayrılıklar çoğu zaman zannedildiği gibi, dinin kendisinden de kaynaklanmamaktadır. Çünkü aslında İslâm, Hıristiyanlık ve Yahudilik, her zaman üzerinde durduğumuz gibi, aynı kaynaktan neşet eden, Yahudi dinleridir. Mühim olan, bu dinin yorumlanması, kuramlaşması, yeniden biçimlendirilmesine, yani toplumların kendi tarihî ve antropolojik özelliklerine dayanmaktadır. İşte bu noktada beliren önemli farklılıklar vardır.

Türkiye Batı karşısında teknik bakımdan uçurumu aşmıştır. Teknolojinin düzeyinden söz etmiyorum, oradaki mühendislik zihniyeti burada da vardır, oradaki tıp burada da vardır, oradaki sibernetik dediğimiz enformatik bilimler kafası burada da vardır. Tatbiki ve üretimi başka iştir; bilirsin, tatbik etmezsin veya bilirsin, ihtiyaç yoktur, kullanmazsın, o ayrı bir sorundur. Fakat, Türkiye Batı teknolojisinin dilini, kalıplarını bilir. Bunun için çok bilinmeyen bir kaynağa bakalım. Bu kaynak, 1960'ların, 70'lerin, 80'lerin Türkiye'sine has değildir. 1910 yılında Berlin'de Robert Koch Enstitüsü'nü gezen Osmanlı Darülfünunu'ndan Hulki Bey'in anlattıklarını dikkate alalım. Enstitünün profesörleri laboratuvarı gezdirirken, "Bizim anladığımızı, ilgilendiğimizi, cevap verdiğimizi, soru sorduğumuzu, tartıştığımızı görünce şaşırdılar" diyor. Şaşırdılar, çünkü zannediyorlar ki, gelen Türk hekimleri beceriksizdir, modern tıb bilimini anlamazlar; ama ne yapalım, Kayzer'le Sultan'ın da arası iyi, bu adamlara da burayı gezdireceğiz, vakit de kaybedeceğiz, der gibiydiler. Ama bakıyorlar ki hiç de öyle değil, gelenler tıp okumuş, yani modern tıbbı biliyorlar, Almanlar şaşmış. Aslında 20. asrın başında bu çoktan başarılmış ve geçilmiş bir safha; tabii, oradaki başarılı ameliyat İstanbul'da yapılmıyordu, onu iddia edemeyiz, ama onun yapılamamasının birtakım nedenleri vardır; temiz hastaneler yoktur, yetişmiş ara personeli yoktur, bugünkü dertlerin, sorunların boyutlarını büyüterek geriye götürün, vaziyet anlaşılır. Aynı dönemde, unutmayın ki sonradan İstanbul şehremini olan Topuzlu Cemil Paşa, Fransa Cerrahlar Cemiyeti'nde azadır ve bazı tezler geliştirmektedir. Geliştirdiği tezler de ilginçtir. Hatıratından da anlaşılıyor ki, imkânsızlıklar ve pislik içinde çalışan hastanede bu ameliyatlar nasıl yapılır; yani, İstanbul gibi yerler için ucuz ve kolay sağlanabilir sterilizasyon yöntemleri neler olabilir konusunda yeni teklifleri var. Anlaşılıyor ki, Türk tabibi, Türk cerrahı o dünyanın bir parçasıdır. İyi parçasıdır, kötü parçasıdır, başarılı, başarısız parçasıdır, elinde imkânlar vardır veya yoktur o başka, ama o fen adamları sınıfının üyesidir. O dilin ve medeniyetin azasıdır.

Osmanlı toplumu teknolojiye açık bir toplumdu. Türkiye'nin o günden bugüne Batı dünyasında iltifat etmediği kalıp, kültürel hayattır. Binaenaleyh, Türkiye o safhayı geçmiştir. O kültür dediğimiz de, Kant'ın kültür felsefesi, Beethoven musikisi falan değil; şu kadarını söyleyelim, o safha da geçilecek; orada da artık zamana uyulmuştur. Yaşayış tarzında bazı sorunlar ve tabii Türk toplumunun dinin etrafında ördüğü, tarih içinde oluşan kendine özgü kültürel kalıpları vardır. Bunlar önemlidir ve burada maalesef toptan batıcılık yapanlara da bir noktayı hatırlatmak gerekir: Karşımızda modernizm modeli olarak alacağımız Batı da, değişmeyi kabul ettiğimiz zaman dahi, Batı Avrupa'nın kendisi değildir. Çünkü Avrupa'nın en büyük problemi, daha doğrusu hepsinde müşterek olarak bulunan büyük problemin bir adı vardır: Amerikanizm. Yani Avrupa'nın kendisi artık klasik Avrupa kültürünü, Amerikanizm adına kaybetmekte; kuşaklar ve sınıflar arasında açılan uçurumlar gittikçe tahrikkâr olmaktadır.

Avrupa'nın Kültürel Kimliği

Avrupa'nın siyasî-kültürel kimliği nedir? Daha doğrusu kültürel bakımdan ele alacağımız Avrupa'nın siyasî birliği nedir? Avrupa'nın, dünya sahnesine çıkışı şüphesiz taş devriyle başlar. Neanderthal adam Avrupa'da bulunmuştur, bu insan gelişiminde bir safhadır. Sonra demir devri, (Hollstein kültürü) çok ilginç bir safhadır. Doğu'nun bazı medenî kavimlerinden de daha erken çağda orada bir demir çağı, demir kullanımı vardır. Ama, Avrupa uygar bir toplum olarak beşeriyet sahnesine çok geç girmiştir. Şüphesiz bu gecikme, Avustralya ve Afrika kadar değilse de bir hayli geçtir. Doğrudan doğruya tarihî çağlar içinde vukua gelmektedir. Çünkü tarih dediğimiz şey, hakikaten yazının kullanımına bağlıdır. Tarih yazıyla başlar dediğimiz zaman, boş söz sarfetmiyoruz. Çünkü yazı, bir toplumun kendini ifade ve davranışını muhafaza ve aynı zamanda da kendini yeniden üretme aracıdır. Dolayısıyla bu kültüre geçmeyen bir toplumun uygar olduğunu söylemek mümkün değildir. Hiç kimse kusura bakmasın, eski tarihimizle övünürüz, hakkımızdır da; fakat Türklerin de uygar dünyaya adım atışı yazıyla mümkündür. Bunu da hepinizin bildiği gibi 8. asra götürüyoruz, okullarda öğretildiği gibi. Ama gide gide bir iki asır daha geriye gidecek; çünkü, son kazılar, buluntular göstermektedir ki, yazıyı kullanış tarihimiz 700'ler değildir; ciddi kazı, ciddi arkeoloji, ciddi tespit yapmadığımız için böyle söylüyorlardı. Bu tarih anlaşılan birkaç yüz yıl geriye gidebilir. Fakat ondan evvelinde Türkler için de uygar toplum demek doğru değildir, ama tarihî toplumdur. Tarih yapar, tarihte rolü vardır, ama kendi kaydetmez. Yani Türklersiz 3. asır tarihi düşünülemez, 2. asır tarihi düşünülemez, mümkün değildir. Ama Türklerin kendilerini ifade etmeleri kendilerini ortaya koymaları, kendilerini yeniden bir şekilde üretmeleri yazıyla mümkün olduğuna göre, bizde de tarih 6. asra kadar gidebilir.

Bundan daha geç kalanlar vardır. Kimdir onlar? Slav milletleri. Uygarlığa girişleri bizden daha geçtir, ama arayı kapatmışlardır. Tarihe baktığınız zaman, klasik Avrupa toplumlarının durumu da bundan daha iyi değildir. Ve Avrupa, tarihî bir kıta olma durumunu neye borçludur? Doğrudan doğruya, Büyük Roma İmparatorluğu'nun istilâsına... Romalılar, Julius Caesar'ın ve haleflerinin, meselâ Germanicus'un atlılarıyla (*equitatus*), piyadeleriyle (*peditatus*), bu kıtaya adım atmışlardır, burada *castra*larını (kalelerini) kurmuşlardır. Vergi veren yerler olarak, Roma'ya tâbi kılmışlardır. Romalılar birtakım kabileleri müttefikler olarak almışlardır; Avrupa da böylece tarihin konusu olmuş ve medeniyete adım atmıştır. Şu halde Avrupa kıtaya bağlılığını, dünya tarihine girişini aslında doğrudan doğruya İtalya'nın ortasındaki Latinlere ve onların diline borçludur. Bu çok önemli bir noktadır. Çünkü İtalya, tarihte iki kere bu görevi yerine getirdi. Sonuncusu bildiğiniz gibi, Rönesans dediğimiz dönemdir ki; İtalya, Akdeniz'in birleştirici, sentezci gücü rolüyle Batı Avrupa'yı tekrar ileri götürecektir.

Uygarlığa ve tarihe Roma'nın istilâsıyla adım atan Batı Avrupa'nın dilleri de taşralı şeklinde de olsa, doğrudan doğruya İtalya'ya bağlıdır. Halbuki Şark için bu söz konusu değildir. Çünkü Roma Şark'a istilâcı olarak gelmiştir. İdareci olarak gelmiştir ve asıl önemlisi barışın kurucusu olmuştur, ama hiçbir zaman medeniyet öncüsü olarak, yani medeniyetçi bir misyonla gelmemiştir. Roma geldiği zaman, buralarda yazılı diller vardı, medeniyetler vardı, kayıtlar vardı, Roma'nın kendisini etkileyen tanrı kültleri vardı; toplumlar bir kimlik, teşkilât sahibiydiler. Unutmayalım ki, Mısır'ın Julius Caesar tarafından istilâsı ve imparatorluğa bağlanmasından sonra, Roma'da gerçek bir malî sistemin gelişiminden söz etmek mümkündür.

Çünkü, o tarihe kadar Roma vergilendirmeyi bilmeyen, vergi toplayamayan bir devletti. Ne zaman ki Mısır'ı istilâ etti; ziraatı takip eden, toprağı ölçmeyi, ürünü hesaplamayı bilen, bunları vergiye döken bir teşkilâtla karşı karşıya geldi ve Roma ondan sonra gerçek bir malî sistem sahibi oldu. Ne zaman ki Roma Yunanistan'la yüz yüze geldi, çok meşhur sözdür: "Mağlub Yunanistan, galibini yeniyor, *Graecea capta ferum, victorem capit*"; demek ki, orada felsefeyi, idarenin bazı unsurlarını, dini öğrendi. Ne zaman ki Roma, Anadolu ile Mezopotamya ve Suriye ile yüz yüze geldi, dinî ve medenî dünyası değişti. Unutmayalım, Roma'daki en güçlü kültlerden biri Kybele kültüydü; ayinler bugünkü Vatikan tepesinde ifa edilirdi, merkez orası idi. Bu bir Anadolu kültüydü. Roma'da en makbul kült Mısırlı Tanrıça İsis kültüydü. Romalılar Yunancayı severlerdi, Şark dillerini bilmek zorundaydılar ki, bir ölçüde imparatorluklarını devam ettirsinler; dolayısıyla Roma'nın Şark'ta medeniyetçi misyondan çok bir askerî fonksiyonu vardı, ama Avrupa kıtasının üzerinde ise, doğrudan doğruya uygarlık yaratan bir rol ifa etmiştir ve bundan sonra bu kıtanın insanları, yani ağaçlar üzerinde yaşayanlar, uygarlığa doğrudan doğruya Roma'nın ve onun dilinin ve âdetlerinin etkisiyle adım atacaklardır. Mussolini zamanında Faşist Parti gençliğe dağıttığı broşürlerde, "Başka milletler ağaçlar üzerinde yaşarken, senin ülkende medeniyet vardı" diyor.[59] Romalılara sahip çıkıyor bu doğru, fakat eksik olan bir şey var: Bugünkü İtalya'yı oluşturan insanlar da o kavimlerin göçüyle gelmişler, yani, eski İtalya'nın yıkımına katılmışlardır. Tabii, aynı zamanda o medeniyetten en çabuk ve en yoğun bir biçimde istifade eden insanlar olarak da modern İtalya'yı oluşturmuşlardır.

Siyasî safhaları itibariyle baktığımız zaman, Batı Avrupa'daki kabileler Roma'nın altında müttehid olarak yaşıyorlardı. Aralarında da gayet gaddar çatışmalar vardı. Meselâ, bir pasaj aklımızdadır: "Galyalılar aralarında çatışıyor Sueb'lerin büyük şefi Ariovistus, Hedular'a karşı Sequvanlar'a yardım ediyor, fakat ondan sonra yardım

59 Paolo Monelli, *La tua Patria*, Segretaria Generale dei Fasci al estero, Roma 1929, s. 11-12.

ettiği müttefiklerinin topraklarını kendi askerleriyle bölüşüyor ve onları köle yapıyor." Şimdi, hem o yenilen Haedular, hem de bu zavallı Sequvanlar Roma'dan yardım istiyor ve Galler'e adaleti ve barışı Roma iade ediyor ve bir nizam meydana getiriyor. Demek ki, tarih ve uygarlık burada bu şekilde başlıyor. Bu imparatorluğun yıkılışından sonraki kavimler göçü sırasında (bu, modern Avrupa'yı oluşturan olaylar silsilesidir) Franklar, daha çok ağırlıklı olarak Fransa'da (ama sırf onlar değil, daha bir sürü kabileler var), Germenlerin içinde Suebler, Alemanlar gibi birtakım kabileler; modern İspanya'nın oluşumunun temeli olan Vizigotlar, kıtanın milletlerini oluşturuyorlar ve bir müddet sonra, aşağı yukarı 8. asrın sonunda Charlemagne'ın Büyük İmparatorluğu oluşuyor. Bu bugünkü Fransa'yı, bütün Benelüks'ü, Almanya'yı, Avusturya'yı ve Kuzey İtalya'yı (Lombardiya ülkesini) içeren bir imparatorluktur. Zaten Charlemagne'ın unvanlarına baktığımız zaman, Frank Kralı, Longobartların Kralı ve Germenlerin Başbuğu; sonunda 800 yılında (miladî), Roma'da Papa'nın elinden imparator olarak taç giyiyor. Artık Avrupa ortaya çıkmıştır. Bu yeni kıta, Roma mirasına sahip olduğunu iddia eden, ama aslında son derecede taşralı ve geri kalmış bir mirasçıdır. Roma'nın dinine sahip olduğunu iddia eder, doğrudur; ama Roma'da oluşan dini hiçbir şekilde tartışmadan kabul eden bir kavimler topluluğudur. Çünkü o din, yani Hıristiyanlık, Doğu'da, yani İskenderiye'de, Kudüs'te ve bizim sınırlarımızdaki Antakya'da müthiş bir felsefî tartışmayla, hiyerarşik kavga ve bunalımlarla gelişmekteydi.

Halbuki Şark'taki bu kavganın yanında, Garb'daki insanlar, yani Barbarlar, kilisenin hâkimiyetini ve doktrinini gayet rahat bir şekilde kabul ediyorlar. Burada, Hegelci bir tabir kullanmıştık; "*Barbarisches Gemüth*-Barbarik lakaydi", yani meselâ, Harvard'daki, Yale'deki Amerikalı hukukçu Amerikan Yüksek Mahkeme kararlarını tartışır, gırtlak gırtlağa gelir, kılı kırk yarar; fakat Iowa'lı çiftçi Amerikalı için bu hiçbir şey ifade etmez, onun için bu Birleşik Devletler'in mevzuatıdır. Orada ne uygulanması emrediliyorsa, öyle olur. Batı Avrupa'ya Hıristiyanlık, temel kavgalarını bildirerek gelmiştir; eğitimsiz kavmin dine girişi Hıristiyanlığın benimsenmesi, devletin ve toplumun buna göre şekillenmesi söz konusudur. Bu imparatorlukta çok ilginç bir şekilde dünyevî otoritenin, yani imparatorun yanında, kilise ayrı bir kurum olarak üstünlüğünü hissettirmektedir.

Kilise Şark'ta da vardır, fakat hiçbir zaman dünyevî otoritenin üstünde ve onun dışında ve onun yanında bağımsız bir kurum olarak kendini kabul ettirme hakkına sahip değildir. Çünkü, oralardaki devlet ve imparatorluk geleneği buna mânidir. Demek ki, kıtada çok önemli bir şekilde insanların arasında parçalanma (partikülalizm) eğilimi söz konusudur. Yani, her bölgenin başındaki şef, o şefin altındaki her kabilenin başındaki küçük başbuğlar, kendi siyasî otoritelerini kabul ettirme eğilimindedirler ve bunların arasında otoriteye tâbi olmaktan çok, bir tür anlaşma söz konusudur. Demek ki, vahşiler arasındaki, kavgacılar arasındaki kavgaları bastırmak, dindirmek için mevcut akitlerde (zımnî akit) kurulan bir sistem söz konusudur ve Batı'daki imparatorluğun, Doğu'daki (bizim bugün Bizans dediğimiz) imparatorlukla arasında çok büyük bir farktır bu. Doğu'da devlet ve halk ilişkileri, otorite ilişkileri bu gibi kontratlara dayanmaz; ve bu imparatorluktaki kuvvet, bu imparatorluktaki birlik, Batı'daki imparatorlukta görülmez. Bu çok önemli bir nokta; çünkü eksik olan otorite, bugünkü demokrasinin esasıdır; bu Avrupa'ya has, doğuştan bir üstünlük gibi gösterilmektedir. Çok ilginç bir şey, yorum değişiyor. Ortaçağın bu hakîr görülen özelliği, bugünkü tarih anlayışında *progress*, ilerilik olarak yorumlanıyor. Halbuki o tarihte bu, doğrudan doğruya, çaresizlikten, kargaşadan ileri gelen bir nevi küçük ateşkesler, uzlaşmalar bütünü gibiydi. 800'de güya bir siyasî birlik gibi görülen bu Batı Avrupa İmparatorluğu; Papa'nın elinden Büyük Karl'ın taç giymesiyle hukuken teşekkül etti. (Tabii ki, bu imparatorluk çok kısa zamanda aslî parçalarına bölünecekti.)

Bu arada kıtanın tümünün bir Hıristiyan imparatorluk ve camia olmasını önleyen gelişmeler vardır. Hepimizin bildiği gibi, 8. asrın ortalarında Müslüman Arap ve Berberilerin İspanya'ya (Endülüs'e) adım atmaları gibi bir olay, Hıristiyanlığın Avrupa tarihinin en büyük yaralarından biridir. Bazı şeyler unutulmuyor, hiç unutulmayacak ve aslında unutulmaması gereken olaylardan birisi de

İspanya'nın kendisidir. Çünkü Endülüs bitti, yani sekiz asır kadar orada kaldıktan sonra tamamıyla atıldı. Fakat atılamayan bir şey, o uygarlığın izleridir. Ve bu İspanya'daki Katolisizm için çok rahatsız edici bir kalıntıdır. Karşımızda çoğulcu bir kültürün kalıntıları vardır ve onun üzerine geldiği iddia edilen İspanyol Rönesansı gerçek anlamda bir Rönesans değildir; yeni bir Katolik zihniyet, eski çoğulculuğun üzerine oturmuştur. Müslüman Endülüs'te, Müslüman Arapların yanında Yahudiler, onların yanında bizatihi eski Hıristiyanlar, Vizigotların çocukları bir arada yaşamaktadırlar. Bu "Mozarab" dediğimiz takımın (*musta'rib,* "Araplaşmış" kelimesinden gelmedir), Arap dili çerçevesinde yarattıkları kültür, ilim ve siyasal uzlaşım sistemi, kıtada daha çok uzun zamanlar görülmeyecek bir şeydir. Ve 1492'de İspanyolların Reconquista'sından, yeniden fetihten sonra (çok yakın bir tarihtir), Arapların Endülüs'ten Yahudilerle birlikte sürülmesi, yağma ve katliama uğramaları yeryüzünde Nazi Holocaust'undan evvelki en utanılacak, eski ortak geçmiştir. Yani Hıristiyan Avrupa'nın bugüne kadar hiç unutulmaması gereken iki büyük ayıbı vardır; bunlardan biri doğrudan doğruya 20. yüzyılda cereyan eden ve Yahudilere yapılan Holocaust dediğimiz katliamdır. Fakat ondan evvel, onun öncüsü olan engizisyondur, yani Endülüs'ten Müslümanları ve Yahudileri temizlemek üzere girişilen büyük ameliyedir, çok da uzun sürmüştür. Bu ikisi unutulamaz.

Avrupa'nın Yeni Kimliği

Avrupa kıtası aslında tarihteki bazı olayları kapatmak için, dış dünyanın üzerinde ısrarla bir denetçilik görevi üstlenmiştir ve orada "*Mission civilisatrice*" (medenîleştirme misyonu) dediğimiz sürece benzeyen bir nevi insan hakları misyonerliğini bunun için yüklenmektedir. Bu kıta gerçekten çok müttehid bir aile miydi? Hayır. Bu kıtanın içinde bölünmeler vardır. Bir kere bu kavimlerin birbirleriyle çatışmaları, 15. asırdan beri sürmektedir. İngiltere'yle Fransa, Germenlerle Slavlar arasındaki büyük çatışma, ilk ortaçağdan beri sürmektedir. Slavlar aslında bugünkü gibi Doğu Avrupa'da ve Rusya'da yaşayan bir kavim değildi; Avrupa'nın ortalarına kadar yaygındılar. Germen kavimler bunları yavaş yavaş püskürtmekteydi ve Polonya'yla Almanya arasında dinmeyen bir nefret 12. asırda artık şekillenmiştir. Çünkü Almanya Vistül'e, Polonya arazisine doğru ilerlemekte, buraları işgal ve ilhak etmektedir. Gene, İspanyollar Arapları kovmak için aralarında birleşmektedir. Fakat bu birleşmenin sonunda ortaya çıkan İspanya hiçbir zaman müttehid olmamıştır. Bask probleminden söz etmiyorum. Kültürel ve beynelmilel ilişkileri bakımından bugün bile Katalunya'yı, yani Barselona'nın civarındaki birkaç milyon insanı ele alırsanız, bunların karakter olarak değişik olduğunu görürsünüz ve size de zaten şunu söylerler: "Biz Akdenizliyiz, Avrupalıyız. Bu adamlar, İspanyollar, Akdenizli de değildir, Avrupalı da değildir. Bunlar Arap'tır. Bu İspanyolların karakterleri değişiktir." Meselâ, Katalunya dünyaya daha açık bir topluluktur, etrafla ilişki kurmak ister; İspanyolca bilmiyorsanız Fransızca, İngilizce, Almanca mükâleme önerir; öbürü için ise, bu söz konusu değildir. İspanyollar o konuda bize benzerler. Kendi aralarında konuşurlar. Ecnebîye aldırış etmezler. Dışla temasa son derece kapalıdırlar ve yabancı dil bilmezler. Eğitim bakımından ortalamaya vurduğunuz zaman, bugünkü Avrupa'da yabancı dil sorunu olan iki büyük kitle, İspanyollar ve Yunanlılardır. Sonra burada Bask problemi vardır. Gene İspanyolca konuştuğu halde, kendi özgün lehçesi üzerinde çok ısrar eden Galiçyalılar vardır. Kuzeydeki bölgelerdir bunlar ve bir zamanlar İslâmlaşmamış, Araplaşmamış Kuzey İspanya'nın kalıntılarıdır.

Nihayet Avrupa kıtasındaki kavga çok uzun sürmüştür; İspanya ile Fransa, Fransa ile İngiltere, Germenlerle Slavlar ve İtalya ile kıta arasındaki nefret uzun asırlar sürmüştür, İtalya aslında bugünkü Avrupa'nın kültürel müesseselerinin yaratıcısıdır. Banka kurumu İtalya'nın icadıdır. Gazete İtalya'nın icadıdır. Ticarî borsalar, ticaret odaları İtalya'nın icadıdır, muhasebe İtalya'nın icadıdır. İtalya olmasa bugünkü gemicilik terimleri olmazdı. Bazılarına göre İtalya'nın gerilemesi, teşebbüs-i şahsî kıtlığındanmış; olacak şey değil, dünyadan ticaret kaybolsa İtalyanlar keşfeder, bunun yanıbaşında *civita* (medeniyet) ve *cultura* dediğimiz kurumları Şark'tan aktarmak İtalya'nın işi oldu. Musiki ve Avrupa'nın temel kurumları İtalya'da gelişti. Tarihte doğru dürüst bilimler akademisinin teşkil edilmesi İtalya'nın işidir; dili geliştirmek için bilinçli kurumlar İtalya'da meydana getirildi. İtalya aslında kıtanın küçük bir modelidir ve kıtanın bugünkü kültürel müesseselerinin de yaratıcısıdır. Yani, Apeninler'in kuzeyi aslında İtalyanların taklitçisidir. Bunu bugün bile görürsünüz. Bahçesine sarayına varıncaya kadar, her şeyiyle görürsünüz. Fakat bu İtalya ile Avrupa arasında bir çekişme vardır ve İtalya çok yakın zamanlara kadar, Alpler'in kuzeyindeki kuvvetler tarafından istilâya uğramıştır. Onların hükmü altında kalmış, yağmalanmıştır.

Bunun safhalarını bu şekilde gördükten sonra, 1648'de bugünkü Almanya'nın ve Almanca konuşan bölgelerin oluştuğunu görürüz. Nasıl oluşur bu? Birtakım küçük prensliklerden, krallıklardan, şehirlerden oluşan bir dünya. Nihayet büyük din savaşlarıyla, Protestanlık ve Katoliklik arasındaki savaşlarla 30 yıl birbirini yedikten sonra Almanlar 1648'de aralarında bir anlaşmaya varmıştır: Westphalia Barışı... Bu barış, sadece Protestan ve Katolik devletçikler arasında bir barışı getirmekle kalmamıştır, aynı zamanda da modern Avrupa'nın diplomasi sistemini, devletler arasındaki ilişkiler sistemini, Roma hukuk ilişkilerine göre tanzim eden bir anlaşma olmuştur. Westphalia Barışı ve sistemi, biz o antlaşmada taraf olmamamıza rağmen, kendisini nerede tekrarlayacaktır? 1699 Karlofça Antlaşması'nda. 1699'da İkinci Viyana Muhasarası'nın getirdiği felâketi izleyen bir dizi harple Macaristan'ın elimizden çıkması sonucunda ilk defadır ki, Müslüman imparatorluk Hıristiyan devletlerle karşı karşıya gelip bir mütareke yapmaktadır. İlk defadır ki bir mütareke, tek taraflı ahitname tarzında değil, eşit kuvvetler arasında ve Romanist hukuk sistemine ve hukuk prensiplerine göre yapılıyor. Aslında Osmanlı İmparatorluğu da bu Avrupa devletler camiasının yeni düzenine adım atmış oluyor. Bu arada 1654'te Pyrénées Antlaşması'yla İspanya'yla Fransa arasındaki büyük kavga sona eriyor. Fransa ve İspanya gibi iki büyük Katolik kuvvet arasında sınır çekiliyor ve artık iki Katolik devlet, iki ayrı millî devlet sınırlarını ortaya çıkarıyor. İspanya, Avrupa'da birtakım yerlerden çekilmektedir ve bu şüphesiz ki Almanca konuşanlar ve İtalyanlar lehine olmaktadır. İspanyol deniz kuvveti daha 16. yüzyılda İngiltere'ye yeniliyor ve Hasienda Antlaşması'yla İngiltere ulusal bünyesiyle, İspanya ulusal bünyesi birbirinden ayrılıyor. Burada savaşlarda kendi sınırlarını, millî sınırlarını çizebilecek olan kuvvet Avusturya'dır. Avusturya'nın tarihî kimliğini, tarihî sınırlarını oluşturması doğrudan doğruya Türklerle olan kavgaya bağlıdır. Avusturya büyük dukalarından biri olan Maximilian, Burgondiya Prensesi Marie ile evleniyor. Buna Burgondiya Düğünü denir. Bugünkü Belçika, Avusturya topraklarına ilhak ediliyor (katılıyor). Ardından Izabella ve Ferdinand'ın "Deli" veya "Çılgın Johanna" denen kızları vardır. Onunla Philippe evleniyor. Buna da İspanyolca Kastilya Düğünü denir. Dolayısıyla, bütün İspanya, sadece İspanya değil; Güney Amerika ve İspanyol Avrupa vilayetleri de sözde Avusturya'ya bağlanıyor. Sonra, Macar Düğünü denir, Avusturya Büyük Dukası Ferdinand ve Macar Kralı Layoş karşılıklı kız kardeşlerini veriyorlar birbirlerine: Macar Anna ve Avusturyalı Maria. İki hükümdardan kim erken ölürse onun tacı öbür tarafa geçecek. Tabii 1526'da Mohaç Savaşı'nda Layoş öldü; daha doğrusu savaşta öldürüldü. Avusturya ise bu mirası, yani Macaristan'ı alamadı. Çünkü Türklerin eline geçmişti. Dolayısıyla bu ülkenin görüyorsunuz ki kaderi Türklerle kavgadan geçecek. Bunun dışında bir büyük harp yok. Meşhur bir motto vardır. *"Bellum gerant alieni, tu felix Austria nube!* = Bırak, savaşı başkaları yapsınlar. Sen evlen, ey mesut Avusturya!" Hükümdarların evlenmesiyle ülkeler birbirine katılır ve bunun üzerine bir de Alman İmparatoru seçildiği an, Avusturya büyük dukaları, "Mukaddes Roma-Germen İmparatoru" oluyorlar. Binaenaleyh bu imparatorlukla olan savaşlar; hem Osmanlı Rumeli kıtasındaki sınırın gerilemesine sebep olmuştur, hem de Avusturya'nın ve Almanya'nın tarihî oluşumuna hizmet etmiştir ve ne zaman bitmiştir? Silâhlı kavga olarak 1791'deki Ziştovi Antlaşması'yla bitmiştir. Ondan sonra biz bir daha Avusturya ile muharebe etmedik. Etmedik ama, 1878'de Berlin Kongresi'nde, aradan el çabukluğuyla Bosna-Hersek'i işgal edip aldılar. Yani

İmparatorluğun en önemli parçasını Avusturya işgal etti; 1908'de de hukuken ilhak etti. Şimdi bunu yapmadan evvel, 1878'de karşımızda Avusturya vardı. Ama 1798'de Avusturya yoktu, Almanya vardı. Çünkü Avusturya dükleri Alman İmparatoru'dur. O imparatorluğu iptal eden Napolyon'dur. İptal ettikten sonra, merkezi Viyana olan yere Avusturya İmparatorluğu denmiştir. Bizim mektep kitaplarındaki yanlış bilgi bir yana, bir de üstüne tarihî Türk-Alman dostluğu veya ananevi Türk-Alman dostluğu nereden çıkıyor? Böyle bir şey olabilir mi? Bütün tarihimiz boyunca kavga ettiğimiz kuvvet Almanlardır. Balkanlar'daki toprak kayıplarında iki devlet sorumludur karşımızda: Avusturya dediğimiz Alman İmparatorluğu ve Rusya. Bu iki devlet ile süregiden kavganın sonunda, hem bizim siyasî kültürel kişiliğimiz oluşuyor, hem de Avusturya ve Almanya'nınki oluşuyor. Ama burada ananevi dostluktan bahsedilir mi? Ananevi dostluktan belki Fransa ile bahsedebilirsin, o doğrudur. Çünkü Fransa ile Türkiye arasında tarihte uzun süre ciddi bir savaş yoktur, ittifaklar vardır. Daima diplomatik manevralar vardır ve diplomatik manevraları da Fransa Türkiye ile birlikte yapmıştır. Çünkü Fransa ve Türkiye'nin en büyük düşmanları müştereken Alman taraftarı olan İspanya'dır. Fransa ise, Avusturya ve İspanya'ya karşı Osmanlı ile beraber olmak zorundadır. Osmanlı da o ikisine karşı Fransa ile birlik olmaktadır. Orada bir dostluktan söz edebilirsin. Kaldı ki Kırım Savaşı'nda, Fransa Türkiye'nin yanında olmuş. Gerçi 16. asırdan beri Osmanlı İmparatorluğu Fransa ile ittifaklar içindeydi ve bu hep böyle devam etmiş, ne zamana kadar? 1914'e kadar. 1914'te Fransa ile ilk defa ciddi olarak bir kavgaya tutuşmuşuz. Tabii bu harpte de yine kavga ettiğimiz cepheler Fransız cepheleri değil, İngiliz cepheleridir daha çok. Fakat her halükârda Fransa ondan sonra artık düşmanınız olan, karşı saftaki bir kuvvettir. Ama Almanya ile kavgamız dikkat ederseniz ta 15. asırdan başlamaktadır.

Meselâ, Polonya tarihi açısından o ülkenin parçalanması ve üçte ikisinin Alman-Avusturya blokuna gitmesi unutulmayacak bir şeydir. Polonezler iyi yaşamayı seven, rahat bir halktır. Çok kültürlü, üniversiteleri iyi, okuma yazmayı, müziği çok iyi bilip öğrenen;

hakikaten çok sesli bir kültür söz konusudur. Serbest dolaşım, serbest mülkiyet gereği topraklarına gelip Almanlar yerleşecekler, yerleşmek mecburiyetindeler. Almanlar, bu sayede Polonya arazilerine gelip oturacaklar, yatırımlar yapılacak. Şimdilik Polonya arazi satışına ambargo koydu, ama şimdilik. Zaten Polonya'nın batısı bütün eski Alman şehirlerinin adını taşır. Ortaçağda Almanlar tarafından gasbedilen Polonya idi. Yavaş yavaş istilâ edilmiş ve paylaşımda Almanya'nın eline geçmişti. İlerde Almanlar oraya yine gelip oturacaklar ve bu hiç hadisesiz olacak zannediyorsak yanılıyoruz. Burada her zaman için şirketlerde, fabrikalarda, hatta umumî yerlerde çatışmalar, gerilimler vukua gelecek. Bunun dışında Orta Avrupa ve Doğu Avrupa dünyası var; Macaristan, Çek Cumhuriyeti, Slovakya, Hırvatistan, Slovenya vs. gibi. Buralarda hiç şüphesiz Alman nüfuzu kendini hissettirmektedir. *Lebensraum* eski bir kelimedir. Hitlerist bir kelime değildir ve Almanya'nın güneşin altındaki yeri lâfı da İmparatorluk başbakanı Bülow'a aittir. Yani Hitler'den evvel kullanılmıştır. Bülow, "Almanya sadece güneşin altındaki yerini istiyor" diyor. Nasıl bir yer bu güneşin altı ve bu slogan 19. yüzyıl Alman politikasına nasıl esas oluyor? İster istemez Almanya'nın tahıl bölgeleri, maden bölgeleri ve ucuz işçi bölgeleri Doğu Avrupa'dır. Eğer Doğu Avrupa komünist bloka geçip, demir perdeyle kapanmasaydı; Almanya'ya İtalya'dan, İspanya'dan, Yunanistan'dan ve Türkiye'den işçi gitmesi gibi bir olay (1950'lerde-1960'larda) olamazdı. Bu tür bir işgücü dahi doğrudan doğruya demir perdeyle ilgili bir olaydır. Almanya'ya gidecek işgücü bellidir. Doğu Avrupa'dan gelir, Polonya'dan gelir, bilhassa Macaristan'dan gelir, Slovakya'dan gelir, Ukrayna ve Romanya'dan gelir. Buralardaki insanlar Almanca konuşurlar. Kimi iyi konuşur, kimi kötü konuşur. Nasıl bizde İngilizce makbulse, orada da Almanca makbuldür. Bu insanlar Alman gibi yaşarlar. Alman kültür alanının içindedirler. Kültür adamları, aydınlar, özellikle bir grup sosyolog ve siyaset bilimci bu yapıdadır. Berlin bunların başkentidir. Bundan 10 sene evvel, başkenti Bonn'dan Berlin'e kaydırmak söz konusu olduğu zaman, Almanya'da birtakım münevverler protesto toplantıları tertiplediğine değinmiştik, kitaplar yazdılar; "Başkentin Bonn'dan Berlin'e kayması Almanya'nın batılılaşmasını, yani Batı Avrupalılaşmasını engeller ve bizi doğululaştırır, istemiyoruz" sloganı atılmıştı. Berlin, Doğu Avrupa'nın ve Orta Avrupa'nın doğal başkentidir. Kaldı ki Doğu Avrupa'daki insanlar da Alman baskısından çok şikâyet edip, ürküyor değiller. Onlar da bekliyorlar zaten Almanya gelsin diye. Bundan 5-6 sene evvel Prag'da Çek münevverleri toplanmışlar; "Biz Almanya'dan özür dilemeliyiz, çünkü biz Almanları Bohemya'dan, Südetler bölgesinden attık" diyorlar. Aslında 1918'de Çeko-Slovakya kurulduğunda kimse oradan Almanları falan atmadı. Öyle bir niyeti de yoktu. Avusturya-Alman asıllı olan birçok toprak sahibi vardı, onlara bile dokunulmadı. Çek ülkesinde Hitler Almanyası'nı istemek, milliyetçilik yapmak, orayı ilhak etmeye kalkışmak, Südet Almanlarının kendi fiiliydi. Sadakat göstermeyen bir millî gruba (dikkat edin azınlık demiyorum, bir coğrafyayı kapsıyorlardı) karşı Çeklerin o zaman duyarlılık göstererek, bunları atması normal görünmelidir. Herkes bunun sonucuna katlanır. Şimdi bunun için de özür dilemenin bir manası yok. Ama bugünün Çek aydınları diliyorlar; çünkü o adamlar Almanya'dan burs bekliyorlar, davet bekliyorlar, iş bekliyorlar. Çeklerin aydınları bu kadar aşağılandığına göre, işçisi de öyledir, köylüsü de öyledir, palazlanacak olan yeni sermayeleri de öyledir. Romanya ve Bulgaristan Almanları bekliyor; Ukrayna bekliyor. Ukrayna kendini Rusya'dan gerçek anlamda koparmak için Almanya'yı bekliyor ve yorumlar yapıyorlar. Yeni tarihçiler, "Efendim, diyorlar, Rusya'da ve Rus toplumunda demokrasi yoktur, çünkü onların tarih boyunca otonom şehirleri, Rat'ları yani konsülleri falan olmadı. Halbuki bizim vardı, biliyorsunuz. Litvanya hâkimiyeti sırasında Germanik müesseseler girdi." Vakıa tarihlerindeki bu demokratik nüveli denen kurumları (!) mumla arasanız bulamazsınız, ama yorumlar devam ediyor. Demek ki insanlar Almanya'yı bekliyorlar. Doğu Avrupa'nın (ekonomik-malî) ilhakı Avrupa'nın siyasî birliği içinde Batı Avrupa'yı, yani İspanya'yı, İngiltere'yi, Fransa'yı çok alâkadar etmediği halde, tamamen Alman-Avusturya blokunun bir talebidir ve bu talep doğrultusunda bir Avrupa Birliği teşkil edilmektedir, bu noktaya çok dikkat edilmelidir. Bu gerçek anlamda bir siyasî birlik değildir. Gerçek anlamda bir siyasî birlikte eşitlik olur. Burada ise, büyüğün küçüğü idare etmesi söz konusudur. Sadece bir büyüğün küçükleri idare etmesi; ondan sonra da öbür büyükleri de idare etmesi şeklinde tecelli etmektedir. Demek ki bilhassa komünizmin yıkılmasından sonra Almanya'nın büyümesi ve yayılması kaçınılmaz görünüyor. Bugün bu emperyal tutumu reddeden Sosyalist ve Yeşiller grupları dahi yarın bu politikaya alışır ve benimserler.

Almanya'nın bu tarzda büyümesi, bizim bildiğimiz anlamdaki Avrupa siyasî birliğini de tehdit eder vaziyettedir. Öte taraftan, bu siyasî birliğin içinde, tarih boyunca iki kere, muhtelif Avrupa birlikleriyle, devletleriyle ittifaka girerek, Avrupa'nın siyasî coğrafyasının çizilmesinde aktif rol oynamış bir kuvvet Rusya'dır. Birincisi Napolyon'un Rusya seferinin hemen akabinde Rusya'nın müttefiklerle 1815 Viyana Kongresi'nde Avrupa'yı yeniden biçimlendirmesi ve ikincisi ise, İkinci Cihan Harbi'dir. Rusya sürekli olarak Avrupa'dan dışlanmıştır. Avrupa kültürünü inşa eden milletlerden biri olan Rusya, Avrupa'dan dışlanma konusunda Türkiye'den daha farklı bir durumda değildir, bunu biliyorsunuz; Avrupa'sız Rusya düşünülemez. Fakat Rusya'sız da Avrupa düşünülemez. Yani Rusya'nın olmadığı bir Avrupa, ne kimya denklemlerini hesaplayabilir, ne doğru dürüst bir roman okuyabilir. Rusya'sız modern resim de olmaz. Çünkü 20. yüzyıl başından itibaren modern avantgarde resmin tüm öncüleri Rusya'dan çıkmıştır. Hani "Avrupa Hıristiyanlık kültürü üzerine kuruludur" diyordunuz, ama bu Hıristiyan Rusya en azından Türkiye kadar dışlanmaktadır. Demek ki burada ana unsur başkadır. Ana neden Avrupa'nın, kuvvetli Şark imparatorluklarını, eski imparatorlukları içine almaya hazırlıklı olmamasıdır ve bunun sıkıntısı da bir ölçüde yaşanacaktır. İki kuvvet bu yüzden birbirine yaklaşır ise, doğacak neticelerden Avrupa siyasî birliğinin kendisi sorumlu olacaktır.

Şimdi, bu imparatorlukta üçüncü safha hiç şüphesiz ki, 1856 Paris barışıdır. Bu, doğrudan doğruya Batı Avrupa'nın Osmanlı İmparatorluğu'nu ve onun başına gelen bir harp felâketini kullanarak, Doğu'daki Rusya'yı püskürtmesi ve ona haddini bildirmesidir. 1856 Paris Antlaşması'nda da gerçek anlamda modern Avrupa müesseselerinin ve sınırlarının temelleri atılmıştır. Türkiye de o kongrede Avrupa devleti olmuştur. Halen de Avrupa devletidir. Yani Avrupa Birliği'nin üyesi değiliz, fakat o zamandan beri Rusya ile birlikte Avrupa devleti olmuştur. Rusya (SSCB) 1917 ve 1945 sonrası operasyonlarıyla bu birliğin dışına kendini çekmişse de, Türkiye her zaman için bunun içinde kalmıştır. Şimdi çok ilginç bir şeydir ki, bu gelişme aslında 1918 savaşının sonunda millî devletlerin son şekillerini almasıyla kendini tamamlamaktadır. Hepinizin bildiği gibi Polonya, Çekoslovakya ve Baltık devletleri ortaya çıkmaktadır. Ama artık şurası kesindir ki, millî hakların iadesine istinaden etnik gruplara hitab eden Avrupa millî haritası bu harbin sonunda oluşmaktadır. Bir ara büyük devlet olarak varken, yok olan Polonya ortaya çıkmaktadır. Efsaneyi biliyorsunuz, Polonya son paylaşıldığı zaman, "Türk atları Vistül'den su içmedikçe biz esir kalacağız" dendi. Yani "Türkler buraya kadar gelip, Rusya ve Avusturya ile kavga ederse bu iş olur" deniyordu. Kehanet doğru çıktı. Biliyorsunuz, Avusturyalılar Birinci Dünya Savaşı'nın en berbat askerleridir, yani en iyi donanımlı, ama en kötü savaşan, daha doğrusu savaşmayan askerlerdir. Bunlar doğu cephesinde bir başarı elde edemeyince, Almanlar kendilerine yardım ediyordu, derken tecrübesiz komutan Enver Paşa Avusturya ve Almanya kendisinden yardım istemeden gönüllü olarak Galiçya'ya en mutena tümenleri yolladı. O tümenler Galiçya'da çarpışıp şehit düşerken, ister istemez süvarilerimiz de Vistül'den su içtiler, atlarını suladılar. Çünkü Vistül nehri o civardadır. 1918'de Polonya bağımsız olmuş ve âdeta kehanet doğru çıkmıştır. Bu tabii çok ilginç bir yapılaşmadır. Demek ki Avrupa'nın bu son millî oluşumuyla bir siyasî harita çıkmıştır. Bu artık değişmeyecektir. Batı Avrupa açısından değişmeyecek bu haritanın Doğu Avrupa'da da değişmemesi, doğrudan doğruya Almanya'nın üstünlüğüne bağlıdır. Balkanlar'da ise, bu haritanın değişmeyeceğine dair kimse senet veremez, verene de şaşmak gerekir. Nitekim olaylar da bunu göstermektedir. Demek Avrupa'nın

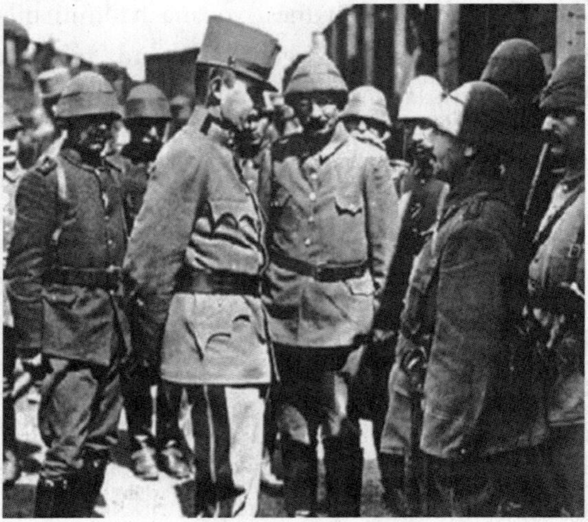

Avusturya İmparatoru Karl, Galiçya'da Türk birliğini ziyareti sırasında askerle konuşuyor.

Kaynak: Kansu Şarman (haz), Kumandanım Galiçya Ne Yana Düşer?, *2007.*

güneydoğu kısmı hiç de öyle dinginliğe kavuşmuş değildir. Yani Osmanlı İmparatorluğu yıkıldıktan sonra bu bölge bir daha huzur görmemiştir. Bir ara demir perdenin getirdiği şartlar dolayısıyla denge kurulmuşken, şimdi eski kavgaya bütün sıcaklığıyla devam edilmektedir, kazan yine kaynamaktadır. Şu halde, karşımızda, siyasî birliğine giden Avrupa'nın oturmuş dengeli kısımları vardır, oturmamış kısımları vardır, hiç oturamayacak kısımları vardır ve Türkiye de bu iki dünyanın ortasındadır. Yani doğu ve güneydoğunun arasındadır. Çok önemli sorunları vardır. Aslında dingin olması gereken bir Avrupa'nın Türkiye ile beraber olması gerekir. Bu, onlar açısından doğrudur. Bu, bizim için çok gerekli değildir. Yani Türkiye Avrupa içinde olursa Balkanlar'da, Güneydoğu ve Doğu Avrupa'da dinginlik kazanılır, bundan Türkiye de kârlı çıkar, huzur her zaman iyidir. Ama içinde olmadığımız takdirde çıkacak hengâmede Türkiye o kadar zarar görmez. Avrupa'nın, aslında bu birliği teşekkül ettirmek isteyen Türkiye gibi tarihî ve siyasî bir kuvveti, bir önemli denge unsuru olarak bunun içinde görmesi gerekir. Ama bu birlik, söylediğim gibi ön planda bizim menfaatimiz olmaktan çok, o birliği tesis ettiren devletlere ait bir sorundur.

Avrupa Siyasî Birliği

Avrupa'nın birleşme ihtimalleri nedir? Burada kuşkusuz tekrar kimlik sorununu ele alacağız. İkincisi doğrudan doğruya bu birliğin nasıl özlendiğine bağlı bir şeydir. Daha önce de değinildi; ilk birlik tasarıları 1623'te Venedik merkezli bir Avrupa'yı öngörüyor. Papalık ve Osmanlı protokolde ilk iki dereceyi alıyor. Yani Papa ve Osmanlı Padişahı; biri Hıristiyanların Papa'sı zaten, diğerini de Müslümanların Halifesi olduğu için, öyle olmasa da ruhânî reis gibi görüyorlar. Dünyayı bu ikisi birleştirecek, hakemlik yapabilecek iki kuvvet gibi görünüyor. Fakat normal Avrupa düşüncesi, 16. asırda IV. Henri'nin Başbakanı Sully'nin *le Dessein de Henri IV* adlı eserinde çizdiği Avrupa'dır. Hiçbir şekilde Türkiye'ye ve Rusya'ya burada yer yoktur. Açıkça da ifade edilmektedir. Yani bu Avrupa'da Türkiye ve Rusya hariç, herkes vardır. Beğenseniz de beğenmeseniz de, orijinal ve hakiki Avrupa derisi budur. Bunu yırtamazsınız. Bunun altına girmek son derece güçtür. Bu politikayı kabul etmek lâzımdır. Yüzde yüz teslim olunsun denemez ama, unutmamak lâzım, Avrupa'nın görüşü budur ve bu değişmedi.

Burada açıkça size arz ettiğim nokta, Avrupa'nın dünyanın en dingin kıtası olduğudur. Avustralya kendi içinde 22 milyon koyun, inek ve 17 milyon adamın yaşadığı oldukça dingin bir kıta olduğuna göre (Antartika'da sadece penguenler yaşıyor; dinginlik karşısındaki sorun, daha çok kıtanın erimesi). O ikisi hariç, hakikaten dünyanın en dingin kıtası Avrupa'dır. Buna rağmen burada da tam bir siyasî birlik yok. Umumi ilişkiler uzun savaşlarda 17. asırda çözüme bağlanmış ve zamanla millî devletlerin ortaya çıktığı Fransa, İngiltere, Almanya ve tabii İskandinavya kendi içinde sorunlarını halletmiş bir bölgesel bütündür. Aslında İskandinavya coğrafyası ve *ethnicité*'si üçe bölünmüş bir camiadır. Tarihte İsveç ve Norveç'i, Danimarka'nın idare ettiği o büyük krallık parçalanmıştır ve Danimarka, İsveç, Norveç halkının konuştuğu lehçelere dil deniyor. Dil değil bunlar; birbirlerini rahatça anlıyor, rahatça okuyorlar. Tercüme faaliyeti de ayıp olmasın diye yapılıyor, birbirine çok yakın diller. Meselâ, bizim Azerbaycan Türkçesi ve Anadolu Türkçesinden de daha yakın. Çünkü Azerbaycan'a gidip ilk anda tiyatro seyredemezsiniz, kısa zaman sonra alışırsınız. Bunlar birbirlerinin tiyatrosunu, televizyonunu seyreden, romanını okuyan adamlar. Orada bir problem yok. Şüphesiz ki İtalya'nın içinde bir birlik sorunu yok. Bakmayın siz Güney-Kuzey çatışmasına, bir birlik problemi yok. İspanya'nın içinde bu işi çözülmüş gibi addediyoruz. Portekiz ve İspanya birbirinden nefret etse de, İber Yarımadası'nda artık dinginlik var. Ama bu kıtada halen bir dinginlik problemi vardır. Bu da Doğu Avrupa'nın durumundan ileri gelmektedir. Balkanlar'dan ileri gelmektedir. Problemler açık bir şekilde ortadadır. Dolayısıyla bu siyasî birlik meselesine el attığımız zaman, Avrupa'da bazı sorunlara çok ihtiyatla yanaşmalıyız. Bu kıtanın ipini çeken ülke Almanya bir Amerika olabilir mi? Görünüşte öyle. Amerika olmak istiyor Almanya. Hayır olamaz, mümkün değil. Nüfus yapısı müsait değil, Almanya ihtiyar ülkedir; Amerika ise halen genç bir ülkedir. Boyuna da dünyadan genç nüfusu emiyor. Zencisi, beyazı, Türkü, İtalyanı taze kanı teşkil ediyor (biz bile yetiştirip yetiştirip yolluyoruz). Amerika'nın müesseseleri oturmuştur, bu ülkenin iş disiplini malûm ve üniversiteleri beynelmilel standardı belirliyor. Çok kötü üniversitelerin yanında, dünyanın en mükemmel üniversiteleri vardır. Eğitim dediğin böyle olur zaten. Çünkü her çocuğun aynı derecede kabiliyeti yoktur. Talebenin geldiği sosyal sınıf değil, zekâsı mühimdir. Meselâ, Chicago Üniversitesi, sosyal tırmanıcıların altın üniversitesidir. Fakir aile çocuğu, New York'un gettosundan, işçi mahallelerinden gelme, zeki çocuk Chicago'da çalışıyor, okuyor. Çünkü o çocukların vasfı zekâları; dünyanın hakikaten en iyi üniversitelerinden birinde en alt katmandan gelen insanlar okuyor. Avrupa'da ise herkes okula gidiyor ve herkes okula gittiği gibi, her okul da birbirinden beter. Seçkin zekâlı çocuklara seçkin eğitim veremeyen Alman üniversiteleri, bugün zengin bir ülke için utanılacak seviyededir. Meselâ, Berlin Freie Universitaet'te 8.000 kişi Germanistik okuyor. Düşünebiliyor musunuz, meselâ Türk dili edebiyatı bölümünde 8.000 kişinin okuduğunu? Şimdi, Avrupa etiketi taşıdığı için böyle bir yer örnek alınmaz. Öğrenci artsa öğretim üyeleri azalıyor; kütüphaneler fakir, laboratuvarları kimse beğenmiyor. Kendini üretemeyen bir dünya ile karşı karşıyayız ve bunu da hesaba katmak zorundayız.

Bizim bildiğimiz kadarıyla eski imparatorlukların arasındaki sınır anlaşmazlıkları, sınır kavgaları hiç şüphesiz Avrupa tarihiyle başlıyor değil. Bunun en tipik örnekleri bizim Ortadoğu bölgesindedir. Ve Roma, yani Doğu Roma ile İslâm İmparatorluğu arasındaki ihtilâf malûm. En sonunda da Osmanlı İmparatorluğu, Ortadoğu bölgesini tam dört asır boyu sükûnet ve sulha kavuşturmuştur. Ardından kavga tekrar kaldığı yerden devam etmektedir. Bu, herhalde Ortadoğu'da kurulan *Pax Ottomana,* yani Osmanlı barışı dediğimiz dönemdir. Bugün bazı Araplar bile artık bunu söylüyor. Meselâ, Filistinli bir Osmanlı tarihçisi olan Rıfat Ebu'lhac, "Osmanlılık bitmeseydi..." diye, bu özlemi açıkça ifade eder. Çünkü maalesef 1918 sonrası yeni rejim ve idareler Ortadoğu'ya barış getirmemiştir. Her şeyden evvel İngiliz manda idaresi son derece kötü bir tarihî imtihan vermiştir. Britanya yönetimi Filistin'de otuz sene kalmış ve bu otuz sene içerisinde her şeyi karıştırıp gitmiştir. Kavimleri birbirine düşürmüş, etnik yapıları birbirinin üstüne geçirmiştir. Dört asır boyu sükûnetle idare edilen kiliseler birbirine geçmiştir. Bunun örnekleri çoktur. Çünkü biliyorsunuz bu bölgede onlarca Hıristiyan cemaat vardır. Bu az geliyormuş gibi, 19 yüzyıl da bir sürü Protestan kilise ve cemaat türetmiştir Ortadoğu'da. Bütün bunları idare etmek, aralarındaki bağlantı ve uyumu sağlamak, gerçekten Osmanlı yönetiminin bir başarısıdır. Kiliseler arası kavgalar bitmez ve inanılmaz efsaneler anlatılır; meselâ Kudüs'te, kapısında Hz. İsa'nın gömülü olduğu Kutsal Kabir kilisesinde, bir çatlak sütun vardır. Rum rahipler diyor ki, "Bu çatlak niye biliyor musunuz? Kanuni Süleyman zamanında, monofizit Ermeniler Paskalya ayinini içerde yapmak için Sultan'dan ferman aldılar, bizi dışarı attırdılar. Kapıları da yüzümüze kapattılar ama tabii bu zındıklara ilâhî nur görünüp tecelli eder mi? Etmez. Dışarda kalan bizlere zahîr oldu. Bu sütun onun için çatladı." Fakat, bitişikte de Hz. Ömer Camii vardır. Büyük kilisenin yanında –Hz. Ömer, Kudüs'teki büyük kilisenin anahtarlarını "ibadetinize devam edin" diyerek teslim almamıştır– bir cami yaptırmıştır. Efsaneyi anlatan devam ediyor: "Caminin imamı da minareden, ne olacak diye, bütün gece bizi gözledi. İlâhî nur görününce, tabii o da bunu gördü, Hıristiyan oldu. Onun için onu katlettiler, buraya gömüldü. Adı da Ayos Hoca'dır." Böyle bir menkıbe ancak imparatorluğun ortamında var olabilir. Ancak, Osmanlı Filistini'nde böyle bir menkıbe anlatılır. Oysa burada cemaatler birbirine o kadar düşmandır ki, meselâ cumartesi akşamı Ermeni kilisesinin mensupları gelip, ayine başladığında –güzel seslidirler ve insan sesiyle yetinilir– yanıbaşlarında Fransisken rahipler elektrikli organetle onları sabote ediyorlar âdeta. 19. yüzyıl boyu rahiplerin ceplerinde tabanca ile gezdikleri açık, Falih Rıfkı'nın *Zeytindağı* adlı eserinde görülür... Şehrin bütün vakıfları, bütün arsaları, binaları hangi kilisenin yeddinde, mülkiyetinde gibi bitmez kavgalar sürer gider.

Böyle bir yeri idare etmek mümkün değil. Kaldı ki Siyonist yerleşmelerle yerli Arapların mücadelesi, aradaki nefret de malûm ve İngiltere burayı birbirine karıştırmış; insanlar sonunda gırtlak gırtlağa gelmiş ve İngiltere hiçbir şeyi halletmeden bir memleketi ateşle barut içinde terk ederek gitmiştir. Ardından gelen yönetimin de meseleyi ne kadar hallettiği su götürür. Şimdi bu parantezi şunun için açtım: Din kavgaları, sınır kavgaları, devletlerin harp etmeleri gibi bir olay, Avrupa tarihinde başlamıyor, fakat Avrupa tarihindeki harpler başka türlü ve başka düzeydedir. Burada doğrudan doğruya millî devletlerin teşekkülüne dayanan ve sınırların ebedî olarak tespitine yönelik savaşlar söz konusudur. İşte bu bakımdan Avrupa yeryüzünde, millî devletlerin teşekkülü ve bundan mütevellit milliyetçi savaşların kıtası olarak bilinir; bu durum çok yakın zamanlara kadar da devam etmiş ve hiçbir yerde de ordaki kadar şiddetli savaşlar olmamıştır. Gene dünyanın muhtelif yerlerinde, bilhassa 19. asırda, bu kıtanın çıkardığı emperyalist savaşları, tarihteki diğer sayısız fetih savaşlarıyla bir tutmamızın bir anlamı yoktur; bunlar düpedüz emperyalist savaşlar; çünkü Avrupa bazı yerleri almak istiyor, bu ilhaklar ya anlaşma yoluyla oluyor veya hücum edilip alınıyor. Bazen de Fas bunalımında olduğu gibi, 2-3 emperyalist kuvvet paylaşamayıp kavga ediyor ve (Almanya ile Fransa'nın arasında olduğu gibi) sonra uzlaşıyorlar.

Dolayısıyla böyle emperyalist savaşlar nedeniyle, Avrupa devletleri dünyada bir siyasî coğrafya çizme eğilimindedir. Savaşların mahiyeti ve niteliği, dünyanın ebedî sulhu, ekonomik refahın artması ve medeniyetin getirilmesi misyonuyla izah ediliyor. Böyle bir kıta, nasıl oluyor da birdenbire bizim önümüze siyasî birlik ve barışla çıkabiliyor? Bu hava kuşkusuz iki büyük dünya savaşının, hem de en gelişmiş silâhlarla yapılan tahripkâr dünya savaşlarının neticesinde meydana gelmiştir. Yapanlar, bu dünya savaşlarının birincisinin üç günde biteceğini düşünmüşlerdi. Tabii realiteye hiç uymayan, ahmakça bir inançtı bu. Bu insanlar hiç değilse Amerikan Kuzey-Güney Savaşı'ndan iyice haberdar olup, savaşın bu yanını göz önüne alsalardı, böyle bir çılgınlığa girmeyeceklerdi. Çünkü, Birinci Cihan Savaşı'nın asıl provası Amerikan İç Savaşı'dır. Hepinizin bildiği gibi bu savaş cephe gerisinde de büyük tahribat yapmış ve beklenenden uzun sürmüştü. Burada, ilk defadır ki büyük savaşta kullanılan temel silâhlar (meselâ piyade tüfeklerinin gelişmiş hali) geniş çapta kullanılmıştır. Ölü sayısı içinde önemli bir kısmı sivil halktı. Yani savaş, ilk defa cephenin dışına ve cephe gerisine taşmıştır. İşte maalesef savaşın Avrupa kurmayları, bu hesabı iyi yapamadıklarından iki hafta içinde biz bu savaşı bitiririz diye işe girişmişlerdir. Savaş ilân edildiğinde Ruslar diyor ki: "Noel'i evde kutlayacağız." Ama benzer sözü Fransız Genel Kurmayı da söylüyor. Aynı şeyi Britanyalılar söylüyor, Avusturyalılar hiç harp etmeyi bilmedikleri halde, onlar zaten kazanacaklarını zannediyor. Kuşkusuz Avrupa birliği ve barışını, iki büyük harbin tahribatı kadar, geçmişteki kolonyalist savaşlar ve paylaşmacı uzlaşmalar ve dünyayı birlikte düzenleme eğilim ve tecrübeleri de yaratmıştır. Klasik Avrupa medeniyeti bu savaşlarla bitmiştir. Özgürlük düşüncesini, siyasî haklar düşüncesini, insanların eşitliği lâfını terennüm eden bir kıta, insanların eşitsizliğine dayanan bir yeni dünya kurmaya, üstelik fırınlarda başlayarak, rezilâne bir sayfayla dünya tarihine geçmiştir. Bunu düzeltmek de gene ön planda Avrupa'nın başladığı bir ameliyedir, ama ne kadar başarılı gittiği tartışılır.

Şimdi deniyor ki, bu kadar ağır savaşlardan sonra akıllandık ve Avrupa Birliği olarak sahneye çıktık. Herkes buna inanıyor. Zannediyoruz ki eskiden Fransız vardı, Alman vardı, İtalyan vardı; hep birbiri ile çatışma içindeydiler. Harplerin bedelini pahalı ödeyince birdenbire kardeş olmaya karar verdiler. Avrupalılık aslında çok eski bir olaydır ve bugünkü Avrupalılık şuuru asırlardır var olan bir şuurdur. Bunu şunun için vurguluyorum; bu şuurun var olması birtakım çatışmaları engellemiyor. Bunun üzerinde kesin olarak durmamız gerekir. Avrupalılık coğrafyada vardır. 16. yüzyıldan beri vardır; haritalarına baktığınız zaman hesaplamalar tamamen *Eurocentrique* (Avrupa merkezli) olarak yapılır. Bu Doğu, Batı lâfları da oradan kalmadır zaten. Meselâ belirtmiştik, Almanya'da Würzburg Dukalık Sarayı'nda Tiepolo'nun tavan resimlerine baktığınız zaman, Avrupa'nın en akıllı ve parlak, dünya merkezi kıta olarak resmedildiğini görürsünüz. Hatta şunun da üzerinde ısrarla durmak gerekir: Yunan mitolojisinde bile, mitolojinin unsurlarını Avrupa üstünlüğünü meydana getirecek şekilde yorumlamak ve nakletmek gibi basit bir üslûp şarlatanlığı yapılmaktadır. Bu, Avrupa'nın işidir. Alınız mitolojiye, muhtelif tarihlerde basılan 2-3 nüshaya bakınız, orada görürsünüz. Meselâ, Avrupa denilen olay nedir? Avrupa kıtasının ortaya çıkışı, sanki dünyaya yeni bir şey çıkıyor. İnsanlığı aydınlatacak. Yani eski Yunan mitolojisini dahi yeni nesillere aktarırken ve yorumlarken bir Avrupa merkezcilik yapmak âdeti çok eskiden beri var. Her şeyden önce, Avrupa Hıristiyanlığın yani üstün inanç olan, tek inanç olan, doğru inanç olan Hıristiyanlığın merkezidir ve tek doğrusudur (!). Bunun üzerinde önemle durmak gerekir. Bugün Vatikan'da Propaganda Fide Dei (Dini Yayma Merkezi) Ortodoksiyi heretik din olarak ayrı bir masada ele alıyor. Ama Müslümanlık komünizmle aynı masada ele alınmıştır. Hıristiyanlık Avrupa'da değil, Şark'ta ortaya çıkmıştır. Şark'ta teşkilâtlanmıştır. Şark'ta manastırlar ortaya çıkmıştır. Bütün bunlar olurken, söylediğim gibi Avrupalılar hâlâ iptidaî bir safhada yaşıyorlardı. Ne olduğunu bildiğimiz ve bilemediğimiz mitolojileri ve dinleri vardı. Yani Yunan mitolojisi gibi, Hıristiyanlık da barbarik (bu sosyolojik bir deyim) Avrupa'ya mal edilerek yeniden yorumlanıyor. Fakat şimdi Avrupa'ya sorsanız, Hıristiyanlık ezelden ebede kadar onlarda var. Yani bir Avrupalılık, bir Avrupa Hıristiyanlığı, Avrupa medeniyeti fikri, İkinci Dünya Harbi'nden sonra Avrupa Birliği ile ortaya çıkmış değildir. Çok eskiden beri vardır. Maddî delilleri, maddî yaşamı itibariyle vardır. Bir Avrupalı münevver tipi her zaman için vardır. Kimdir bu Avrupalı münevver tipi? Önceden belirttiğim gibi, "*Omnea mea mecum porta,* her şeyimi birlikte taşıyorum." Yani bilgisi kafasının içinde. Her ülkenin üniversitesini talebe veya hoca olarak gezer, Latince yazar ve konuşur. Bu doktor ister İspanya'nın Salamanka Üniversitesi'nden mezun olsun, ister Heidelberg veya Prag'dan hiç fark etmez. Bu adamlar aynı hocaları tanırlar, aynı dili konuşurlar. Münazaralara (*colloque*) gittiklerinde, Latince tartışırlar. Millî diller, bu dille zenginleşip zamanla onun üstüne çıkmıştır. Ortalama Avrupa münevveri çok eskiden beri daima kendi millî dili ile birlikte başka millî dilleri de bilen, konuşan bir adamdır. Birbirleriyle karşılaştıkları zaman en azından nasıl davranacaklarını bilirler, belirli bir etiket ve etiketsizliği nasıl izleyeceklerini bilirler. Bildikleri bazen çok hoş şeyler de değildir; bunun kalıntılarını görürsünüz. Örtüsüz masalarda yemek yerler. Avrupa medeniyeti dediğimiz bin yıllık bir şey değil. Çok yakın zamanlara kadar bıçak vardı, kaşık vardı, çatal yoktu meselâ. Çatal çok kıymetli bir şeydi. Meşhur bir olaydır. Kardinal Richelieu (17. asır) yemekte birinin bıçakla dişini karıştırdığını görünce iğrendi ve bıçakların uçunu sivriyken konkavlaştırdı. Avrupalıların arasındaki diyalog çok önemlidir. Bu kıtada üstünlük kompleksi çok eskiden beri vardır. Bunun örneklerini meselâ, Paris Akademisi adına Mousnier'nin açıklamasında gördük: "Avrupa, değişen ve bu değişimi de bilgimizdeki ilerlemeyle sağlayan bir kıtadır. Dünyanın bütün bölümleri atalet içindedir" diyordu. Bu değişen kıtanın çok ilginç bir şekilde siyasî yapısı buna doğru gidecektir. Alman, Avrupa diyor; Fransız, Fransa demiyor, Avrupa diye konuşuyor. Tarihin ve coğrafyanın merkezi olan bir Avrupa var. Buna rağmen bu kadar eski olan Avrupalılık fikrinden çok, siyasî Avrupa kimliği son asırdaki felâketlerden sonra ortaya çıktı. Şimdi de eski milliyetçiliklerin tavrı ve saldırganlığı Avrupalılık etiketiyle devam ediyor. Fırınlananlar Avrupa'ya yabancı sayılan ve Avrupa düşüncesinde çok eskiden beri dışlanan Yahudiler değildir sadece, o kıtanın parçaları da gitmiştir. Zaten fırınlarda ilk yakılanlar, ilk denemesi yapılanlar Sovyet Kızılordusu'nun esirleridir. Yahudiler değildir; Polonyalılardır. Yahudilere sıra sonradan gelmiştir. Bu fasıl bitti deniyor; ama Avrupa çekingen, vicdan muhasebesine kapanan bir kıta değil henüz, yeni kimlikle yeni saldırılarda bulunuyor.

Dolayısıyla üzerinde durmamız gereken keyfiyet; siyasî birlik fikrinin öyle çok yeni olmadığı gibi, çok sağlam ve ebedî olup olmayacağının da tartışılabilirliğidir. Bunu unutmamak gerekmektedir. Tabii yine burada üzerinde çok durulması gereken konu, bu birliğin ne kadar devam edeceğidir. Sorunlar çıkacak, Avrupa Birliği'nin şekil, muhteva ve üyeleri sürekli değişecektir. 1950'lerde biz de Avrupa üyesiydik ve başka birlik yoktu. Şimdi AB var ve dışındayız. Macaristan şu anda onun üyesi, ama para birliği içine alınmadı. Doğu ve Orta Avrupa'da siyasî sınırlar da dingin değildir. Bu kıtada Sırbistan-Macaristan arasında Voyvodina, Romanya-Macaristan arasında Erdel sorunları var. Bu kıtanın içerisinde Moldavya problemi vardır. Bu kıtanın içinde Polonya ile Baltık arasında problemler olacaktır vs. Demek ki buradaki siyasî birlik üzerinde de şüphemizi koruyoruz.

Şimdi bu Avrupalılığı meydana getiren bazı unsurlar üzerinde durmamız gerekmektedir. Bunlardan biri herkesin bildiği bir tariftir: Hellen-Hıristiyan uygarlığı kavramı. Hellen nedir? Bu geniş ve yaygın bir tarihtir ve o yüzden de çok münakaşalıdır. Ama münakaşası yapılmayacak husus, Hellen eski mirasının sadece Avrupa'ya ait olmadığıdır. Her üç din ve tüm Akdeniz, Ortadoğu bu mirası taşır: Tabii şunu söylemek gerekir ki modern Yunanlı ile eski Yunanlının anlaşması mümkün değildir. Yani birisi eski Yunanca konuşsa, öbürü de modern Yunanca konuşsa anlaşmaları mümkün değildir. Tabii biz Eski Yunancanın da ne olduğunu, nasıl konuşulduğunu tam bilmiyoruz; diftonglar (ikisesliler) meselâ ae, o-i ve triftonklar (üç sesliler), meselâ oei. Bunlar nasıl telâffuz ediliyor. Yani Poseidon mu diyeceğiz? Posîdon'mu diyeceğiz? Bunlar bazı harekelerle okunur. Harekelerin okunuş kurallarını koyan adam Rotterdamlı Erasmus'dur, yani bir gayri-Yunanlıdır. Dolayısıyla, bugünkü klasik çağ kongrelerinde eski Yunancacılar eski Yunanca konuşsa veya okusa birbirlerini anlamıyorlar. Bu telâffuzlar üzerinde müştereklik yoktur. Yeni Yunanlılar bunun bugünkü gibi okunmasını söylüyorlar. Herkes reddediyor, mâlum modern Yunanlıların en büyük muarızı Türkler değildir, bizzat Yunanca uzmanlarıdır, bu bir gerçektir.

Hellenizmin bir tarihi vardır. Hellence eski dünyada üç klasik lehçeyle konuşulmuştur. Bunlardan ikisi devamlı yaşamıştır. Bizim kıtamızdaki İon lehçesidir. Bunlar klasik formudur. Sonra Perikles devrinde, yani M.Ö. 5. asırdan itibaren Yunan kolonizasyonu Karadeniz ve Anadolu kıyılarına yayılmıştır. Sonra, İskender'in seferleriyle ortaya çıkan Hellenistik krallıklar devri vardır. Yunanca başka kıtalara gittiği için orada haliyle tıpkı iki kıta arasındaki İspanyolcanın, İngilizcenin farklılaşması gibi önemli değişiklikler geçirmektedir. Bu döneme, yani İskender'in Hellenizm devrinden, ta 11.-12. asra kadar yaşanan, yazılan, okunan Yunancaya Koine denir. Bunun da tabii eski Yunancayla arasında hayli fark vardır. Şunu söylemek istiyorum, geçen asırlarda çok tekrarlandığının aksine (çünkü Avrupalıların kendileri de bunu iyi bilmiyorlardı), eski Yunan medeniyeti, eski Yunan dili ve yaşamını Avrupa kıtasına borçlu değildir. Avrupa'ya gelene kadar Yunanca çok mecralarda yayılmış ve kullanılmıştır. Yunanlılık, Yahudiliğin içine girmiştir. General Ptolemaios Mısır'da hâkimiyetini kurduğu zaman, İskenderiye Yahudilerine, "Çevirin şu Tevrat'ınızı" dediğinde, Tevrat çevirisi ortaya çıktı (Septuaginta). Yazın bakalım şu eski Mısır tarihini, dedi. Manetho adlı bir rahip eski metinleri derleyip eserini Yunanca yazdı. O yüzden bugün ünlü firavunların adlarını Kufu, Kefre, Menkaure diye değil, Keops, Mikerinos vs. diye Yunanca telâffuz ediyoruz. İranlılar da Hellenize oldular. Sasani şahinşahı Anuşîrvan 6. asırda Antakya'yı fethettiği zaman şehrin adını Rumîye veya Urmuyye yaptı. Yani Roma başkenti dedi. Çünkü kendisi oraya yerleşmeye niyetleniyordu ve Yunanca tetkikleri başlattı. Yunanca eski eserleri çevirttirdi ve biz birtakım kaybolmuş Yunan eserlerini bugün Pahlevî ve Aramî metinlerinden buluyoruz. Dolayısıyla, Hellenizasyon Avrupa'dan çok önce, başka coğrafyada yaşamış ve üç dini etkilemiştir, yeni sentezler o sayede meydana gelmiştir. Sonuncu safhada, İslâm devri dediğimiz 9.-10. asır Arapları zamanında, önce Süryaniceden (Aramcadan) Arapçaya, sonra doğrudan Yunancadan Arapçaya hem de çok güzel çevirilerle yaşamış. Haklı olarak şunu söylemek mümkündür; Yunancanın Arapça ile karşılaşması bir kazançtır ve Araplar, Yunan metinlerini ve kavramlarını inanılmaz kıvraklık ve anlam zenginliği içinde yeniden bize kazandırmışlardır. Politikada, hukukta ve felsefenin ilmî tabirlerinde bu böyledir ve ondan sonra Yahudiler yeryüzündeki önemli rollerini yerine getirip, bu metinleri Arapçadan Latinceye çevirmişlerdir. Nihayet asıl Yunanca metinlere dayanarak, Avrupa dillerine çeviri yapma safhasına çok sonradan geçilecektir. Avrupa'nın Hellenleşmesi, Avrupa'ya has bir tekel değildir. Şimdi bu medeniyeti, halen Hellen Hıristiyan diye tarif ederseniz, oldukça yetersiz kalırsınız. Son zamanlarda ise, Avrupa uygarlığı tarif edilirken, "Judeo-Hellenik" tabiri kullanılıyor. Yani bu kadar zaman Yahudilik lanetlendikten, Yahudiler takibata uğradıktan sonra, antisemitizm kilise ve hatta zaman zaman devlet ideolojisi olduktan sonra bile, "meaculpa" havasında artık Yahudiliğin hakkını veriyorlar denebilir. Hayır! Bu terime mutaassıp Hıristiyan âlim çevreler hâlâ karşıdır. Sadece bu değil, Yahudilik Hıristiyanlığı doğurduğu ölçüde saygı görürdü, ondan sonra ise lânetli dendi. Aslında *Judeo-Christian* boş bir söz; çünkü o da Avrupa'ya has bir tasvir değil. Yahudilik sırf Hıristiyanlara ait ve onları doğuran bir din ve kültür değil; herkese mahsus bir din ve irfan anlayışıdır. Bu üç dinin arasında Yahudilik hariç ikisini incelemeye çektiğiniz zaman, hatta en Yahudi olan Müslümanlıktır. Çünkü dinimizde, Yahudiliğin esası olan şeriatı 24 saat dinî kurallara göre yaşama esası vardır. Bu, İslâm'da çok belirgin bir vasıftır. İslâm, Yahudiliğin mütekâmil ve beynelmilel şeklidir ve son mesajdır. Hıristiyanlıkta ise, Yahudiliğin temelleri tam aksine bir kenara itilmiştir. Onlara göre; aslolan kilisedir, ruhânîyettir. Kilise, Tanrı'nın yeryüzündeki vekilidir. Ruhunu oraya teslim etmen gerekiyor. Yoksa ne yer ne içersin, nasıl temizlenirsin, bunlar hiç sorun değildir, St. Paul (Aziz Pavlus) hassaten Yahudiliğin yaşam kalıplarını kaldırmıştır. Sünneti kaldırmıştır. Birtakım koşer yasaklarını kaldırmıştır, ki yeni din herkese sempatik görünsün. Zira o asırda Yahudiliğin bu taraflarına çok dil uzatılırdı. Demek ki bu iki din arasında Yahudilik, Hıristiyanlıktan çok İslâmiyete yakındır. Kaldı ki Hıristiyanlık çok uzun bir zaman bir lâfı, kavramı ve mirası reddetmiştir. M.S. 70'lerde, İmparator Titus zamanında, Yahudi isyanı bastırılıp Kudüs'teki mabet yaktırıldı. Yahudiler de Filistin'den sürüldü. 19. asrın ölçülerinde çok aydınlık olan ve antisemit sayılamayacak Ernest Renan (çünkü 19. yüzyılda antisemitizm çok yaygındır) bunun için şu yorumu yaptı: "İyi ki mabet yakılmıştır. Böylelikle o ateş, Yahudiliğin Hıristiyanlığa bulaştıracağı tehlikeli mirası ortadan kaldırmıştır." Yani suret-i katiyyede bir eski dinden yenisine birtakım şeyler kalmıştır. Bunu inkâr etmek mümkün değildir. Fakat dinde bildiğimiz gibi objektif kalıntılardan çok sübjektif bilinç esastır ve Hıristiyanlık Yahudiliği şiddetle reddeder. 325'teki Nikaia Konsili'nde bu red nefret halinde ilân edildi, sonra engizisyonda ve Luther'in deyişlerinde devam etti ve Nazizm ile patladı; halen de alttan alta sürer. Bunun için bugünkü Avrupa Birliği çerçevesinde Avrupa'ya özgü Hellenik-Judaik bir medeniyetten bahsetmek biraz ucuzculuk ve toptancılık oluyor. Klasik İslâm çağında ise, Yahudi unsur hiçbir şekilde ne küçük görülen, ne lânetlenen bir şeydir. Hıristiyan kilisesinin aksine o zamandan kalma kurallara "Şer'e'men kabelena", evvelki şeriat denir ve birtakım kurallar –aslında hiçbir zaman İslâm'da doğrudan yasak edilmediği halde– ordan kalmadır. Meselâ, bizim insanlarımız salyangoz yemez. Çok sofular deniz mahsulleri yemez; bunun İslâmiyet ile bir ilgisi yok. Yahudilikten geçmedir ve bilinçli olarak geçmiştir, yani hangi İslâm bilginlerinin bunu va'zettiği bellidir. Bu yenmez, yenmemelidir, helâl değildir falan diye tamamen eskiye atıfla reddedilmektedir. Mirasa İsrailiyyat denir, yani İslâm bilginleri Beni İsrail'in âdetleriyle, tarihiyle, peygamberleriyle uğraşırlar ve bunları bir yandan ayıkladıkları gibi, öte yandan da yürürlükteki bazı kural veya kaideleri İslâm toplumuna bir biçimde kabul ettirip meşrulaştırma ve kanunlaştırma yolunu seçerler. Olumsuz unsurları saydık. Bütün bunlara rağmen, olumlu unsurları da göz önüne almak zorundayız. Avrupa'nın her zaman için bir diplomatik dili olmuştur. Birbirleriyle kavga eden ayrı yaşayan devletçiklerin belirli bir diyalog kurma esası vardır. Birbirleriyle anlaşmasını bilirler. Açıktır ki, özgürlüğü olan bir Avrupa kültürü vardır.

IX
Avrupa Kültürü ve Türkiye

1453'te İstanbul fethedildi ve bir Osmanlı fethinde ne gerekiyorsa bunlar da yerine getirildi. Şehir direndiği için yani "vira" ile teslim olmadığı (vira Slovenik bir kelimedir, inanç demektir, itimat demektir), yani "buyurun girin, biz çıkıyoruz" denmediği için yağmalanması icab eder; bu, ganaîm-i harbiyye hükmüne girer. Fakat ilginç bir şekilde birtakım yazarlar söylemezler, şehir yedi gün değil, sadece üç gün boyunca bu süreçten geçmiştir. Anlaşılan artık devletin başkenti olacak şehrin pek fazla tahribat görmesine, pek fazla fakirleşmesine müsaade edilmemiştir. İkincisi aşırı tahribat yoluna giden birtakım insanlar cezalandırılmıştır. Besbelli ki şehre sahip çıkılmaktadır ve Kostantiniye'nin fethiyle tarihte bir dönem kapanmakta, bir dönem açılmaktadır. Bu olay, özellikle Ortodoks milletlerinin tarihi açısından çok önemlidir. Artık dünya Fatih Sultan Mehmed Türkiyesi'ne başka gözle bakmaktadır. Yani burada bir Haçlı paniği, Haçlı ordularının daha evvel yaptıklarından çok daha başka bir yaklaşım söz konusu olmaktadır. Doğu Roma'nın Türklerin eline geçmesiyle, Türkler artık değerlendirme olarak, Batı medeniyetinin içine çekilmektedir; bir uzlaşma söz konusudur. Nitekim bu dönemde, Papa II. Pius'un Fatih'e Hıristiyanlık teklif ettiği de açıktır; "Bunun için, yani bütün dünyaya sahip olabilmen için, *aquae pauxillum,* bir miktar su, yani vaftiz edilmen gerekir"[60] demiştir. Ne var ki Vatikan arşivlerinde bu mektubun müsveddesi vardır ve Fatih'in eline ulaşmadığı anlaşılmıştır. Ama mühim olan, böyle bir düşüncenin varlığıdır.

---

60 Babinger, *Mehmed der Eroberer und seine zeit*, Münih, 1964, s. 212-213.

Fetih olayı çağdaş Türk devletlerinde daha ilginç tepkilerle karşılanmıştır. Meselâ fetih, Uzun Hasan'ın Akkoyunlular devletinde duyulmazdan, görülmezden gelinmiştir. Herhalde Türk politika sanatının esas unsurlarından biri; işine gelmeyeni görmeme ve örtmedir. *Kitab-ı Diyarbakiriyye*'de yani Akkoyunlular devletinin resmî tarihinde İstanbul'un alınışından söz edilmez. Demek ki fetih, o anda Uzun Hasan Bey veya Akkoyunlu seçkinlerinin hiç işine gelmemiştir. Çünkü, İslâm dünyasını etkileyen bir olaydır. Zannedildiğinin veya zannedileceğinin aksine, yeni devlet bir Asyalı devlet görünümünde hiç değildir. Derhal yeni Roma İmparatorluğu'nun müesseseleri benimsenmiştir. Ghennadios çok ünlü bir ruhânîdir. Görünüm; öyle devleti birileri gelip fethetti ve içerden de cemaatin başına bir kukla geçiriyorlar gibi değildir. Bu bir nevi Mareşal Pétain olayı gibidir, yani Fransa için Mareşal Pétain neyse İstanbul'da Ghennadios da onun gibidir. Çünkü biliyorsunuz Doğu Roma zayıflayıp ortadan kalkma tehlikesi geçirdiği zaman; Batı'da Katolisizm ile Ortodokslar arasındaki münaferet sona ersin, ikisi birleştirilsin istendi. Bunun için 1442'de Floransa'da, Santa Croce'de[61] ve Ferrara'da birer Konsil toplandı. Santa Croce Konsili'ne o zamanki Bizans'ı temsil için giden heyetin başında Metropolit Bessarion vardı. Son derece seçkin bir adamdı; hem eski Yunan kültürüne derin vukufu vardı, hem de Latince biliyordu. Dünya'dan haberi vardı ve zaten Bizans'ta da son zamanlarda eski Hellen kaynaklarına aşırı bir dönüş, bir nevi Neo-Hellenizm başlamıştı.

Birtakım teoriler gözden geçirilirken çok dikkatli olunmalıdır. Maalesef en başta bütün Fransa okul kitapları olmak üzere, birçok ülke kitaplarında anlamsız mottolar yer alır. Onlar da bizim gibi ülkelerin eğitiminde tekrarlanır ve ders kitaplarında ve maalesef ders kitaplarının ötesine geçmediğimiz için hayatımızda, uzmanların dışında herkesin kafasına yerleşir. Türkiye'de yüksek tahsilde bile tekrarlanan anlamsız bir hüküm vardır: Milliyetçilik, Fransız

61 Bugün Floransa'ya gittiğiniz zaman büyük Floransalıların gömüldüğü bir kilise vardır: Santa Croce. Machiavelli orada gömülüdür. Leonardo da Vinci orada gömülüdür. Yani büyük Floransalıların hepsi o kilisede gömülüdür.

İhtilâli ile dünyaya yayıldı. Bu çok kısır bir tekerlemedir. Hiçbir gereği ve gerekliliği yoktur bunun ve bu lâfı tekrarlayanların Osmanlı İmparatorluğu'nu anlamak şansı dahi yoktur. Çünkü Balkanlar'da dahi bir milliyetçilik vardır ki, Fransız İhtilâli'nden çok daha eskiye gider. Bu, Slav irredantizmidir ve tabii en başta da Hellenizm, yani Yunanlılık vardır. Hellen bilinci, Hellen şuuru, Fransız İhtilâli'nden çok önceye gider ve Osmanlı İmparatorluğu bu mirası bir ölçüde devralmıştır. Yani Hellenlik şuuruna sahip olan, coğrafya üzerinde ve tarihte bu kimliği taşıyan bir zümre vardır. Bir imparator kızı olan Anna Komnena (Aleksius Komnenos'un kızı), tarihçidir ve çok nadir örneklerdendir. Meselâ onun *Alexiade*[62] adlı eserinde, aşağı yukarı 10. asırdan itibaren Hellenizmin hem şuur olarak, hem sanat olarak canlanmakta olduğunu görürsünüz. Koine denilen Orta Yunancadan geriye dönüş, klasik Hellenlerin eserlerine, deyimlerine, kelimelerine dönüş başlar. Nasıl ki bugün biz, ben dahil bazı gruplar artık Türkçe yazdığımız zaman, çok aşırı Türkçecilik yapmıyoruz; hatta, eski Osmanlı mirasından bazı deyimleri kullanmaya çalışıyoruz, bunun gibi bir dönüş bu... Tabii biz bu üslûp ile ne Namık Kemal oluyoruz, ne Cevdet Paşa oluyoruz; hiçbir zaman o adamların üslûbunu ve lûgatını taşıyamayız. Fakat bu bir yeni çeşni oluyor; yani dedelerin dilinden, bugünkü yemeğimize serpinti yapıyoruz. Maziye saygılı bir sahip çıkma var. Son devir Doğu Roma'sında da bunun gibi bir Hellenizm vardı. Ferrara ve Floransa konsillerinde Roma-Katolik tarafının parlak temsilcisi Kardinal Cesarini vardı (1441 yılında). Eski klasik dünyayı çok iyi tanıyordu, yetenekli bir politikacıydı ve müthiş bir Türk aleyhtarıydı. Nitekim bu kariyeri dolayısıyla, hayatını yatağında değil, Varna Meydan Savaşı'nda tamamlamıştır. II. Murad'a karşı Haçlı seferini örgütleyenlerdendi ve kendisi Varna Savaşı'nda ölenler arasındadır. Cesarini ve Bessarion, konsil oturumlarında kiliselerin birleşmesi üzerinde gayet parlak nutuklar attılar. Fakat bu nutuklar sadece kiliselerin birleşmesi üzerinde olmadı; aynı zamanda Avrupa'nın batısının, yani klasik Roma'nın ve doğusunun, yani klasik Hellenizmin entelektüel

62 Anna Comnena, *Alexiade,* İngilizceye çeviren E. A. Dawes, Londra, 1928.

E. Delacroix, Haçlıların Konstantinopolis'e Girişi.

birleşmesini temsil ediyordu. Çünkü bunlar birçok benzerleri gibi iki kültürlü adamlardı. Şüphesiz ki bu birleşme önerisi ve kültürel birlik müthiş bir reaksiyonla karşılandı. Bessarion İstanbul'a dönemedi bile. Onları izleyen ve birliği tasdik eden Moskova başmetropoliti İsidor, geri döndüğünde Rusya'nın ruhban ve yöneticileri tarafından aforoz edildi. Ghennadios (Skholarios) adında, Bessarion'a karşı olan çok kuvvetli bir adam vardı. O da birleşmeye karşı çıkınca, millet onun etrafını aldı ve o zaman meşhur slogan atıldı: "Frenk'in ekmeğindense, Türk'ün kılıcı." Çünkü 1204'te İstanbul Batılılar tarafından istilâ edildiğinde yaşanan yağma ve facialar Doğu Roma halkının zihninden çıkmamıştı. Bu istilâyı kışkırtan Venedikliler idi. Venedikliler Bizans'tan 1185 olaylarının intikamını almışlardı. Pera'da kolonileri ve bir nevi ticarî imtiyazları olduğu için; nasıl biz 19. yüzyılda Beyoğlu'na hem istihfaf, hem de diş gıcırdatarak bakıyor isek, Bizans da Galata'ya hep öyle bakıyordu. Pera, "karşı" demektir. Orada İtalyan tacir kolonileri yaşıyordu. Bir isyanda Venedikliler, Rum ahaliden adamakıllı sopa yiyip malları yağmalandığı için intikam almışlar ve Kudüs'e gitmesi gereken Haçlıları İstanbul'a yöneltmişlerdir. Bu yüzden 1204'te Dördüncü Haçlı Seferi Kudüs'ün değil, İstanbul'un elden çıkmasıyla neticelenmiştir. Peki, Bizans nereye çekilmiştir? Meşhur sülale Komnenoslar Trabzon'a çekilip, Komnenos İmparatorluğu'nu kurmuştur. Paleologos sülalesi ise, daha aktif bir sülale olup, İznik'e çekilip, orada bir devlet kurmuştur. Oradan da 50 sene sonra gelip tekrar İstanbul'u alacaklardır. Bundan dolayı Doğu Roma başkentinde ve ülkede bu Haçlı idaresinin yarattığı elli yıllık facianın ve parçalanmanın getirdiği Batı'ya karşı bir nefret vardı. Sonra Katolik Batı hâkimiyeti Akdeniz adalarında, Mora'da, yerli Hellenlerin nefretini çekti. Ortodoksluk ve Katolisizm dediğimiz zaman bunların ikisinin birleşme şansının olmayışı, sadece ince teolojik meselelerden çıkmaz. Ön planda Doğulu Hıristiyan halk, Katolik Batı'dan nefret eder. Batı ile Doğu arasındaki nefret sadece Müslümanlar ile Hıristiyanlara mahsus bir gerilim değildir; ön planda Hıristiyanlar ile Hıristiyanlar arasında gelişen bir gerilimdir. Bunu bilmek gerekir. Bizans'ın vârisi olduğunu ileri süren Yunanlılar, Batı ile aslında çok uzun süren bir münaferet ve yabancılık içinde yaşamışlardır. 19. asırda bu nefret kalktı ve son zamanlarda da artık bir kaynaşmaya dönüşmüştür. Filhelenizm dolayısıyla Batılılar kültürlerinin tarihi köklerini Yunanistan'da ve sadece Yunanistan'da görmektedir. Güya laik aydınlanmacı düşünce, bir tür yobazlığı yıkarken ikinci bir dar kafalılığı getiriyor ve daha ilginci, bu dar görüş Türkiye'de maalesef bizim bazı yarı aydınlanmış aydınlarımız arasında mütearife olarak kabul edilmiştir. Efendim, diyorlar, Batı medeniyeti Yunan medeniyetidir. Halbuki Hellenizm, evvelce arz etmeye çalıştığım gibi, sadece Batı'ya has bir şey değildir. Hellenizm belki Çin ve Japon çerçeveleri dışında, bütün Şark dünyasının, bütün Akdeniz dünyasının ortak kültürüdür. Meselâ 9.-10. asrın Arapları uygarlığın ortak kökenini, bugünkü Batı'nın aydınlarından da, bizden de çok daha iyi biliyorlardı. Bugün Şark memleketlerinde çok garip bir milliyetçilik ve çok garip bir dincilik anlayışı hâkimdir. Bunlar garip bir şekilde Batı'nın sloganlarını kabul etmişlerdir. Meselâ, bugünkü Doğu'da, mevcut milliyetçilik ve dinciliğin bazı sakat yönlerini söyleyeyim; bunlardan birisi antisemitizm, Yahudi düşmanlığıdır. Tarih boyu bu topraklarda olmayan bir Yahudi düşmanlığı tamamıyla Batı'dan empoze edilmektedir. *Sion Dağı İhtiyarlarının Protokolü* diye bir tercüme satılıp okunuyor. Bu gayet abuk sabuk bir kitap. Batı düşüncesinde maalesef yaygın olan bazı sözde bilgiler, Doğu'daki insanlara mâlum değildir. *Sion Protokolü* Çarlık Rusya polisinin telif ettiği uydurma bir metindir. Yani dünyada öyle bir protokol yoktur. Bunu Çarlık Rusya polisi ortaya attı ve meşhur pogromlara (Yahudi mahallesini yağma ve öldürme fiili) gerekçe olarak dağıtıp okutturdu. Çünkü biliyorsunuz, antisemitizmin kaynağı Rusya'dır. Rus devleti Yahudilere yaptığı gibi, aynı dönemde Müslüman Türk halklarına da eziyet ediyordu. *Anna Karenina* romanındaki Aleksandr Karenin, Başkırları sürüp, araziye Rus kolonizatör yerleştiren bir bakandır. Romandaki Aleksandr Karenin çok akıllı çok çalışkan, becerikli ve hınzır bir bürokrattır. Başkır arazisine Rusları yerleştirme gibi melun planlarla meşguldür. Kendisi zaten Tarım Bakanı'dır ve sonra da "Alexandr Nevski" nişanı alır. Tolstoy büyük bir adam, büyük bir insan olduğu için bu olayı protesto etmiş, romanında Karenin'in kişiliğinde bürokrasiyi en ağır tonda vurmuştur. İkincisi Batı'dan gelen yanlış bir yorum; yarım yamalak Batı dilleri eğitimi nedeniyle Hellenizmi Batı'ya has bir kültür olarak görmektir. Oysa Doğu'nun bütün milletleri, Yahudisi, İranlısı, Arabı Hellenizmi kavrarken, bellerken, Yunan dilinden tercüme yaparken, felsefe yaparken, bugünkü Batılılar henüz bu uygarlık çevresinin dışındaydılar. Yani onlar –İtalya hariç– bu mektebe en geç gelenlerdir. Öğrenmeleri de kendilerine göredir. Unutmayın ki "logos" kelimesini Arap "kelâm" diye çevirmiştir. Çok önemli bir şeydir. Nitekim "kelâm" sadece söz demek değildir; kelâm felsefedir. Kelâm ilâhî demektir. Üzerinde çok duruldu, üçüncü bir hata; milliyetçilik denen olayın belirli bir tarifini yapıp, bunu Batı'da teşekkül eden bir safha ve dünya görüşü ve yaşam biçimi olarak yorumlayıp, çağdaş medeniyeti uluslardan ve uluslaşmadan müteşekkil bir gelişme safhası olarak görüp Batı'ya mal etmektir. Yani Batı diyor ki, "Millet dediğimiz oluşum tarihte bir safhadır. Milletin bir oluşumu söz konusudur. Bunu tayin eden ideoloji ve hareketlilik, milliyetçilik sırf Batı'ya hastır, Batı'dan çıkmıştır. Dolayısıyla çağdaş uygarlık bizimdir, her yerde portakal yetişmeyeceği gibi uluslaşma olayı da gelişmez, millet de oluşmaz." Çözülmesi ve kavranması zor ve iyi anlatılamayan böyle muğlak bir kavramla, Avrupa için kesin tarihî reçeteler ve gelişme modelleri çizmek son derece sakıncalıdır.

Şimdi bu uzun parantezi kapatıyorum. 15. asırda denmiştir ki, artık öyle bir zamana, öyle bir çağa geldik ki, Roma yeniden devam edecek. Yani Hellenlerin medeniyetinin bitmesini istemiyorsak birleşmemiz gerek. Bu birleşmeye karşı çıkılmıştır; çünkü Doğu, Batı'dan nefret etmektedir. Teolojik meselelerde kavga vardı. Güya, İncil Yunancadan Latinceye çevrilirken, baba oğul ve kutsal ruhu çevirirlerken, Latinler "*filioque*" dediler (babadan oğuldan). Latincede bir özellik var; "ve" için "et" diyorsunuz: *Ahmet et Mehmet.* Bir ifade daha vardır: *Ahmet Mehmetque.* Yani Ahmet Mehmetinen, demektir. Bunun gibi, Bizans ruhbanı Latinlere, baba ve oğul ikilisini aynı cevhere koyuyorsunuz, sapıksınız diye kıyamet kopartıp itiraz ettiler. Yani Doğulular Batılılara zındık diyor; fakat dikkat ederseniz, böyle çok ince teolojik meseleler insanları hiç alâkadar etmez. Halk Batı'dan nefret ediyorsa, Batılıların nefret edilecek işler yapmaları gerekir. Bu nedir? 1204'te gelmişlerdir, şehri işgal edip yağmalamışlardır. İnsanları katletmişlerdir. Taşrada toprak nizamını bir nevi kaba Avrupa feodal düzenine çevirmişlerdir. Üst tabakaya hakaret etmişlerdir ve cahil oldukları için kendileri Doğu uygarlığından hiçbir şey alamamışlardır. Meselâ, Sultan-ahmet Meydanı'nda Mısır'dan gelme orijinal bir dikilitaş vardır. (Roma medeniyeti, birtakım konularda öncüdür. Mısır dikilitaşlarını taşıyıp dikmek, Londra ve Paris'ten çok evvel Roma'nın âdetiydi.) İkincisini de, İmparator Konstantin Porfirogenetos ördürmüştür. O örülen taşın etrafını pirinçle kaplatmış. Sapsarı böyle, güneş vurunca parlıyor, aslında tam bir *kitsch.* Barbar istilâcılar bunu altın zannedip pirinç kaplamayı soyup yağmalıyorlar. Yani 11.-12. asır Haçlıları hiçbir şey bilmez, ama onları Şark'a sevk eden İtalya, Venedikliler ve İtalya artık tarihî rolünü yerine getiriyor. Doğu'dan aldıklarını Batı'ya taşıyor ve bir medeniyet olarak inkişaf etmeye başlıyor. Geleceğin Avrupa'sı İtalya'da oluşuyor. İtalya Avrupa'nın çekirdeğidir, hocasıdır. İtalya kültürünü bilmeyenler, Avrupa kültürünü bilemez, tanıyamaz ve anlayamazlar. Maalesef Türkiye'de Batı'nın anlaşılmadığı, İtalyan kültürünün zayıf olmasından bellidir; yani çağdaş Batı'yı anlayan uzmanların olmaması bizim memlekette İtalyan tetkiklerinin ve İtalyancanın iyi bilinmemesi ve anlaşılmamasıyla da ayan beyan ortadadır.

Roma İmparatorluk Kültürü

Fatih, birleşmeye karşı olan Ghennadios'u alıp patrik yaptı. Bu kurnaz bir politikaydı. Doğu ve Batı Hıristiyanlığını birbirinden ayırmış oldu. Ghennadios'a tarihte hiçbir Ortodoks patrikin görmediği bir şekilde iltifat etti ve protokolde Rum patrikine çok üstün bir yer verip, bütün imparatorluğun Hıristiyanlarını Roma patrikine bağladı. Patrikhane bugün kendisine ökumenik diyor ve bunun kavgası yapılıyor. Halbuki, Osmanlı bunlara Roma kilisesi demiştir. Roma zaten "ökumenik"le aynıdır; çünkü klasik düşünceye göre, Roma bütün dünyanın sahibidir ve Roma kilisesi de bütün dünyanın kilisesidir. Peki, kilisenin sahip olduğu Roma'ya hükümdar olarak kim sahiptir? Fatih'in kendisi sahiptir. O bir Roma imparatorudur, nitekim bu unvanı ona sırf zamanın Müslümanları değil, zamanın Rumları da yakıştırmıştır. Hatta zamanın, Osmanlı İmparatorluğu'nda yaşamayan, Trapezuntus gibi Rumları da yakıştırmıştır. Trapezuntus ondan "Romalıların İmparatoru" diye bahseder ve çok mübalağalı bir şekilde, son bin yılda yaşayanlar içinde en iyi Yunanca bilen olduğunu söyler. Venedik balyosu, Fatih'in Yunanca ve Latince bildiğini söylüyor ama, Trapezuntus Yunanca bilgisini derin bir âlimin derecesine çıkartıyor, biraz abartma olduğu açık. Ama şunu belirtmek istiyorum: Yeni Osmanlı İmparatorluğu 15.

asırda, klasik Roma'nın mirasını üstlenen, Roma İmparatorluğu olarak devam eden bir ülke halinde gelişiyor. Bunun üzerinde durmak gerekir. Hellenizm Müslüman bir hükümdarın ve Müslüman bir devletin kucağında yaşama şansına sahipti ve o yolla da bütün Hıristiyanlar eskiden olmadığı derecede ona tâbi olmaktaydı. Nedir bunlar? Daha önce müstakil hale gelen Bulgar kilisesi, müstakil hale gelen Sırp kilisesi, hepsi İstanbul'daki patrike bağlanmaktadır. Fakat politikanın öbür ayağı unutulmaktadır. Fatih, Ermenilere de Patrikhane kurduruyor. Ermenilerin Eçmiyazin'de Katogikos'ları, yani ruhânî liderleri vardır. Protokoldeki sırada birinci olan katogikos Erivan yakınında Eçmiyazin'de, ikincisi Ahtamar'da, üçüncüsü Sis'te oturur. Fatih Sultan Mehmed ise, bir patrik yaratıyordu. Deniyor ki: "Sizin dini liderleriniz katogikoslar olabilir, o bizi bağlamaz. Bu milletin başı patriktir." Bu yeni sistemle İstanbul'daki patrik ruhânî, ama daha çok idarî bir liderdi. İstanbul'daki patrik Erivan Eçmiyazin'deki katogikosa ruhânî olarak tâbidir, çünkü o onun ruhânî lideridir. Fakat Eçmiyazin'deki katogikos vergisini patrike ödüyor. Çünkü idarî lider odur. Dinî lider olan patrikin aynı zamanda malî, idarî görevleri var. Eğitim onun kontrolünde oluyor. Dolayısıyla Ermeniler tarihte İstanbul'da bir büyük Patrikhane olarak örgütleniyorlar ve bir millet oluşuyor. Böylece Rum Ortodoksların karşısında olan bir cemaat yaratılıyor. Fatih görülmeyecek bir politika daha güdüyor ve diğer Osmanlı sultanları da bunu devam ettiriyor. Osmanlı İmparatorluğu'nda Yahudiler o tarihten itibaren desteklenen bir millet oluyor ve bunda tabii Hıristiyanların antisemitizmi kadar, Yahudilerin Hıristiyanlığa olan düşmanlığı, yani aralarındaki münaferet ve Yahudilerin Müslümanlara, bilhassa Türklere olan yakınlığı rol oynar. Onun içindir ki Endülüs yıkıldığı zaman, oradaki Müslümanlarla birlikte Yahudiler de Osmanlı İmparatorluğu'na göç ettirilmiştir. Bu olay 15. yüzyıla has değildir; 17. yüzyılda Ukrayna Kazak Hetmanı, Boğdan Hmelnitzkey Doğu Avrupa ve Ukrayna Yahudilerini katletmeye başladığı zaman, onlar da buraya getirilmiştir. Biliyorsunuz, Yahudi kavmi iki gruptur. Kültür bakımından ve yorum bakımından biri Sefardim dediğimiz İspanyol yani

Akdeniz Yahudileri (İbranice Sfarad İspanya demek), öbürü de Eşkenaz dediğimiz, Almancadan çıkan bir dil olan Yidiş konuşanlar. Osmanlı İmparatorluğu'nda her iki unsur da vardır. Bu renkli imparatorlukta bir Roma kültürü hükmeder. Batı'nın gözlerinde artık Türkler, o çağda sadece ve sadece işgalci Müslümanlar değil, Roma mirasını gasbeden unsur olarak ortaya çıkmıştır. Bu yüzdendir ki Batı'da Romalılık ve Roma İmparatorluğu mirasına sahiplik iddiası ileri süren devletler, Türklerle o tarihten beri bir içtimaî, siyasî mücadeleye girmişlerdir. Türkler; "Efendim, Batılılar bizi sevmiyor, sebep Hıristiyanlık-Müslümanlık meselesidir" dediğinde, bu yetersiz ve hatta çok yanlış bir hükümdür. Laik oluruz. Bu konuda fikir ve tutumumuzu takip ederiz, fakat fazla bir şey değişmez. Batı'da klasik tarih eğitiminin belirgin noktalarından biri antitürklüktür, antimüslümanlık demiyorum. Yani Batı kültürü ve Batı insanı için İranlı her zaman egzotik bir adamdır. Arap demek 1001 gecedir, bir masaldır, şairdir, Ebu Nuvas'tır, çevirisini bulursa okur. Fakat, Türk demek, bunların ötesindedir. O bir militandır. Türk, Roma mirası üzerine oturan asker bir kavimdir ve dolayısıyla bir tehlikedir. Kilise uzun zaman böyle öğretti ve bu nedenle Batı'da Türklere karşı ebedî bir şüphecilik vardır.

Batılı Tipin Karşıtı Doğulu Tip Var mı?

Her toplumun bir eğitim tarzı vardır. O eğitim tarzıyla bir insan yaratılır; bir Fransız, bir Alman şekillendirilebilir, bir vatandaş tipi yaratılır ve o kimlik yaratılırken de belirli şeyler verilir. Sonradan o insanların yorumlarında, dünyaya bakışlarında farklılık olabilir. Herkes inançlı Hıristiyan veya muhafazakâr değil. 40.000 tane fikir var. Fakat ister istemez bazı bakış ve sözlerin biçimleri herkes için aynıdır. Batı kültüründe bu unsur çok önemlidir. Bir insan az okumuştur, çok okumuştur, monarşisttir veya komünisttir, ateisttir, koyu dindardır veya şüphecidir vs. Aristokrattır, işçidir, köylüdür, mühim değildir. Bu insanların belirgin bir belkemiği vardır. Bu önemlidir. Bir kültür bunu yaratır. Aslında her toplumda bu böyledir. Fakat ne yazık ki bazı toplumların bu belkemiği kırılmıştır ve insanını yetiştirirken verebileceği ortak normların pek fazla geçerliliği yoktur. Batılı dediğimiz zaman, bu belkemiğinin etrafında teşekkül eden muhtelif dünya görüşlerine, muhtelif millî dillere sahip insanlar birbirlerine nefret duyup, kavga da ediyordu ve birbirini katl de ediyordu. Batı'da tarih boyu teşkil edilen insan mezbahalarını, Doğulular henüz görmedi. Birbirlerini yok etme sorununa rağmen bir Batılı insan tipi vardır ve bu hakikaten bizim zannettiğimizden daha güçlü çizgilere sahiptir. Batılının bünyesinde bir Germanik karakter vardır. Fransız ve Alman'ın ortak karakteri başkadır ama her iki tipin de çağdaş kültürü İtalya'da oluşmuştur. Nihayet bu çizgiler Slav dünyasına kadar yayılmıştır. Batı Avrupalılar Slavları ne kadar küçük görseler de, Slavlar bu kültürün içine belirli katkılarla girmiştir. Rusya çok uzun zaman bunun içine girmek için mücadele etmiştir. Rusya'nın içindeki unsurlar arasında ülkenin Avrupa kültür çevresine girmemesi için mücadele edenler olmuştur. Özellikle 19. yüzyıl Rusya'sının fikir hayatında, Slavyanofiller bu grubu teşkil ederler. Slavyanofillerin içinde sağ veya sol ekonomik görüşü olan adamlar vardır. Çok dinci ve dinsiz adamlar da vardır. Fakat bunlar dinsiz de olsa kiliseye saygı duyarlar, çünkü o bir temeldir ve onunla Batı'ya karşı çıkarlar. Bu akım bugün dahi yaşıyor. Şu anda belki çok gülünç bir şekilde yaşıyor; yani 19. yüzyıldaki gibi ciddi ağırlığı olan adamlarla temsil edilmiyor. Ama bu zihniyetin, yirmi sene içinde nerelere ulaşacağını da kimse bilemez.

Bu anlamda bir Müslüman dünyası yok. Böyle bir dünya tarih ve coğrafya olarak objektif (normal) şartları ile bizatihi oluşsa da, bu asırda Müslüman insan tipi mevcut değil, oluşmamış. İslâm ortak pazarını kurarız dediğinizde gülünç olursunuz. Çünkü öyle bir ortak pazar yok. Şartları oluşmamış; şartları oluşmadığı gibi bugün aslında Müslüman denen insanı da tarif etmeye kalktığımda belkemiği olan bir Müslümandan söz edilemez. Zira, Müslüman deyince, inancı olan ve ibadet eden bir Müslüman anlaşılmamalıdır sadece. Bu bir kültür tipi olmalıdır. Böyle Müslüman bir kültürel tipin içinde, kaçınılmaz olarak inancı zayıf olanı da olur. Hatta imamdan, camiden nefret edeni de olur. Müslüman dediğin adamın, hatta belli bir dünya görüşü de olmayabilir. Ama tarih, coğrafya bilgisi (yani zaman ve mekân referansları) ve yaşam kalıpları ile hepsi aynı eğitimin içinden çıkmış insanlar olmalıdır. Böyle Batılı vardır, ama böyle Doğulu yoktur. Müslüman dünyada herkes aynı dili konuşacak da değildir. Müslüman dediğiniz adamın belirli bir ideolojisi de olmaz siyaset bakımından. Kimi hükümdarcı olur, kimi cumhuriyetçi olur, solcu da olur. Ama bu tipin bir belkemiği olması lâzım. Batı'da iyi Hıristiyan olmasa da Hıristiyan diye bir adam var. Doğu'da da böyle bir tip olması lâzım, bu yoktur. Tarih böyle bir tipi mazide yaratmıştır, bugün bu silinmiştir. İbadet ederiz, camiye gideriz, oruç tutarız, demekle bunu teşekkül ettiremiyorsunuz; 12. asrın Müslümanı bunu çok daha iyi becermiş bir adamdır. Türktü, İranlıydı, Araptı, Sami veya Hindu asıllıydı; ama ortak bir uygarlığı yaratmıştı, ortak bir edebiyat platformu vardı. Farklı düşünse de, ortak kavram dağarcığı vardı; bugün için bu söz konusu değildir. O zamanın İslâm dünyasında nihayet zamanlara ve mekânlara seyahat imkânı vardı ve yapılıyordu, bugün yoktur. Bugünün Müslümanı, Kur'an dili olan Arapçayı bilse, Arapçanın kökü olan Sami diller bilgisine sahip değildir. İbranca ile Aramca bilen bir İslâm bilgini, kelâmcı gördünüz mü? Bu bir kanal tıkanıklığıdır; bu kanal tıkanıklığıyla zamanlar ve mekânlarda gezemeyen, kavrayamayan ve kimliğini tayin edemeyen bir kültür adamı söz konusudur. Çünkü kimliğini tayin etmek için demirleme noktalarının olması lâzımdır. Toplum olarak kimliğini geniş coğrafyada ve belirli geniş bir zamanda, yani tarihte demirleme noktalarıyla tespit etmeden nasıl tarif edeceksin? Kimliğin tarifi bir yerde geleceğini planlamak, kendini yeniden üretmek demektir. Yani yeni nesillere ne devredeceğinizi bilmektir. Bugün için Türkiye'de böyle bir şey söz konusu mu? Değil. Sanıldığının aksine Araplarda, hatta İran'da dahi söz konusu değildir. Aslında Ortadoğu, Müslümanlar içinde en çok okuyan, yazan toplum olmakla birlikte, henüz en sürükleyici düşünce dağarcığına sahip değildir. Pakistan'da öyle değil. Dolayısıyla, karşınızda öyle bir İslâm dünyası var ki, kendini tarif etmiş, kimliğini ortaya koymuş ve bu kimliği de kültür (irfan) yoluyla yeni nesillere aktarmayı bilen bir kültür değil bu... Bundan dolayıdır ki, karşımızda bir Hıristiyan âlemi var, biz Müslümanız, neyi nasıl yapacağız diye tartışmak da boş oluyor.

Romalı düşünür, gezgin tarihçi Tacitus Germanya'yı anlatıyor; ona göre bireyci, tekil yaşayan bu insanlar bir kabile anlaşması, uzlaşması, sözleşmesi etrafında toplanır. Bir kontrat (akit) toplumu vardır. Bu barbarlığın temelinde bir kontrat vardır ki, bugünkü Batı'nın temel müesseselerinden biridir. Batılı devamlı kontratlarla yaşar (bu, noter kontratı değil, toplumsal işleyişi tayin eden kurallar, uyum ve örtülü anlaşmalardır). Doğu toplumunda nizamî ilişkiler, kan bağı, sülalevî ilişkiler çok hâkimdir. Çünkü tarihî gelişimi itibariyle medenî toplumdur. Yani şehir toplumudur. İşte bu en büyük ayrımdır. Bugün, Doğu ve Batı dediğimiz yani, bugünkü Avrupa ile bizim Doğu Akdeniz, Ortadoğu ve Doğu Avrupa (Rusya'yı katarsanız) ve Kafkaslar arasındaki en büyük fark odur. Bunlar eski toplumlardır, "medine" toplumlarıdır. Medine Arapça değil, İbranca bir kelimedir. Hem şehir, hem devlet demektir. (İsrail'in adı Cumhuriyet falan değildir. Medinat İsrail derler, devlet önemli bir kavramdır ve Arapçaya da burdan geçmiştir.) Medine şehrin adı değildir. Çünkü şehrin adı Yasrib'di. Resul-u Ekrem oraya hicret ettikten sonra Yasrib'in adı Medine oldu. Medine *Civitate* gibi bir kavramdır. Devlet demektir, her şeyden evvel. İşte bu Batı'yla Doğu'yu ayıran bir unsurdur. Bugün Avrupa Birliği içinde birleşen, Avrupa'nın 8-9 asır evveline kadar devam eden barbarik yapısı içindeki müesseseler, onun gerçek gücü ve özgürlüğü olan müesseseler, yani kontrat sistemi, Avrupa demokrasisinin temelidir. Bunların en demokratı da, kabile uzlaşmasını ve kontratı en iyi götürebilen olmuştur. Hangisidir o? İngiltere'dir. Britanya'nın müesseseleri, Britanya'nın parlamentarizmi hiçbir şekilde Yunanistan'ı taklit ederek oluşmadı. İngiliz kabile şeflerinin uzlaşma ve tartışma geleneği içinde parlamento oluşmuştur. Bu nedenle de çok sağlam bir geleneği var, yazılı olsun, yazısız olsun, kurallar son derece iyi yürüyor. Hiçbir zaman Fransız demokrasisindeki zaaflar orada yok. Demek ki Batı'nın tarihî gelişimi içinde, Barbar toplum yapısından ileri gelen, kontratlara dayanan bir demokratik yapısı vardır. Bu nedenle, bütün anonim hayatta da bu devam etmektedir. Şüphesiz ki sistemin zaafları da vardır. Yahudiliğin tarihine, o dinin bugününe, İsrail'e bakarak birtakım mukayeselere gitmek gerekir. Laisizm denilen kurum nedir? Nasıl yaşanır Doğu'da? Herhalde Batı'daki gibi olmuyor. Çünkü bizde ve Yahudilikte kilise yok. Ruhban yok. Yani ikisi ayrılmayınca din ve devleti de ayrılmıyor. Pratikte ayrılır. Günlük akitlerle (kontrat), günlük yaşam kalıpları ve hareketlerle ayrılır. Toplumun bir arada yaşayıp, birtakım şeylerle uyuşmasıyla, gizli kontrat sistemleriyle, örtülü kontrat sistemleriyle açılır. Meselâ, bunu İsrail'de görüyorsunuz. Türkiye'de de oturan bir pratik var, ama bu doğrultuda yeterli değil.

Üzerinde duracağımız konulardan bir diğeri, Batı toplumunda, yani bugünkü Avrupa topluluğunda, bizde ve dünyada devletin teşekkülü meselesidir. Batı medeniyeti açısından devlet kabilelerin uzlaşmasıyla ortaya çıkan bir şeydir ve bu yüzden kutsal bir oluşumu yoktur. Yani tarihî olarak, hukukî olarak gözlenebilen bir şeydir. Çok açıktır. Devlet her yerde çok gerekli bir siyasî-hukukî oluşumdur. Dikkat edin, kanunî uygulamaya ve devletin getirdiği nizama riayet edilir. Yani Batılılar devlete bizden çok daha tâbi ve saygılıdırlar. Buna rağmen Batı'da "devlet" diye kutsal bir mefhum ve müessese yoktur. Teoriye göre devlet, bir kontratlar sistemi sonucunda oluşmuştur. Tarihîdir, gözle görülür bu. Oysa Doğu'da devlet ilâhîdir, kutsaldır. Bürokratik mekanizmalar, nizamnameler ve kanunlar o kadar iyi işlemese, kendilerine o kadar iyi riayet edilmese bile kutsal devlet mefhumu vardır. Eski bir oluşumdur; ezelden (*from the time immemorial*) ebede uzanır. Eskiliği onun özümsenmesi, ilâhîleşmesi ve vahye dayalı bir kurum olarak benimsenmesine yol açmıştır. Kitab-ı Mukaddes'te vardır. Yahudiler için ilâhîdir, bizim için de öyledir. Yeni Ahit'te (İncil) ise, Hz. İsa devletle dini ve toplumu ayırmıştır. Bu keyfiyet, Avrupalı toplumların tarihî gelişimine, kabile yapı ve geleneğine uyar. Şark'taki Hıristiyanlık için ise, devlet pratikte gene Batı'dakinden farklı olmuştur. Bunu en çok bizim tarihimizde görürsünüz. Adam bürokratından nefret eder. Ama devlet için harbe gider; devlet başka türlü bir kutsal kuruluştur.

Batı'da devlet şeytan işidir. Asıl devlet, göklerin melekutudur. Öbür tarafa hazırlanman gerekir. Ona hazırlanman için de bu dünyada kiliseye ruhunu teslim edeceksin. Kilise devlettir, gerçek anlamdaki Tanrı devletinin yeryüzündeki temsilcisidir ve Batı'da o yüzden dünyevî devlet ehven-i şer, geçici bir toplumsal uzlaşmadır. Papa imparatora taç giydirir. Krala taç giydirir. O sayede hükümdarların yetki ve iktidarları tasdik edilir. Karlus Magnus imparator olmak için Papa'nın ayağına gidip, Roma İmparatoru tacını ve Lombardların demir tacını öyle giyiyor. Papayı ayağına çağıran ilk imparator, Napolyon. Yani geleneği ancak 19. yüzyıl başında ve o kadar yıkabiliyor. Oysa Doğu'da hiçbir zaman Hıristiyan kilisesinde, Doğu Roma kilisesinde devlet kilisenin gölgesi olmamıştır. Teorik olarak gölgesi olabilir. Fakat pratikte kiliseyi devlet idare ediyor. Doğu'da Roma geleneği sürüyor. İmparator tektir ve tanrısal irade ile oradadır. Aziz Augustinus'un görüşüne göre; devlet (ki bu devlet Batı Avrupa devletleridir) şeytan işidir. Zarurî nedenlerden dolayı vardır. Bu ikisi çok farklı tutum ve görüştür ve bu yüzden siyasal kültüre aksediyor tabii. Binaenaleyh devlete böyle kötü gözle bakmak, onu küçümsemek, şer makinası diye görmek ve sonra da gidip dört elle sarılmak gibi bir ikili davranış, bugünkü Batı medeniyetinin ve Batı düşüncesinin esasıdır. Aziz Augustinus'un görüşleri Doğu Hıristiyan imparatorluğunu değil, Batı'yı etkilemiştir. Bunu bilmek gerekir ve karşımızda devleti kötüleyenler, devletin dışlanması gerektiğini ifade edenler, söyleyenler her zaman gidip en çok kendileri devlete sığınanlardır; devlet uyrukluğunu, devlet kurallarına uymayı en kesin ölçülerle götürenlerdir. Onun için bu düşünceye de dikkat etmek gerekir. Bugün Avrupalının hiçbir şekilde devletlerini gerçek anlamda küçümsediklerini ve hele hele kafalarından, zihinlerinden dışladıklarını hiç zannetmiyorum, bu mümkün değildir. Bunu bugüne kadar orada ne monarşisti yapabildi, ne liberal cumhuriyetçisi yapabildi, ne de komünisti yapabildi. Devleti kendileri en çok kuvvetlendiren insanlar, üçüncü dünyaya yönelik bir devlet karşıtı öğreti ve hareketi geliştiriyorlar veya destekliyorlar.

Batı Medeniyeti ve Hıristiyanlık

Şimdi üzerinde duracağım konu, bugünkü Batılı insanın belkemiğini oluşturan bir kurumdur. Biz buna Hıristiyanlık diyoruz. Görünüşte birçok Batılı hiç Hıristiyan değildir, dinî törenlerle ilgisi yoktur, diyebilirsiniz. Kiliseyi sevmez, papazları sevmez, hatta babası dedesi ve kendisi vaftiz edilmemiş bir kalabalık vardır. Vaftiz edilmemiş bir insan Hıristiyan sayılmıyor, biliyorsunuz. Kiliseye bağlılığı yoktur ve inanca göre günahkâr doğduğu için günahkârdır. Yani, insanlar masum doğmuyor, Hıristiyanlıkta böyle garip bir inanış vardır. Ama ben bunun üzerinde durmuyorum. Batılı bir Hıristiyandır, belirli bir dünyası vardır ve bu insan belirli bir müessesenin etrafındaki ağla oluşturulmuş belirli bir tiptir. Kilise ve ona bağlı eğitim kurumlarının oluşturduğu dünya görüşü değişse bile, o kilisenin eğitiminin getirdiği referans noktaları daha uzun ömürlüdür. Yani fert kendini hiç Hıristiyan olmayan biri gibi de hissedebilir, ama birtakım referans noktaları, bilinç ve muhakemesini temellendiren ana öğeler Hıristiyan medeniyetine aittir. "Batı demek Hıristiyan-Hellen uygarlıktır" sloganını size kiliseden çıkmayan bir sofu gibi, Komünist Parti üyesi de tekrarlar... Marksizmle bağdaşmayan yanlış bir paradigma kendisine benimsetilmiştir. Siz artık, o adama biz Müslüman uygarlığına mensubuz; Müslümanlık dediğinde de bir Judaist temel vardır ve paralel bir medeniyettir; son peygamber bize onu son ve yeni bir yorumla getirmiştir; biz Müslümanız diye anlatamazsınız, çünkü belirli bir kalıp verilmiştir. İşte benim üzerinde durduğum budur. Maalesef bugün Türkiye'de ve bütün Şark dünyasında İslâm ve Müslüman uygarlığı dendiği zaman, Hellenizm otomatikman Hıristiyan Batı'ya mal ediliyor. Namazı kılan, orucu tutan Müslüman... Tabii bunlar Müslümanlığın şartları, itiraz yok. Ama bunları yapmayan insanlar Müslüman olmuyor mu sorusu üzerinde durmak gerekiyor. Konuyu bir ahlâkçı dindar olarak değil, bir sosyolog olarak tartışmak lâzım. Bugün Siyonist Yahudi hiçbir şekilde Yahudiliğinin kurallarını yerine getirerek yaşamaz, ama Yahudidir. Adam kurallara uymaz, ama yabancılara karşı uyar görünür (bu riya değildir, kimliğini sergiler) ve uyulması için talepte bulunulduğunda saygı gösterilmesini ister. Aydın kişi etrafa uyum sağlayan, kendini kamufle edebilen adam demektir. İnsan zaten bunu becerdiği ölçüde dünya adamı oluyor. Kuşkusuz dünya adamı demek karaktersiz, prensipsiz, şahsiyetsiz, her yere uyan bir şarlatan demek değildir. Ben bunu her zaman tarif ederim. *Worldman* ne demektir; her yere giden, her yere uyan adam değildir. Öylesine sahtekâr derler, pek mümkün de değildir. *Worldman* kendini etrafa uydurabilen, kendini saklayabilen, tavırlarını ayarlayabilen adam demektir. Siz, pekâlâ Yahudi olarak "Koşer"e dikkat edersiniz. Müslüman olarak da kurallara her platformda uyabilirsiniz. *Worldman* demek kavmî kişiliğinin arkasında yatan kültürel referansları tahrip eden, her suya girip çıkan adam değildir.

Bir Yahudinin kimliği vardır. Şeriatının emrine uymasa, inanmasa da ulusal kimliğini ortaya koyar. Bir İsrailli memuru, hiçbir büyükelçi Şabat akşamı yemeğe çağıramaz, gelmez çünkü. Dünya adamlığı onun için ne olursa olsun, kendi referansını korur, abartarak ortaya da çıkmaz kuşkusuz... İki bin yıl yabancı diyarlarda, yabancı dinlerin ortasında yaşayan yabancı kültürleri alan, fakat bu arada kendi ecdadından tevarüs ettiği kültürel referansları muhafaza eden bir Yahudi tipi teşekkül etmiştir. Doğu-Batı geriliminin, Batı'ya duyulan öfkenin arttığı bu devirde de böyle bir Müslüman tipi teşekkül ediyor. Bu tip teşekkül ederse bir medeniyetten söz edilir. Meselâ 12. yüzyılın İslâm dünyası böyleydi; yani o dünyada belli bir siyasî analiz vardı, belirli bir dünya görüşü vardı, belirli bir referanslar toplamı vardı. Müslüman dediğin zaman, herkesin namaz kılıp oruç tuttuğu bir dünya kastedilmiyor sadece... Dinsizliğe, dinî kaidelerden kaçışa ve hatta ateizme meyilli olan gruplar dahi bir üniversal nitelikli İslâm medeniyetine dahil olabilir. İslâm bu anlamda sosyal ve kültürel bir kimliktir. İslâm bir bakış, bir yöntem olacak ve bir referans noktası olacak. Bir kimlik teşekkül edecek ve o kimliğin etrafında 40 çeşit fikir de olabilir, 40 çeşit dayanışma da olur. İslâm medeniyeti planlama ile değil, tarih ve kültür şuuru ile olur. Bir medeniyetten, bir camiadan bahsettiğiniz zaman sadece sofu alayından bahsedemezsiniz. Nitekim, Hıristiyan medeniyeti ve Hıristiyan dünyası dediğimiz zaman sadece papazlardan, kiliseye gidip papazın elini öpen sofulardan bahsetmiyoruz. Hıristiyan medeniyeti bir bütündür; onun içinde kilise de vardır, engizisyon da vardır, ama onun içinde üniversite de vardır. O dünyadan kaynaklanan devlet teorisi de vardır, hukuk nizamı da vardır. Yani kiliseden kopuklukla veya onunla birlikte, bazen ona zıtlaşarak gelişmiş bir referanslar sistemi vardır. Bu Yahudilik için böyledir, Müslümanlık bütünü için de böyle olması gerekir ki, bir Müslüman medeniyetinden söz edebilelim.

Bu referans sistemi, yukarda verdiğim örnekte olduğu gibi bir dünyaya bakış biçimi ve o demin yaptığımız tarife uygun olmasa dahi, o dinin kültürüne uygun medeniyet tipi ortaçağda vardı. Orada Müslüman dini çevresinde oluşan dünyayı zamanda ve mekânda yeniden özümleyen, yani tarihi ve coğrafyayı yeniden özümleyen ve yorumlayan bir insan tipi ortadadır. Ortadan kalktığı ölçüde bugün için artık böyle bir Müslüman tipinden söz edemiyorsunuz. Yani bugünün Müslüman tipi, Müslüman aydın tipi dediğimiz kişilikte hakikaten bir kimlik bunalımı vardır. Dolayısıyla Avrupa karşısında bugünkü Türkiye'de de bunlar söz konusu olacaktır; üzerinde duracağımız noktalar bunlardır. Bu zayıflık kısmen kendimizden; kısmen de intibak etmek zorunda olduğumuz dünyayı iyi tanımamaktan ileri gelmektedir.

Belirli zamanda herkese zayıflık ârız olabilir. Hiç şüphe yok ki 2005 Fransası 1898 Fransası değildir. 1898 Fransası bu dünyanın vazgeçilmez bir önderi ve referans noktasıdır. Bir kültürel kaynaktır. Edebiyatıyla, ilmiyle, politikasıyla, düşüncesiyle 1898 Fransası kendini üreten bir referans noktasıdır. 2005 Fransası artık kendini yeniden üretememektedir. Demek ki bu tip medeniyetlerde böyle bir sallantı ve böyle bir aşınma söz konusu olmaktadır. İşte İslâm dünyası da, 13., 14. asırlardan itibaren aynı aşınmaya uğruyor. Kuşkusuz bu olay her yerde paralel gitmemiştir. Meselâ, Osmanlı İmparatorluğu'nda ilim ve düşünce hiçbir zaman eski İslâm dünyasındaki gibi değildir. Ama buna karşılık devlet teşkilâtı ve askerî teknoloji bakımından kuşkusuz klasik dünyanın ilerisindedir ve o yüzden de

Osmanlı İmparatorluğu yeni çağlarda bir Roma İmparatorluğu olarak yaşayabilmiş, gelişebilmiş, hatta Batı dünyasıyla bir mübareze ve mücadeleye girişerek muvaffak olmuştur, yani gerileyen İslâm siyasî coğrafyasını yeniden genişletmiştir. İslâmiyetin 9. asırda girip 10. asırda çekildiği noktaları bile ele geçirmiştir. Hatta yeni yayılmalar göstermiştir. Fakat meselâ artık bilimde, teknolojinin bazı yönlerinde, felsefede bir gerileme başlamaktadır ve bu anlamda demin tarif ettiğim tipte Müslüman tipi de kaybolmaktadır. Sosyal bilimde mühim olan idâme-i hayatı, yani değişen koşullar karşısında insanların ve insan toplumunun nasıl devam ettiğini, nasıl hayatta kalabildiğini araştırmaktır, tarih de aslında budur. Bu unsurların renkli ve farklı yorumlarıdır. Yoksa bir *progress* (ilerleme) fikriyle tarihe bakılamaz. Niçin 20. yüzyılın insanları, M.Ö. iki bindekinden daha mükemmel olsun? Niçin bugünün Almanı, firavunlar dönemi Mısırlısından daha iyi ve mütekâmil bir insan tipini oluştursun? Binaenaleyh Avrupa'nın *progress* fikri, teknik ilerleme ve üretimin ötesinde, insan cinsinde gözlenen ilerlemeyi Avrupa'nın temsil ettiği yönündedir. Bu cemiyette insan hakları çok sorulur. Acaba filanca asrın köleleri mi, yoksa bugünün Afrikalıları mı daha iyi durumda? Sokaklarında hâlâ çocuk sürülerinin gezdiği, keyif için avlandığı bir dünyada yaşıyoruz. O zaman gladyatörlerin Roma'sının nesini bugün küçük göreceksiniz? Bunlar hepsi sorudur. Bu bakımdan, böyle bir ilerleme fikrine saplanmak pek doğru değildir. Fakat çağdaş Avrupa felsefesi ve tarihi ilerlemeci fikre dayanır (Voltaire'in tarih felsefesini hatırlayalım: İnsanlar Yunan, Roma, Rönesans safhalarından geçmiştir. En mütekâmili XIV. Louis asrıdır, bundan sonra insanlığa XIV. Louis Fransası ışık tutacaktır). Fransa'nın 17. asırdaki metinlerini biz bugün rahat rahat okuyoruz, Voltaire o günkü Fransa'ya bakarak böyle bir tarih felsefesi yapıyor, el'an geçerli mi, hayır değil... Bir asır sonra Hegel, Prusya için aynı safhaları koyuyor (tinin Geist harekâtı), yani beşeriyetin gelişmesinin tinin gelişmesi ile mümkün olacağını belirtiyor. İlerleme Batı'ya has bir üstünlük duygusuydu. Bu duygu bugün aynı yoğunlukta değil; çünkü Avrupa'da Amerikanizm hâkim ve cemiyetin kültürü kendisini yeniden üretme gücünü kaybediyor. Referans sistemleri devamlı olarak tespit ve tayin edilip, kimlik tespit edilip, geliştirilip, bir sonraki nesle devredilemediği takdirde; kültür mirası bırakılamamış demektir. Aşınma başlamıştır. Bu aşınma, bugün Batı'da açık olarak görülüyor. Bir veya iki asır evveli ile mukayese ettiğimizde daha iyi görülüyor. Avrupa artık dünyada aynı role sahip değil. Bununla birlikte Avrupa'nın "*ex cathedra*" hocalık etmek ve siyasî nüfuz sağlamak eğilimi devam ediyor. Azınlık hakları konusunda *ex cathedra* ders verirken siz azınlıklarınıza muamele etmesini bilmiyorsunuz derken, hele o İskandinavyalılar, Danimarkalılar, bünyelerindeki Doğu Frizyalılara hiç iyi muamele etmiyorlar ve bundan dolayı problem var; hele hele o kürsüde Avrupalıların yanında yer almış Yunanistan, azınlıklara yaptığı kötü muamele ve haksız idare ile meşhurken; bu ders verme bir zaaf ve mudhike (gülünçlük) haline dönüşüyor. Tabii, bunları dinlemeyelim, bildiğimiz gibi gidelim demiyoruz, ama bellidir ki bu dünyada bazı konular yeni siyasî nüfuz politikaları olarak geliştiriliyor. Bütün bunların yanında, Avrupa toplumu artık yeni nesilleri nasıl eğiteceğini ve eski satvetini nasıl sürdüreceğini bilemiyor.

Uygarlıkta bir alışveriş söz konusudur. Alışverişte Batı Avrupa'nın bir zaafı vardır. Haçlı seferleri olmuştur. Doğu'ya gelip yerleşmişler, Kudüs'ü almışlardır. Antakya Prensliği'ni, Urfa Kontluğu'nu kurmuşlardır. Akka'da yaşamışlardır, ama 150 sene boyunca kıyafetlerini bile değiştirmemişler, gelenler doğru dürüst çocuklarını okuturlarsa gene Avrupa'ya yollamışlar (Bunlar yeni araştırmayla ortaya çıkıyor. Herkes diyor ki, "Haçlılar geldi burada medeniyet öğrendi"; hayır, çok az öğrenmişler, yani Batı'ya, Doğu medeniyetini aktaranlar gelip buraya yerleşip, işgal edip, oturup sonra dönen Haçlılar değildir; İtalya, Sicilya ve Katalunya gibi tüccar, diplomat ve tetkikçi gezgin milletler Batı-Doğu alışverişi yapıyordu).

Batı, Doğu'dan bugün de çok şey alamaz, hatta Avrupa, Amerikanizmi bile yüzeyden alıyor, temel unsurlarıyla benimseyemiyor; bu Avrupa'nın bir zaafıdır.

Sonuç

Batı Avrupa-İslâm ve Demokrasi Sorunu

İslâm dünyasında demokrasi yaygın mı? Genelde değil. Ama bu demek değildir ki demokrasi gelişemeyecek ve meşveret yerleşemeyecek. İslâm'da olan ictihad sistemi, meşveret sistemi ile pekâlâ bu toplumlarda demokrasiye geçiş gerçekleşebilir. Örnekleri de vardır, yavaş yavaş bu gelişmektedir. Yakın zamanda bunu göreceksiniz. Bilhassa Bosna, Arnavutluk gibi Türkiye ile birlikte eski Osmanlı topraklarını teşkil edenlerde bu örnekleri görmek mümkün olacaktır. Yavaş yavaş rüşeym halinde gelişecektir. Ama bugünkü Afrika ve Ortadoğu'nun İslâm ülkelerinde henüz kanunî bir idare ve kanun hâkimiyeti yerleşemedi. Demek ki İslâm'da demokrasi olur mu kavgasını yapmanın pek fazla bir gereği yoktur. Esasına bakacak olursanız, çağdaş demokrasi İngilizce konuşan milletlerin müessesesidir. Yani bizim bildiğimiz parlamentarizm, çoğulcu toplum, demokrasi Batı'da da İngilizce konuşan toplumlara has bir şeydir. Fransızlar ve Almanlar onu el'an Anglosaksonlar gibi kavramamış ve çok geç öğrenmişlerdir. İhtilâlle demokrasi öğrenmek marifet değildir. Fransa çok kanlı bir bedel ödemiştir ve daima aksamaları olmuştur. Almanca konuşan milletlerin demokrasi geleneğine ise hiçbir şekilde saygı duymak mümkün değil. Hiçbir aklı başında tarihçi ve sosyolog bu ülkeleri demokratik ananeli toplumlar olarak gösteremez. Demokrasi demek anayasal nizamla birtakım partilerin olması, birtakım kuralların cemiyete tatbik edilmesi değildir. Demokrasi her şeyden evvel toplumda küçük mahalle düzeyine, küçük gruplara indiğimiz zaman işlemesi gereken bir kurumdur. Anglosaksonları yakından tanıyanlar bunu bilir; İngiltere'de en küçük köy toplumunda birisi bir fikir ve fiili bastırmaya veya kabul ettirmeye kalktığı zaman, karşısına insanlar dikilir. "Niçin?" sorusu sorulur, bu çok önemli bir şeydir; yani küçük menfaatlerin bireysel menfaatlerin en küçük gruplarda bile savunulması, vaziyet alınması ve bu tip itirazlara da anında saygı gösterilmesi çok önemlidir. Demokrasi, Batı ile Doğu arasında bir ayrımın göstergesi değildir. Bu anlamda bugün demokrasi üreten milletlerin çoğu onu çok geç devirde öğrenmişlerdir ve hatta halen de tam öğrenememişlerdir. Buna rağmen bu üniversal rejimin her zaman, her yerde çok üniversal olacağını iddia edenlerden de değilim. Söylediğim gibi en hafif bir enflasyon fırlaması, işsizlik büyümesi, demokrasiyi Batı'da da öyle çok vazgeçilmez rejim olmaktan çıkarabilir, örnekleri de vardır; son araştırmalar gösteriyor ki Weimar Almanyası'nda Nazizm'e kapılanlar işsizler değil, daha çok işini kaybetmekten korkanlardır. İnsanlar işsizdir, diktatoryanın peşinden yürümüşlerdir dersiniz ama; onlar değil, "işimi kaybederim" korkusunun hâkim olduğu alt orta sınıfların ve işçilerin önemli bir kesimi bu rejimi seçimle iş başına getirmiştir. Bu *parochial mind,* yani kapalı kasaba zihniyetinin olduğu yerde evrenselci bir tutum mevcut olamaz. Bunun şu örnekleri var: 15., 16. asırda, V. Karl (Şarlken) devrinde Kurtuba'daki büyük camiin sütunlar ormanından oluşan şahane görünümü ve simetrisi, orta yere inşa edilen bir İspanyol basilika altarı ve şapeli ve sağa sola monte edilen ikonlar ve aziz heykelleriyle mahvedilmiştir. Bu sanatta bir dar kafalılık, yerel görgüsüzlük örneğidir. Bu sadece vandalizmin değil, dünyaya kapalılık ve yerel bağnazlığın küstahça ifadesidir. Maalesef bütün asırlarda, her yerde tezahür edebilecek bir tutumdur. Bugünkü Batı Avrupa'nın temelinde bu tutumun da olduğunu unutmayalım. Üniversalizm hepinizin bildiği gibi lâfla olacak, üç beş kişinin benimsemesi ile oluşacak bir tutum ve yaşam biçimi değildir. Toplumların kendilerinin açık olması; onu yapmaya ve yaşamaya açık olması lâzımdır. Bu da mektepte öğretilemez, bunun mektebi tarihtir, beş bin senelik tarihî tecrübedir. Doğu insanı, Ortadoğu ve Akdeniz insanı beş bin senedir bu süreci yaşıyor, birbirini görerek yaşıyor, birbirini taklit ederek yaşıyor, birbirini severek yaşıyor.

Nefret ederek veya muhabbet duyarak yaşıyor ama birlikte yaşıyor. Endülüslü Kadı Ahmed'in tespitinde olduğu gibi; "Ümran nedir?" diye sorulduğunda, Akdeniz kavimlerinin hepsini sayıyor. Bu geniş tutum, sözde öğrenilmiş bir toleransın veya öğrenilmiş bir üniversalizmin değil ama, yaşanmış ve özümsenmiş bir Akdeniz üniversalizminin ifadesidir. Bugün bu üniversalizm için mevcut okul eğitimi yetersiz. Bir *education* (irfan) faaliyeti gereklidir ki insanlarımız dünyayı tanısın.

Yeni insanımızı yetiştirirken dikkate alacağımız bir nokta var; Türkiye'nin en zayıf taraflarından biri bilinçlice yapılması gereken dış turizmdir. Herkes her yere gidiyor ama, siz hiçbir Macaristan rehber kitabı, bir Fransa rehberi, bir İspanya rehberi görüyor musunuz? İnsanlarımız okumadan bavul gibi gidiyor, geziyor. Halbuki Ruslar yeni açıldılar dünyaya; bavul ticaretiyle geçinenleri dahi ellerinde yabancı ülkeler için basılmış rehber kitaplarıyla (Rusça *poliglot*) geziyor. Gittiği yerin tarihini, coğrafyasını, sanatını okumadan gezmiyor. Bundan başka Türkiye'deki aydın sınıfın dünyaya açılması tek kanaldan olmuştur. 19. yüzyılda bu Fransızca idi. Fransızcanın yanına İngilizce dahi gelmemiştir, hatta o dönemde aydınlar arasında tasnifler vardır; o Fransızcı, bu Almancıdır gibi... Çünkü belli ki o sadece Almanca biliyor; Enver Paşa için Almancıdır, başka bir şey bilmez, denir. Bu maalesef sömürgelerde görülen yabancı dil bilgisi tipidir, Fransız sömürgelerinin okumuşları daha yakın zamanlara kadar sadece o dili bilirdi. Doğru dürüst İngilizce bilen bir Cezayirli göremezdiniz. Türkiye'de de böyle garip bir benzerlik vardır:

Dün Frankofonduk, bugün Amerikanofonuz, bütün referans sistemlerimiz dış dünyayı tanıma bu yolla oluyor ve seçkin gruplarımız böyledir. Bu yapı henüz değişmeye başlıyor. Sonra seçkin insan yetiştirmek için eğitimi planlamak mevcut değil: Meselâ, kadınımızı hayatın içine çekiyoruz, okula gidiyorlar, okutuyoruz; buna taraftar olup olmamak boştur, bu kaçınılmaz, ama seçkin kız mektebi yok. Bu düşünülmemiş; ve bu işleri yerine getiren Arnavutköy Amerikan Koleji, Fransız Notre Dame de Sion Lisesi vs... yabancı okullardı. Biz seçkin kız okullarını çok geç kurduk. Tek istisna, Tanzimat'ın

"Darülmuallimat" kız öğretmen okuludur. Bu tarihî bir nakîse, bir ulus seçkin erkek ve kız çocuklarını kendi okullarında eğitmelidir. Bundan başka Batı eğitimini ve dillerini yüzeyden alıyoruz. Yani Fransızca öğreniyor, İngilizce öğreniyor, hatta Fransızcayı çok iyi bildiğini iddia ediyor ama, Latince ve Yunanca bilmiyor; Fransız diline ve Fransız kültürüne sahip bir insan, Latince ve Yunanca bilmiyorsa o kültürü bilmiyor demektir. Bu çok açık bir şeydir. Dikkat edin, Arapça, Farsça öğrenmeyen yabancı bir Türkolog gördünüz mü? Çünkü bu dilin %40'ı Arabî ve Farsî kelimelerden, deyimlerden oluşur, ister istemez bu kültürü anlamak için bu iki dili de bilmek zorunludur. Ecnebî Türkolojiyi öyle yapar. Vakıa hoş şimdi Garb'da da bu dediğimiz klasik çizgileri terk eden Amerikanize insan tipi ortaya çıktı; son derece mahzurludur ve bunu geç de olsa anlamışlardır. İşte Türkiye'de de böyledir, bir Fransızca uzmanı bilmiyorum ki kök dilleri bilsin, varsa da sayıları çok azdı ve tükendiler. Kısacası Batılılar oryantalistik, yani şarkiyatçılık yapmaktadırlar. Oysa biz oksidentalistik, yani garbiyatçılık yapamamaktayız ve bilim yapamadığımız ölçüde de bu dünyayı tanıyamayız. Batı'yı tanımak için oksidantalist olmamız gerekir. Oksidantalistler yetiştiremiyoruz. Biz sadece tercüman yetiştiriyoruz ve bu şartlarda o tercümanların da çok iyi olması mümkün değildir. Zaten dünyadaki en berbat tercüme edebiyatı da Türkiye'dedir; bu şekilde dünyaya açılamayız. Dünyaya açık bir eğitim numunesi Türkiye tarihinde bir kere olmuştur. 1930'lardaki üniversite reformunda; kısmen reformu yapanların niyeti ile fakat kısmen tesadüf ile buraya birtakım seçkin Alman bilginleri geldi. Bu bizim gayretimizle onları celbetmemizden çok, biraz da Hitler'in iktidara gelmesiyle başlayan bir olaydır, İstanbul Edebiyat Fakültesi ıslah ediliyordu.

Ankara'da Dil ve Tarih-Coğrafya Fakültesi kurulmuştur. O zamanlar dünyada tanınan muhteşem bir fakülteydi; geniş ve tanınmış bir kütüphanesi vardı. Fakat on beş sene içinde o adamları ve o kurumu erittik. Demek ki Türkiye dışa açılmaya hazır ve istekli değildi. Nitekim Afrika ülkelerinin bir kısmında okuma yazma seferberliği yapıyorlar, okuma yazma oranı birden bire %90'a çıkıyor, fakat 10 yıl sonra %30'a düşüyor. Çünkü onu besleyecek mekanizmalar yok. İşte bizim Dil-Tarih ve Edebiyat fakülteleri maceramız da buna benzemiştir. Ama artık Türkiye değişiyor. Bu arada eğitimi de değiştirmemiz lâzım ve üniversal referanslara sahip olmamız gerekir. Türkiye o tarihte bunu anlamıştı biliyorsunuz, hatta hümanist *gymnasium* benzeri lise kurdular. Belirli liselerde, Ankara'da Kız Lisesi ve bizim Atatürk Lisesi'nde Latince sınıfı açtılar, yani fenedebiyat kolları gibi Latince sınıfı da açıldı. Buradan yetişen bazı isimleri söyleyeyim size: Birisi ünlü cerrah Gazi Yaşargil. Tabii Gazi Yaşargil meşhur bir beyin cerrahı, bunların ötesinde meşhur bir teknisyen çünkü o her gün bir alet buluyor ameliyat için. Latinceden mezun olan da pekâlâ her şey olabilir. Bizim Hukuk Fakültesi'nin ilginç kişiliklerinden birisi İlhan Akipek de çok lisanlar bilen ve iyi bilen bir hocadır, bu Latince bölümünden çıkmıştır.

Bir kere garbcıyız diyoruz, o kültürün esasını anlama isteğimiz yok; ikincisi klasik *gymnasium*'u yanlış anladık: Türkiye'de klasik *gymnasium*'da Yunanca, Latince şarttır, ama onun yanında Arapça ve Farsça da olması lâzım; çünkü bizim kültürel kökenlerimiz böyledir. Aslında bu memlekette imam-hatip okullarının da böyle kurulması gerekirdi. Az sayıda ve kuvvetli eğitim veren imam-hatip lisesi yerine, 30 yıl içinde 400 küsur okul açtılar. Şimdi de nasıl kapayalım diye tartışıyorlar. Bir toplumun en kuvvetli unsuru olan, en gerekli unsuru olan zekâ, eğitimle filizlenir ve ancak bu eğitimin sonucunda zekâ dallanıp budaklanıp meyva vermeye başlar. Bunun örneklerini vermek gerekir, geçmiş asırda Osmanlı İmparatorluğu devşirme sistemi ve medrese hiyerarşisi ile bunu sağlarken; 19. yüzyılda ıslahat için yatılı-laik eğitimli mekteplere önem vermiştir. Medrese ve laik eğitim arasındaki seçim mekanizmasını parasız eğitim lehine devam ettirmiştir. Osmanlı sisteminde eğitim parasızdır, hatta üstüne para verilir. Talebeye bir üniforma verilir, cebine harçlık konur; bir tek harç yatırılan okul "Darülfünun-ı Osmanî", yani üniversitedir (1900 yılında kurulmuş). Gülünç miktarlarda harç verilirdi, ama verilirdi. (1950'lerde sömestr başına 5 TL verilirdi. Sonra 25 TL oldu, kıyamet koptu). Bu tip bir elit yetiştirme sistemini, devşirmenin bu modern tarzını maalesef devam ettirememekteyiz. Halbuki devam ettirmek bir yana, genişletmemiz gerekir.

Ürünlerin içinde bir toplumun planlı miktarda elde edemeyeceği şey, beyin değil yetenektir. Ancak toplumlar rasyonel eğitimde bu değerin hakkını verir, yahut veremez. Tarihî geleneğinize sadık kalınız yeter; bunu yapmadığınız takdirde ne Batılı olursunuz ne ortak pazarlı olursunuz, ne de dünyalı olursunuz. Dünyadaki sıradan toplumlardan biri olarak kalırsınız. Toplumun geri kalmışı, insanlarını yeteneğine göre değerlendiremeyen toplum demektir. Dünya ülkelerinin ekserisi bu kategoridedir. Bir toplumun kendini üretme araçlarının en başında dil gelir ve dil, tarihle beraber düşünülür. Dolayısıyla Batılı toplumda hukuk, filoloji ve tarih birbirinden ayrılmaz ve vazgeçilmez üç bilim dalıdır. Bu üç bilim dalı bir arada yürütülmediği takdirde, o toplumda sağlıklı bir felsefî düşünce ve dünya görüşü gerçekleşemez ve gelecek nesillere aktaracağınız kültür kalıpları teşekkül edemez.

Bugünkü Avrupa'ya girmeye hazırlanan Türk toplumunda (vakıa Avrupa üniversiteleri de çok iyi değildir ama) üniversite anlayışının sadece mühendislik ve bilgisayar gibi dallara odaklanması sakattır. Türkiye gayet kötü hukuk eğitiminin verildiği bir memlekettir. Bunu açıkça söylüyorum. Burada İslâm hukukuymuş, Batı hukukuymuş, yok şeriat geliyormuş gibi abes tartışma yapmayalım. Binlerce çocuğun doldurduğu hukuk fakülteleri (iki tanesi yetmedi, 30 kadar daha açtık her yerde) mümkün değil bu az sayıda kadroyla ciddi bir eğitim veremez. Hukuk fakültesine liseden sonra öğrenci alınması yanlıştır. Yani hukukçu talebenin diğer dallarda yetişmiş olanlardan imtihanla alınması gerekir. Kuvvetli hukuk tarihi, melekesi ve bilgisi edinmeye hukukçuların, iyi hukukçu olması mümkün değildir.

Amerika toplumunun adalet düzeni hukukçuları sayesinde ayakta duruyor. Çünkü Amerika'da hukuk eğitimi en ciddi ve seçkin daldır. Amerika'da tıp ve hukuk ikinci basamak tahsili derecesindedir, ciddidir. Özel imtihanlarla üniversite düzeyinden öğrenci seçer. Bunun temin edilmediği bir memlekette ne idarenin bilgili olması, ne adaletin tecelli etmesi beklenebilir; ne ciddi bir kanun ve nizam fikri yerleşir ve yerleştirilebilir, ne de insanlarda sağlıklı bir sosyal düşünce doğar ve dünya nizamı oluşur. Hukuk çok önemli bir müessesedir ve çok önemli bir bilgi bütünüdür. Hukuk fakültesi olmadan ne üniversite olur, ne akademi olur; hukuksuz ne devlet olur, ne düzenli ve güvenlikli toplum olur. Kuvvetli bir bürokrasinin yetişmesi buna bağlıdır. Bu yüzden Türkiye'nin sorunlarını bir ölçüde kötü hukuk eğitimi oluşturur. Hukuk için tarih gerekir. Oysa Roma hukuku ve hukuk tarihi gibi filoloji ve tarih bilgisi gerektiren dallar bizde gittikçe geriliyor.

Türkiye Müslümandır, Semitik dilleri bilmez; yani İslâmiyetin vahiy dili olan Arapçayı ve kökü olan Sami dilleri de bilmez. Türk Dili'nin %30'u Farsçadır, ama Farsçamız ve Fars kültürümüz eskisinden de beter olmuştur, gerilemiş, ölmüştür. İran denilen dünyadan haberimiz yoktur. Türkiye Bizans İmparatorluğu'nun vârisidir, ama Hellen dili öğretimi, Hellen, Bizans tetkikleri yoktur, filologyadan haberdar değiliz. Tarihten haberdar değiliz. Şüphesiz ki bu zaaflarla bizim bir şey yapabilmemiz, ne Avrupa'ya ne Asya'ya tam anlamıyla oturabilmemiz ve etrafımızdaki hasım dünya ortasında kendimizi müdafaa edebilmemiz, kendimizi yeniden üretebilmemiz, gelecek nesillere sağlıklı kültür aktarabilmemiz mümkün değildir. Gençlerimiz zengin bir kültür mirası alıp, bunun bilincinde olmadıkları için ön planda kimlik bunalımından dolayı bundan kaçmaktadırlar. Çünkü bariz vasıf budur; kimliğin oturmadığı, iyi tarif edilmediği, benimsenmediği bir yerde; ulus ve vatan coğrafyası da benimsenemez. Tarih benimsenemezse coğrafya benimsenmez, dolayısıyla kimlik eksik teşekkül eder ve ortada karnını doyurmaya kalkan, bunu tekrarlayıp duran garip bir toplum oluşur.

Bir konuyu ısrarla belirtmek isterim: 300 yıllık Türkiye modernleşme tarihinde bir tek Atatürk döneminde iyi niyet ve istekle Türk tarih ve toplumsal düşüncesinin cihana açılmasına çalışılmıştır. Çünkü Atatürk, Türk tarihini bir cihan tarihi olarak düşündüğü için cihan tarihinin bilinmesi gerektiğini düşünüyordu. Yani Sinoloji, İndoloji bileceksiniz, Persoloji, eski Farsça, Hintçe, Sanskrit ve Çince kaynakları okuyacaksınız ki Türklerin tarihini inşa edeceksiniz...

Hatta Sümerler Türk mü değil mi, onun için Asuroloji ve Sümeroloji bileceksiniz. Tesadüfen 1933 Nazi iktidarı dolayısıyla bunların da en iyi adamları geldi buraya, bu dallar akademik olarak kuruldu; fakat devam ettiremedik. Bu ananeyi tekrar canlandırmamız, Rönesans yapmamız gerekiyor. Batı-Doğu ayırımı bir yakıştırmadır. Tarihî gerçeğe oturmaz. Ama ulus olarak içe kapalı olduğumuz; derinliksiz bir pragmatizme saplandığımız bir gerçektir. Dünyaya açılmak için ticarî faaliyet yetmez, dünyayı koruyup sevecek bir kültürel açılım gereklidir.

Bibliyografya

Arşiv Kaynakları

Başbakanlık Osmanlı Arşivi, I-MV, Nr: 16519, Meclis-i Vala Mazbatası, 12 Ramazan 1273 (6 Mayıs 1857).

Başbakanlık Osmanlı Arşivi, İrade Meclis-i Vala, no: 83, 25 Safer 1273 (25 Ekim 1856).

Başbakanlık Osmanlı Arşivi, İrade-i Dahiliye, No: 14404, 21 Şevval 1267 (19 Ağustos 1851).

Diğer Kaynaklar

Ahmed Cevdet Paşa. *Tarih-i Cevdet,* 12 Cilt, tertib-i cedid, İstanbul, 1302/1885-1309/1892.

——— *Tezakir* (yay. C. Baysun), Ankara, 1967.

Ahmed Midhat Efendi. *Felatun Bey ile Rakım Efendi,* İstanbul, 1875.

Anna Comnena. *Alexiad,* translated in English by E.A. Dawes, Londra, 1928.

Aşıkpaşazade Derviş Ahmed Aşıkî. *Aşık Paşazade Tarihi,* Ali Bey neşri, İstanbul, 1332 (1916-17).

Ayalon, Ami. *Language and Change in the Arab Middle East,* Oxford, 1987.

Babinger, Franz. *Fatih Sultan Mehmed ve Zamanı* (çev. Dost Körpe), İstanbul, 2003.

——— *Osmanlı Tarih Yazarları ve Eserleri* (çev. Coşkun Üçok), Ankara, 1987.

Batbie, Anselme. *Traité théorique et pratique de Droit public et administratif,* Paris, 1885.

Blachère, Régis. *Livre des catégories des nations,* Paris, 1935.

Bursalı Tahir Bey, *Osmanlı Müellifleri,* 3 c., İstanbul, 1339-1340 (1923-24).

Chardin, Jean. *Voyages du Chevalier Chardin en Perse et autres lieux de l'Orient,* c. 1-5, yeni baskı, 2001.

Devèze, Michel. *l'Europe et le monde à la fin du XVIIIème siècle,* Paris, 1970.

d'Ohhson, Ignatius Mouradgea. *Tableau général de l'Empire Othoman,* 7c., Paris, 1788-1834.

Esenbel (Tözeren), Selçuk. "Japon 'Eğitim Modeli' ve Doğu-Batı Sorunsalı", *Toplum ve Bilim,* 25/26, 1984.

Gibb, E. J. Wilkinson. *A History of Ottoman Poetry,* c. I-VI, Londra, 1900-1909.

Hazai, György. Nagy-Harsabany "Das Osmanisch Turkische im XVn Jahrhundert," Budapeşte, 1973.

İbni Haldun, *Mukaddime,* Türkçe trc. Şeyhülislam Pîrîzade Mehmed Sahib Efendi, İstanbul, 1275 (1859).

İz, Mahir. *Yılların İzi,* İstanbul, 1990.

Karslızade Cemaleddin Mehmed, *Âyine-i Zürefâ,* İstanbul, 1314 (1898-99).

Köhbach, Markus. "Ein diplomatischer Rangstreit in İstanbul", *Mitteilungen des Öst. Staats Archiv,* 36/1983.

Kuran, Ercüment. "Osmanlı İmparatorluğu'nda İnsan Hakları ve Sadık Rifat Paşa (1807-1857)", *VIII. Türk Tarih Kongresi,* c. 2, Ankara, 1983.

Kütükoğlu, Mübahat. "Cevdet Paşa ve Aile İçi Münasebetleri", *Ahmet Cevdet Paşa Semineri,* İ.Ü.E.F., İstanbul, 1986.

Lamartine, Alphonse de. *Le Nouveau voyage en Orient,* Paris, 1854.

Lewis, Bernard. "The West and the Middle East", *Foreign Affairs,* 76/1, Ocak-Şubat, 1997.

_______ *Islam and the West,* Oxford, 1993.

_______ "Other People's History", *American Scholar,* c. 59/3, 1990.

_______ *The Political Language of Islam,* Chicago-Londra, 1988.

_______ *The Muslim Discovery of Europe,* New York, 1982.

Mehmed Neşrî, *Kitab-ı Cihan-nüma, Neşri Tarihi,* I-II, yay. Faik Reşit Unat- Mehmet Altay Köymen, Ankara, 1949-1957.

Meray, Seha. *Devletler Hukukuna Giriş,* c. I, Ankara, 1968.

Monelli, Paolo. *Segreteria Generale dei Fasci All'Estro. La Tua Patria,* Roma, 1929.

Mustafa Sami Efendi. *Avrupa Risalesi,* İstanbul, 1256 (1840).

Mustafa Selanikî, *Tarih-i Selanikî,* İstanbul, 1281 (1864).

Olivier. *Olivier Seyahatnamesi. 1790 yıllarında Türkiye ve İstanbul* (çev. O. Gökmen), Ankara, 1977.

Ortaylı, İlber. "19. yüzyıl Ankara'sına Demiryolunun Gelişi ve Bölgedeki Üretim Eylemlerinin Değişimi, Osmanlı İmparatorluğu'nda İktisadî ve Sosyal Değişim", *Makaleler-I,* Ankara, 2004.

_______ "Le Panislamisme Ottoman et le Califat", *L'Autre Islam,* No: 2:, INALCO, Paris, 1994.

_______ "Mustafa Kemal Atatürk'ün Bulgaristan'daki Yılları", *IX. Türk Tarih Kongresi,* Ankara, 1989.

_______ "Reforms of Petrine Russia and the Ottoman Mind", *Journal of Turkish Studies,* Harvard University, 1987.

Özcan, Azmi. "Sultan II. Abdülhamid ve Hindistan Müslümanları", *Sultan II. Abdülhamid ve Devri Semineri,* İÜEF, İstanbul, 1994.

------------ *Pan İslamizm, Osmanlı Devleti, Hindistan Müslümanları ve İngiltere (1877-1914),* İstanbul, 1992.

Pamukcuyan, Kevork. "Ohannes Arşaruni", *İstanbul Ansiklopedisi,* c. 2.

Prawer, Joshua. *The Crusaders' Kingdom-European Colonialism in the Middle Ages,* Londra, 2001.

Reşidüddin. *Câmi'üt-Tevârih, Histoire Générale du Monde,* ed. Quatremère, c. I, Paris, 1836; c. II, ed. Blochet, Paris, 1911.

Rogger, Hans. *National Consciousness in Eighteenth Century Russia,* Harvard, 1960.

Said Bin Ahmed el-Andulusi, *Kitabü't-Tabakat ve'l Umem,* Kahire, tarihsiz.

Sezgin, Fuad. (GAS) *Geschichte der Arabischen Schrifttmus,* c. 1-10, Leiden, 1967-2000.

Sykes, (Sir) Mark. *The Caliphs' Last Heritage,* Londra, 1915.

Şemseddin Sami, *Taaşşuk-ı Talat ve Fıtnat,* İstanbul, 1289 (1872).

Tüccarzade İbrahim Hilmi, *Avrupalılaşmak Felaketlerimizin Esbabı,* İstanbul, 1332 (1916).

von Hammer, J. F. *Geschichte der Osmanischen Dichtkunts,* 4 c., Peşte, 1826.

Dizin